古典文獻研究輯刊

五 編

潘美月·杜潔祥 主編

第 13 冊

胡應麟及其圖書目錄學研究

謝鶯興 著

國家圖書館出版品預行編目資料

胡應麟及其圖書目錄學研究／謝鶯興著 -- 初版 -- 台北縣永和
市：花木蘭文化出版社，2007〔民96〕

目 2+256 面；19×26 公分（古典文獻研究輯刊 五編；第 13 冊）

ISBN：978-986-6831-45-4（全套精裝）
ISBN：978-986-6831-58-4（精裝）
1.（明）胡應麟 2.傳記 3.目錄學
010   96017511

ISBN - 978-986-6831-58-4

9 789866 831584

古典文獻研究輯刊
五 編 第十三冊   ISBN：978-986-6831-58-4

胡應麟及其圖書目錄學研究

作　　者　謝鶯興
主　　編　潘美月　杜潔祥
企劃出版　北京大學文化資源研究中心
出　　版　花木蘭文化出版社
發 行 所　花木蘭文化出版社
發 行 人　高小娟
聯絡地址　台北縣永和市中正路五九五號七樓之三
　　　　　電話：02-2923-1455／傳眞：02-2923-1452
電子信箱　sut81518@ms59.hinet.net
初　　版　2007 年 9 月
定　　價　五編 30 冊（精裝）新台幣 46,500 元

胡應麟及其圖書目錄學研究

謝鶯興　著

作者簡介

謝鶯興，台灣省台中縣人，1954 年生。東海大學中文系學士、東海大學中文研究所碩士、東海大學圖書館組員，東海大學中文系兼任講師。編有：《東海大學圖書館藏天糧館贈書・基督教文獻書目（附索引）》、《東海大學圖書館館藏和刻本線裝書簡明目錄初稿（附索引）》、《東海大學中國文學系早期師長著作目錄彙編》等書，撰有：〈方師鐸先生的生平與風範〉、〈方師鐸先生作品整理記略〉、〈邊貢《華泉集》板本考述〉、〈東海大學圖書館館藏和刻本線裝書概述〉、〈古籍板本考辨——以牌記著錄為例〉、〈來知德「周易集註」板本考述〉、〈顧炎武「音學五書」板本考〉、〈量身打造：論線裝古籍「六合套」的製作〉等論文。

提　要

明代為中國目錄學衰微不振的時期，這一時期目錄學的觀念極為淡薄，不論官修或私家藏書目，大都不重視目錄學的體制，直至嘉、隆、萬年間，焦竑、胡應麟、祁承爍三人先後出現，才填補明代目錄學的空白。

胡應麟，字元瑞，有「二酉山房」藏書四萬餘卷，為越中大藏書家。因他博學多識，著作繁多，後人對他的詩論、辨偽、校讎等，都加以肯定。圖書目錄學自漢劉氏向、歆父子，即已包含目錄、版本、校勘、辨偽等學科，但至今，胡氏在圖書目錄學上的成就，尚未有整體性的論述。本論文即就胡氏生平家世、著作、藏書，以及他在圖書目錄學上的理論、在圖書目錄學史上的成就，分五章討論。

所據資料以胡氏現存著作——《少室山房筆叢》、《少室山房類稿》、《詩藪》為主，佐以明人文集、方志、藏書志及近人論述，以歷史研究法，探討胡氏的生平傳略及其圖書目錄學的淵源；以比較分析法、歸納法，闡明胡氏的圖書目錄學理論、方法；並將他的說法，與前人及同一時代的目錄學家，作一比較，藉以明瞭他在圖書目錄學史上的成就，以及他的著作在圖書目錄學的價值。

經由分析研究可知，胡應麟精通目錄學，並強調「史」的觀念，故多以目錄學史的角度，處理所有圖書目錄學領域的問題。例如目錄學史方面，追溯目錄學的源流、並著錄歷代可知藏書目及序跋，藉以了解典籍存佚；而類例方面，則詳論歷來分類之優劣，並提出「道釋二藏、偽書、類書歸為一類，附四部之末」的主張；又承續小序的觀念，仿馬端臨收錄各家序文之例，並加以論辨、補充；至於辨偽學，則參酌前人成果，提出偽書的特徵、性質、偽書產生的原因、偽作動機、辨偽依據及方法等理論；而這些觀念與作法，亦對後代目錄學家有所啟發。

衡諸有明一代，吾人可為胡應麟與其圖書目錄學有關的著作，給予如下的定位：《經籍會通》為目錄學史專書；《四部正譌》為明代最主要的辨偽學專書；《九流緒論》為子書〈總序〉；而《玉壺遐覽》、《雙樹幻鈔》二書，為道、釋二家〈總序〉。是以可證知胡氏在圖書目錄學上，具有承先啟後的貢獻。

關鍵詞：胡應麟、少室山房筆叢、少室山房類稿、詩藪、經籍會通、四部正譌、九流緒論、玉壺遐覽、雙樹幻鈔、圖書分類學、版本學、辨偽學、輯佚學、校勘學

目錄

引　言

在中國圖書目錄學範疇中，胡應麟屢被提及：在藏書方面，如：清葉昌熾《藏書紀事詩》卷三，近人汪辟疆《目錄學研究》〈漢唐以來目錄統表——私家目錄表〉，昌彼得、潘美月二位先生合著《中國目錄學》第六章〈部類試圖改革時期的目錄（二）——元明〉等書，皆記載胡氏曾編撰《二酉山房書目》，然已失傳。在目錄學專書方面，如：姚名達《中國目錄學史》〈分類篇〉云胡應麟等人，「仍沿四部之稱，而大增其類目」〔註 1〕，又云「子類為二十二，集類為十四，或有得於《百川書志》，不同於他錄；而經類十三，史類十，想亦無大異點」〔註 2〕。在版本學方面，如：葉德輝《書林餘話》卷二錄《經籍會通》一書，有關版本學的資料；在校讎學方面，如：胡樸安、胡道靜合著《校讎學》卷中〈元明之校讎學〉，則云《經籍會通》為「《校讎略》之流亞」〔註 3〕。如上述之類，似乎在圖書目錄學的領域中，胡應麟是一位值得注意的人物。

然而在蒐輯關於胡氏的資料時，發現前人留意他的程度，竟然是相當的低。對於胡應麟在圖書目錄學的著作，惟有葉德輝《書林餘話》收錄關於版本學的資料而已；吳晗的《胡應麟年譜》〔註 4〕，對於胡氏生平事蹟的處理，不遺餘力，可謂「綱張目舉」，「臚述詳盡」，然因「限于編年之體，不無散漫之憾」〔註 5〕，亦有幾處錯誤，後人因循沿用（詳第一章第一節）；鄭亞薇的《胡應麟詩藪之研究》〔註 6〕，金鍾吾《胡

〔註 1〕臺灣：商務印書館，民國 66 年出版，頁 121。
〔註 2〕同上書，頁 133。
〔註 3〕臺灣：商務印書館，民國 76 年出版，頁 39。
〔註 4〕國立清華大學《清華學報》第玖卷第一期，民國 22 年 12 月出版，頁 183 至 252。
〔註 5〕引《胡應麟年譜提要》語，見《浙江省立圖書館館刊》三卷六期，民國 23 年出版，頁 1 至 4。
〔註 6〕國立政治大學中文研究所碩士論文，民國 66 年。

應麟的詩史觀與詩論研究》〔註 7〕，陳國球《胡應麟詩論研究》〔註 8〕三書，先後專研他詩論專著——《詩藪》；梁啓超《古書眞僞及其年代》〔註 9〕，鄭良樹《古籍辨僞學》〔註 10〕二書，已注意到胡氏的辨僞學；林慶彰《明代考據學研究》〔註 11〕第六章，專論胡氏的考據學，係用考據學的眼光，探討胡氏的辨僞學成就；至王國強〈胡應麟在目錄學史中的地位〉〔註 12〕一文，始注意到胡氏在目錄學的成就，然亦僅就《經籍會通》一書，論他的分類而已；謝灼華〈胡應麟在中國文獻史研究上的貢獻〉〔註 13〕，王勛敏〈明代文獻學家胡應麟〉〔註 14〕二文，則較整體性的，就文獻學的角度討論胡應麟的成就，然所論不僅篇幅短，亦尙屬泛論性質，未能深入討論何以胡應麟在文獻學上會有重大成就。

　　上述諸位前輩，在研究胡應麟的過程中，提供不少的幫助，他們的成果是不容抹滅；然而他們所注意的，尙非是胡應麟的最大成就，亦未能注意到胡氏的成就關鍵，完全在於他對於目錄學的精通，以及具有「史」的觀念。亦即是胡氏利用他在目錄學的鑽研，以目錄學史的眼光，處理所有圖書目錄學領域的學科。因此後人肯定他辨僞學的成就，卻忽略他在整個圖書目錄學的成就，基於此一觀念，敝人不自揣量的以「胡應麟的圖書目錄學」爲研究目標，亦是鑒於諸位前輩的研究，皆偏於一面，未能作一整體性的探討。

　　雖然諸位前輩，對於胡應麟的辨僞，下過很大的功夫，如林慶彰《明代考據學研究》一書，即以考據學的眼光，處理胡氏的辨僞學。然而考據學與辨僞學，是可分而不能完全分得開的兩門學科。就漢劉向《別錄》所建立的圖書目錄學，已包含了現代已各自獨立爲專門學科的：目錄學、版本學、辨僞學、及校讎學等數種學問。因此，與其依考據學或文獻學的眼光來討論胡應麟的成就，倒不如用傳統的圖書目錄學來作一全面性的探討，來的恰當。故本文即由此一觀念切入，以胡氏各種著作爲依據，並參酌前輩們的心血，冀望能由人而到他的全部著作；並由著作到歸納出他在圖書目錄學上所提出的各個理論。在縱向上，探討他在圖書目錄學史上所佔的地位；並在橫向上，給予他在明代學術上所應有的評價。

〔註 7〕 國立台灣師範大學國文研究所碩士論文，民國 75 年。
〔註 8〕 香港華風書局，1986 年出版。
〔註 9〕 臺灣：中華書局出版，民國 71 年。
〔註 10〕 學生書局出版，民國 75 年。
〔註 11〕 學生書局出版，民國 72 年。
〔註 12〕 《四川圖書館學報》1986 年第二期，頁 92～96。
〔註 13〕 《武漢大學學報——社科版》1986 年第二期，頁 24～29。
〔註 14〕 《湖北大學學報——哲社版》1987 年第一期，頁 60～66。

　　胡應麟曾被王世貞目爲「末五子」（詳第一章第三節），在明代曾以《詩藪》一書，名噪一世，單以《少室山房類稿》一書，即可歸納出與他有交往的人不下三百人，似乎資料是不勝枚舉。然實際蒐輯過程中，卻發現關於胡氏的資料，眞是少得可憐。胡應麟在三十幾歲所撰的〈石羊生小傳〉，爲王世貞撰〈胡元瑞傳〉的底本，亦爲《明史》〔註15〕、《明書》〔註16〕、《婺書》〔註17〕、《金華府志》〔註18〕、《光緒蘭谿縣志》〔註19〕等胡氏傳記的底本。而眾多明人文集中，與胡氏有關的篇章，亦僅王世貞、世懋兄弟，汪道昆、李維楨、屠隆等人的著作中，可見幾篇而已，其他亦付闕如。而前人著作中，提及胡應麟，且有所論列的，亦僅上述諸家，因而蒐輯資料，可謂相當貧乏。

　　在有限的資料可供使用之中，幸好胡氏的著作，現今尚傳於世的有《少室山房類稿》、《少室山房筆叢》、《詩藪》三種，可作參考，是資料的主要來源。因此在論文寫作過程中，先將所獲得資料，加以排列比對、分析、歸納、佐以歷史的演進，再作一綜合性的討論，根據所得的結果，給予一個較公允的評價。亦即以歷史的研究法，來探討胡氏的生平傳略及其圖書目錄學的淵源流傳；並以比較分析法、證據的羅列歸納方法，將胡氏的圖書目錄學的理論、方法，與前人及同一時代的人作一比較，肯定他在圖書目錄學的貢獻及影響。

　　本文即基於此一動機，擬從圖書目錄學及圖書目錄學史的觀點，對胡應麟的生平、交遊、著述、藏書、圖書目錄學及圖書目錄學史等問題上，作較深入且全面的研究。希望能：

　　一、介紹胡應麟的家世，以明其博學多識的背景；修訂他的年譜，以明其生平事蹟，並使遺誤者得以更正；述其交遊，以了解胡氏與友朋的關係，可知他的著述、藏書，以及對圖書目錄學的各種觀念，皆有密切的關係。

　　二、討論胡氏著述的存佚，以及刊刻流傳，以明其著作之繁富。

　　三、瞭解胡氏藏書來源、藏書目的分類、對藏書家的分類，以及對藏書的整理、運用、與散佚情況。

　　四、分析胡氏圖書目錄學的各個學科的理論、方法，並探討他對目錄學的體制的看法、及對目錄學的運用方式。就分類學言，釐清前人以爲他僅是依傳統的四部

〔註15〕點校本《明史》，清張廷玉等撰，卷二八七〈文苑傳——王世貞傳附〉，鼎文書局，民國69年出版。
〔註16〕清傳維鱗纂《明書》，卷一四八〈文學傳〉，商務印書館，民國26年出版。
〔註17〕明吳之器撰，卷四〈胡元瑞傳〉，明崇禎十四年刊本。
〔註18〕清康熙二十二年刊本。
〔註19〕成文書局影印光緒十四年刊本。

分類的看法；就版本學言，分析他在版本學上的看法；就目錄學的角度，探討他的辨偽學；以及胡氏以目錄學的知識，作輯佚與校勘的依據及方法。

五、探討胡氏因特別重視「史」的觀念，追本溯源地論述他的目錄學的觀念，包括目錄學史、類例、小序的觀念，皆前有所承；辨偽學的觀念，係建立在圖書目錄學的基礎上，承襲前人的成果，並加以歸納出理論、方法，創建出他在辨偽一門的成就；以及他在考據學的觀念，亦出於目錄學的基礎。最後探討他的著作，在圖書目錄學史上的地位，以及貢獻。肯定胡應麟所以會在圖書目錄學諸多書籍中，屢被提及的理由。

本論文因限於前人對胡應麟的圖書目錄學，大都僅在辨偽學上下功夫，其餘付之闕如，故所有的資料，幾乎是胡氏本身的著作所提供。只能就其著作中的論述，佐以方志、筆記、同時代人著作、友朋書信，以及歷代書目、圖書目錄學專著、期刊論文等篇章，加以分析、歸納。從具體證據的羅列，推論過程的呈現，至結論的提出，盼望能藉由合理的推論，釐清一些問題，使胡應麟及其圖書目錄學的觀念、作法，得到一個公允的定位，並能突顯他在圖書目錄學上的地位及貢獻。

第一章　胡應麟的家世、年譜及其交遊

第一節　胡應麟的家世

胡應麟先世，在其所撰《少室山房類稿》卷八十九〈家大人歷履迹〉〔註1〕、王世貞《弇州山人續稿》〈胡觀察傳〉〔註2〕二傳中，有簡略的說明外，餘皆闕如。本文僅據此二篇，佐以《少室山房類稿》卷九十一〈先宜人狀〉〔註3〕，《金華府志》〔註4〕卷十七人物三附錄〈胡僖傳〉，《光緒蘭谿縣志》〔註5〕卷五列傳〈胡僖傳〉等文，略述胡氏家世〔註6〕。

高祖胡瑗，字翼之，泰州海陵人〔註7〕。年四十餘以經術教授吳中〔註8〕。宋仁宗景祐初，朝廷更定雅樂，以范仲淹薦，布衣論樂崇政殿，授祕書省校書郎。嘗爲湖州學宮，教人有法，科條纖悉備具，言行而身化之，使誠明者達，昏愚者屬而頑傲者革。仁宗皇祐中更鑄太常鐘磬，召至京師議樂。歲餘，授光祿寺丞國子監直講。以太常博士致仕〔註9〕。

〔註1〕　此據《四庫全書》本，《續金華叢書》本作〈家大人履歷述〉。
〔註2〕　明崇禎間刊本，卷二百六〈答胡元瑞書〉之十四云：「尊翁先生傳，據足下原草點定成篇，不能於意外描寫」。
〔註3〕　吳晗撰〈胡應麟年譜〉作〈先宜人行狀〉。
〔註4〕　清康熙二十二年刊本。
〔註5〕　成文影印光緒十四年刊本。
〔註6〕　爲顧及行文方便，引用前人、時賢著作而涉及名諱，首次出現，直書其名；下文再現，在不產生混淆情況下，僅取其姓。又：吳氏之《胡應麟年譜》亦利用上述資料敘述。
〔註7〕　乾隆六十年掃葉山房刊本《東都事略》作泰州如皋人。
〔註8〕　《少室山房類稿》卷八十九頁6〈家大人歷履迹〉云：「厥先安定先生瑗，安定先生仕宋教授吳。」
〔註9〕　本文節取點校本《宋史》及乾隆六十年掃葉山房刊本掃葉山房刊本《東都事略》〈胡

—5—

　　蘭谿胡氏原以「安定先生仕宋教授吳，子姓留吳興，遂世世家其地」〔註 10〕。後因元末兵起，徙蘭谿，五傳為祖父胡富。

　　祖父胡富，字寬庵。娶鄭氏，生胡僖。以子貴，贈奉政大夫禮部儀制司郎中〔註 11〕。為人質而愿。與兄弟同業賈，獨重然諾，安義命，因此賈日困。復燬於火，家日益貧〔註 12〕。

　　父胡僖，字伯安，一字子祥，號公泉。幼慧，家貧，父富欲令其學醫，以紓家困。故甫丱，已悉讀《素問》、《靈樞》、《金匱》等書，且窮其說。一日，忽翻然悟曰：『大丈夫生明世，當用仲尼、周公道，沛澤萬里，胡株守一枝？』亟棄去，改業儒。嘉靖二十八年（己酉，西元 1549）舉於鄉，三十八年（己未，1559）舉進士〔註 13〕。授刑部主事，轉主客郎中。以俺答款塞事，調儀制郎。四十三年（甲子，1564）以諸王請襲封事，忤權璫出為湖廣參議，轉雲南按察僉事，遷按察副使，致仕。生性至孝，《金華府志》記其事云：

　　　　母鄭氏原產官塘東，歿後，往來輒哀慕，因建橋以志思焉。至今名其
　　地為思親橋。

且奉親甚謹〔註 14〕。雅好典籍，恒乞貸鄉里，嘗因財力，不足購異書，而父子相對太息〔註 15〕。著有《胡副憲集》、《崇正書院志》〔註 16〕。

瑗傳〉。
〔註 10〕〈家大人歷履迹〉語。
〔註 11〕《光緒蘭谿縣志》〈官制贈官〉。
〔註 12〕本文引吳氏《胡應麟年譜》錄自明萬曆丙午本《蘭溪縣志》卷四〈胡僖傳〉及〈家大人歷履迹〉。
〔註 13〕吳氏《胡應麟年譜》作「嘉靖乙未進士」，鄭亞薇《胡應麟詩藪之研究》因之。按《少室山房類稿》卷八十九〈家大人歷履迹〉云：「己未第進士，迎大父母入都」。卷六十六〈讀林氏文恪文恪二公集序〉云：「家君登己未第」。《弇州山人續稿》卷六十八頁14〈胡元瑞傳〉云：「會弟敬美與觀察同年」。點校本《明史》卷二八七〈文苑三王世貞傳〉附王世懋傳云：「世懋字敬美，嘉靖三十八年成進士」。故定為己未三十八年。
〔註 14〕見清康熙二十二年刊本《金華府志》卷十七人物三附錄〈胡僖傳〉。又《少室山房類稿》卷八十九〈家大人歷履迹〉云：「己未第進士，迎父母入都，歲歉，家君罄俸入市白粲大父母，而身脫粟」。
〔註 15〕《少室山房類稿》卷九十〈二酉山房記〉云：「十一二從家大人宦遊燕，燕中四方都會，故鬻書藪也。而家大人亦雅負茲好每退食，諸賈人以籍來，余輒從臾其旁，市得，輒乞取盡讀。而是時肅皇帝末年，早蝗迭見，大父母復就養京師，俸入不足，恒乞貸鄉里，以故，帙繁而價重者，率不能致。間值異書，顧非力所辦，則相對太息久之。」
〔註 16〕光緒本《蘭谿縣志》卷七〈經籍志〉傳記類頁 1904 收胡僖輯《崇正書院志》十一卷，別集類頁 1942 收胡僖撰《胡副憲集》。乙丑孟冬夢選廎刊本《金華經籍志》志七頁17 收《崇正書院志》十一卷，云：「明蘭谿胡僖伯安輯。嘉靖己未進士，官雲南僉事，見《蘭谿縣志》，未見。」

母宋宜人，蘭谿尤埠宋震女。宋震字道亨，為人倜儻負奇，芥視一第甚。既屢試不售，中棄去，攝古衣冠，築別墅曰「雪溪堂」，聚書萬軸，臥其中，經史子集環向，恣讀之，間發為詩歌，盈帙。晚尤好方術家言，自長生、黃白星歷、緯候、鍼石、六甲、五行，無弗治，而獨形家得其宗。所著《風水井見》、《輿地指蒙》多行世。宋宜人警穎殊絕，雖不諳筆硯，而諸史百家、稗官小說，下逮傳奇詞曲，屬于耳，終身不忘〔註17〕。

胡氏先世由上所述，雖不得云書香世家，然安定先生胡瑗之博學，外祖父及其父之嗜書、藏書、與雜學之涉獵，對胡應麟應當有一定程度的影響。導致他因書之集聚，以書之用為貴，故能博學多聞，進而考訂古籍，發展出辨偽學；論歷代書志類例，以四部分類為當，訂正前人分類之不當等圖書目錄學方面上的成就。

按清胡世琭等纂《安定胡氏家譜》，以宋胡瑗為安定胡氏始祖，宋蔡襄撰《胡氏墓志》，記胡瑗有三子：志康、志寧、志正。其長子志康嘗任杭州推官，次子志寧任永州知州，僅三子志正因攜父衣冠歸葬如皋，而世居如皋。

據該譜所記，志康六傳至明代者，即其八世是為胡經，乃嘉靖乙丑（1563）進士，《四庫全書》〈易類存目一〉《胡子易演十八卷》云：「明胡經撰，經號前岡，廬陵人，嘉靖己丑（1529）進士」，二者記載已不同。而其十世卻為胡大海，據其記載，知乃明太祖時人，追封越國公。何其八世為嘉靖間進士，十世反為明太祖時人？考其十三世亦有名胡經者，疑即十三世，而後世記家譜者，因有二胡經，誤記之。然一直到十三世止，依然未見胡應麟之祖胡富寬庵，及父胡僖字伯安一字子祥，號公泉等人名字，似乎胡應麟在〈家大人歷履迹〉所載有誤，其始祖非宋安定胡瑗。然以古代交通不便，雖同出一祖，且世隔多代，各支系因戰亂等因素，散居各地，不見得能互通訊息。因此，除非在直系家族所撰的族譜、家譜，可見到胡應麟此一支系的名字外，在清胡世琭等所纂之《胡氏家譜》中，不見胡應麟一家的記載，似乎是可以理解的。因此，除非另有確實證據，證明胡應麟非宋安定胡瑗之後，否則，當依〈家大人歷履迹〉所云，胡瑗為其家始祖。

第二節　胡應麟年譜

胡氏年譜吳晗已有撰著，後人多因之〔註18〕。本文僅依胡氏作品、與友人相互

〔註17〕本文節取《少室山房類稿》卷九十一〈先宜人狀〉。
〔註18〕見民國22年12月《清華學報》第玖卷第一期頁183至252。鄭亞薇《胡應麟詩藪之研究》，林慶彰《明代考據學研究》，陳國球《胡應麟詩論研究》皆引用吳氏《年譜》。

往來書信、序跋爲主，參酌吳氏所定之年譜編排，以著作、藏書、校書及其交遊有關者爲對象，作一彙編。

明嘉靖三十年（辛亥　1551）一歲

夏五月二十二日，胡氏生於蘭谿城北隅世宅〔註19〕。名應麟，字元瑞，晚更字明瑞，嘗自號少室山人〔註20〕。因慕其鄉人黃初平叱石成羊事，更號石羊生〔註21〕，亦自稱金華洞牧羊君〔註22〕，又號芙蓉峰客〔註23〕，壁觀子〔註24〕，野史氏〔註25〕。兒時肌體玉雪，眉目朗秀〔註26〕。

按是年文彭六十三歲，黃姬水四十三歲，朱衡四十歲，李攀龍三十八歲，周天球三十八歲，歐大任三十六歲，朱睦㮮三十五歲，吳國倫二十八歲，汪道昆二十七歲，王世貞二十六歲，滕伯輪二十六歲，張佳胤二十五歲，戚繼光二十四歲，張九一十九歲，王穉登十七歲，趙用賢十七歲，王世懋十六歲，林烴十二歲，蘇濬十一歲，焦竑十一歲，沈思孝十歲，屠隆十歲，汪道會八歲、汪道貫八歲、馮夢禎六歲，傅光宅五歲，李維楨五歲，朱維京三歲，湯顯祖二歲，邢侗一歲。

嘉靖三十四年（乙卯　1555）五歲

胡氏幼慧絕倫，父僖口授之書，輒成誦。自幼，父即常令其侍客，客占對必屬，

〔註19〕《少室山房類稿》（下簡稱《類稿》）卷二十〈庚辰夏五月念之二日余三心初度也碌碌塵土加以幽憂之疾靡克自樹俯仰今昔不勝感慨信筆抒懷六百字〉，《光緒蘭谿縣志》卷五列傳〈胡僖傳〉云：「城北隅人」。

〔註20〕《類稿》卷二十三〈嵩山歌〉序云：「去余家五十里而近有山曰：嵩，穹窿崒嵂峭蒨幽邃，視洛之嵩嵩，不知孰爲伯仲也？旁一峰千仞秀出，巇嶵雲際，若軒轅浮丘所嘗居者。余因以嵩之少室名之，且爲作長歌以紀其勝，異日採三花攜玉女歸，將結茅於茲老焉。詩云：此后三千年，少室山人結廬長嘯臥其巔」。又：卷六十一〈與詹東圖別十載餘邂逅武林邸中，乞余所著《詩藪》，余拉其繪事爲報，戲贈此章〉小註云：「號中岳，余以邑有嵩高，嘗自稱少室山人。」

〔註21〕《類稿》卷八十九〈石羊生傳〉云：「石羊生者金華山中人。金華山道書曰：三十六洞天，故黃初平牧羊處也。生少迂戇好談長生，輕舉術，又所居鄰上眞，于是里人咸謂：孺子不習當世務，而遊方之外，豈昔牧羊兒耶？生聞輒大喜，自呼：石羊生云。」又卷八十一〈印譜序〉、卷八十六〈忠清里林氏族譜序〉、卷八十八〈趙先生傳〉、卷一百五〈讀諸葛武侯全書〉皆自云「石羊生」。

〔註22〕《類稿》卷一百十二〈雜啓長公小牘九通〉之七云：「金華三洞天：朝眞、冰壺、雙龍皆幽覿窅絕。洞前產嘉笋殊不上陽羨、建溪。已買田其麓，刻私印珮之曰：金華洞牧羊君。」

〔註23〕見《玉壺遐覽》〈玉壺遐覽引〉。

〔註24〕見《雙樹幻鈔》〈雙樹幻鈔引〉。

〔註25〕見《少室山房類稿》卷八十八〈長安酒人傳〉。

〔註26〕《類稿》卷八十九〈石羊生傳〉。

使對輒工〔註27〕。

嘉靖三十六年（丁巳　1557）七歲

　　胡氏偏好古書籍，垂髫即心慕艷，時時誦讀，已知崇心經籍事〔註28〕，王世懋聞其穎慧，即欲見之。

　　按：《類稿》卷九十〈聚順堂記〉云：

　　　　丁巳冬，瑯琊次公有豫章之役，過家大人，即索阿戎見。

　　然《弇州山人續稿》卷六十八頁14〈胡元瑞傳〉云：

　　　　會弟敬美與觀察同年。

　　點校本《明史》卷二八七〈文苑三王世貞傳〉附王世懋傳云：

　　　　世懋字敬美，嘉靖三十八年成進士。

　　《少室山房類稿》卷八十九〈家大人歷履迹〉云：

　　　　己未第進士，迎大父母入都。

　　同書卷六十六〈讀林氏文僖文恪二公集序〉云：

　　　　家君登己未第。

　　胡僖既與王世懋同登嘉靖三十八年進士，《類稿》卷五十六〈夜泊金閶寄奠王敬美先生八首〉序云：

　　　　不佞丱歲遊燕，則次公（按指王世懋）以年家見知，凡竿牘下詒家君，齒及不佞，亡慮十數，顧不佞未嘗識面也。丙子秋，次公以參知赴江右，過訪蘭陰，邂逅蓬茆，片語投合，杯酒揚挖，形骸頓忘。

此云丙子秋始見面，故「丁巳冬，瑯琊次公有豫章之役，過家大人，即索阿戎見」之說，值得商榷。

嘉靖三十八年（己未　1559）九歲

　　胡氏從里師學經生業，即心厭之，而獨好古文辭，已遍閱《古周易》、《尚書》、《詩經》、《檀弓》、《左氏》、《莊子》、《列子》及「屈原」、「司馬遷」、「司馬相如」、「曹植」、「杜甫」等諸家書〔註29〕。是年已有學仙之癖〔註30〕。因父僖第進士，舉

〔註27〕　《類稿》卷八十九。〈石羊生傳〉，《弇州山人續稿》卷六十八〈胡元瑞傳〉。

〔註28〕　《類稿》卷九十〈二酉山房記〉云：「始余受性顓蒙，於世事百無一解，獨偏嗜古書籍。七齡侍家大人側，聞諸先生談說文典，則已心艷慕之，時時竊取繙閱。」

〔註29〕　《類稿》卷八十九〈石羊生傳〉云：「九齡受書里中師業，已爾薄章句，日從憲使公篋中竊取：《古周易》《尚書》《十五國風》《檀弓》《左氏》及「莊周」「屈原」「司馬遷」「相如」「曹植」「杜甫」諸家言，恣讀之。憲使公奇其意，弗禁也」。

〔註30〕　《類稿》卷二十三〈夜飲芙蓉館大醉放歌寄黎惟敬康裕卿李惟寅朱汝脩〉詩云：「蘭州胡元瑞，九齡學仙已成癖，欲乘長風遊八極」。

家入居京邸〔註31〕。後隨父客武林〔註32〕，入燕，與西方賢豪長者游〔註33〕。

嘉靖三十九年（庚申 1560）十歲

從父僖往謁周天球公瑕。胡氏初識周氏，即往訪不輟，故家藏頗多周氏所書之墨寶，如：〈先宜人狀〉、〈二酉山房記〉諸類〔註34〕。曾祖母鄭太宜人卒，與父奉喪闔家南歸〔註35〕。父僖居憂療悴骨立〔註36〕。建橋以志哀慕母意〔註37〕。

嘉靖四十二年（癸亥 1563）十三歲

胡氏十三四即為詩歌，名聲稍傳聞里中，然亦未廢經生之業〔註38〕。父僖服除，授禮部儀制司主事〔註39〕。再從父僖遊燕，為「二酉山房」藏書之始基。因家貧之故，力不足購置異書，父子嘗相對太息。按：《類稿》卷九十〈二酉山房記〉云：

> 十一二從家大人宦遊燕。燕中四方都會，故鬻書藪也。而家大人亦雅負茲好，每退食，諸賈人以籍來，余輒從臾其旁，市得，輒乞取盡讀。而是時蕭皇帝末年，旱蝗迭見，大父母復就養京師，俸入不足，恒乞貸鄉里。以故帙繁而價重者，率不能致。間值異書書，顧非力所辦，則相對太息久之。

〔註31〕《類稿》卷八十九〈家大人歷履迹〉云：「己未第進士，迎大父母入都」。卷六十六〈讀林氏文僖文恪二公集序〉云：「家君登己未第」。卷九十一〈先宜人狀〉云：「己未，家大人第進士，宜人侍奉政公、太宜人就饋京邸。以外大父春秋高固請偕。值歲大蝗，歷齊、魯、趙、衛至燕中，千里地盡赤。宜人躬汙脫粟，而多方張具，奉二尊洎外大父轎。俸入不足簪珥脫繼之」。《弇州山人續稿》卷七十九〈胡觀察傳〉云：「公故貧，進士祿薄，而迎贈公及母鄭邸舍中，日治二缶，一缶市白粲鮭炙以薦，而一缶所與婦共脫粟苦蕢而已。」

〔註32〕《類稿》卷五十五〈西湖十詠〉序云：「余自九齡從家大人客武林」。

〔註33〕《經籍會通》卷四云：「余九歲入燕，往返吳越」。《類稿》卷八十五〈信州土瓜詩序〉云：「余九齡行腳燕市，與四方賢豪長者游，頗歷啖珠珍」。

〔註34〕《類稿》卷一百十四〈與周公瑕〉云：「憶從家大人謁剌門下，不佞僅十齡耳」。卷一百十〈扇頭六〉云：「右二簏皆周公瑕書。余十齡即識面此君，當時輒書二箋贈余。爾後屢有寄餉。及余過吳闔輒棹訪公瑕，必索書十數迺別。」

〔註35〕《類稿》九十一〈先宜人狀〉云：「己未家大人第進士……明年鄭太宜人病，宜人扶披視寢溲衣帶糾結，十旬竟不起，宜人柴毀骨立，從家大人扶襯歸」。

〔註36〕《類稿》卷八十九〈家大人歷履迹〉。

〔註37〕《光緒蘭谿縣志》卷五〈胡僖傳〉云：「母鄭氏原產官塘東，歿後，往來輒哀慕，因建橋以志思焉。至今名其地為思親僑云。」

〔註38〕《類稿》卷八十九〈石羊生小傳〉云：「十三四為歌詩，稍稍聞里社中」。《弇州山人續稿》卷六十八〈胡元瑞傳〉云：「稍長，遂能為歌詩，籍籍傳里中，而於經生業亦不廢」。

〔註39〕《類稿》卷八十九〈家大人歷履迹〉云：「癸亥服除，以郎中公春秋高欲終養。郎中公趣之，乃行，授禮部儀制司主事。」

九十一〈先宜人狀〉云：

　　己未家大人第進士，……明年鄭太宜人病……竟不起……家大人扶襯歸。

卷八十九〈家大人歷履迹〉云：

　　癸亥服除……授禮部儀制司主事。

　　知嘉靖三十九年，鄭太宜人亡，至四十二年，胡僖服除，亦即當守喪滿三年方可除服出仕。但此又云：「十一二從家大人宦遊燕」，在丁母憂期間，焉能攜子宦遊燕？因此其遊燕之舉當在十歲祖母未亡之前，或在十三歲父授禮部儀制司主事之後。若在十歲之前，胡氏是否有能力辨識古書之價，鑒定書之異否？頗令人懷疑。因此暫定遊燕之事，爲十三歲其父服除授官之後，而「十一二」乃爲「十三」之誤。

嘉靖四十四年（乙丑　1565）十五歲

　　父僖奉命提調場屋，胡氏嘗作咸陽遊〔註40〕。

嘉靖四十五年（丙寅　1566）十六歲

　　胡氏補邑弟子員，下錢塘過吳閶、金陵，汎長江，東走青、徐、齊、魯境，踰趙入燕，寄食長安，悲歌薊門、易水間。所經縣吊古即事，往往發於詩歌。

　　黎民表惟敬、歐大任楨伯、周天球公瑕、徐中行子與、戚元佐希仲、沈思孝純父、康從理裕卿、朱衡士南、李言恭惟寅、汪道昆伯玉、蘇濬君禹、張九一助父、滕伯輪載道、陳文燭玉叔、何洛文啓圖、祝鶴鳴皋、劉效祖仲修、童珮子鳴、文彭壽承、曹昌先子念、殷都無美、吳安國文仲、安紹芳茂卿、江右楊懋功、楚中劉子大、丘謙之、晉陵朱在明、濠梁朱汝修等人先後抵燕，發胡氏藏詩覽之，咸嘖嘖嘆賞，折行請交。

　　至於琳宮梵宇，高會雅集，胡氏以齒座末坐，片語一出，眾人無不悅然自失也，曰：「使用昔賢隸事奪席例，吾曹無坐所矣！」〔註41〕。會祖父富喪，與父奔歸〔註42〕。

　　按：《類稿》卷八十九〈石羊生小傳〉作：「十六補邑弟子員」。

〔註40〕《類稿》卷二十三〈夜飲芙蓉館大醉放歌寄黎惟敬康裕卿李惟寅朱汝脩〉云：「十五更作咸陽遊，五花笑脫青貂裘」。

〔註41〕見《弇州山人續稿》卷六十八〈胡元瑞傳〉；《類稿》卷八十九〈石羊生小傳〉，卷十九〈四知篇〉序，卷三十五〈哭康裕卿五首〉序，卷一百十六〈與祝鳴皋文學〉；《詩藪》〈續編三國朝下〉頁11皆記此事。

〔註42〕《類稿》卷八十九〈家大人歷履迹〉云：「父僖提調場屋，爬搔宿垢，百廢具振，峻役，條陳便宜十事，將上之，會聞郎中公訃，奔歸，毀瘠如喪太宜人禮。」

而《弇州山人續稿》卷六十八〈胡元瑞傳〉作：

> 十五補博士弟子員。

《類稿》卷八十九〈家大人歷履迹〉云：

> 乙丑提調場屋……會聞禮部公訃。

若胡氏在十五歲時補弟子員，時父僖提調場屋，可隨其走訪各地，到祖父富訃聞時奔歸。同時訃聞當在十五歲到十六歲之間。

考卷八十九〈二酉山房記〉云：

> 戊辰復上京師時余年十七始娶，亦會家大人官禮部，俸入稍優。

同卷〈家大人歷履迹〉云：

> 戊辰再謁選，太宰蒲州楊公凤習家君名，即出他精膳郎，以家君補其處。

又卷十九〈四知篇〉序云：

> 始余年十六遊長安，邂萬安朱公。

卷三十五〈哭康裕卿五首〉序云：

> 始余十六遊長安，邂逅裕卿於友人席上。

據上述說，有幾點疑問待解決：

一、十五歲時補弟子員，與父渡錢塘遍歷各地，至長安寄居，因祖父卒而與父奔歸。其訃聞當於是年獲悉。就喪禮言，胡氏才能於十七始娶，其父僖才可於戊辰年（隆慶二年）再謁選為精膳郎。若是如此，則十六歲遊長安之說，當為十五，乃胡氏記憶之誤。

二、就第一點，訃聞在十六年那年獲悉，當然前述之說可成立，但其父可否於第三年即服除授官？

三、若十六歲補弟子員，而訃聞獲悉於當年，則胡氏雖可在十七歲時成婚，但其父可否在守喪第三年即除服為官？

由上所敘，知胡氏記載亦有矛盾之處，未有其他佐證之前，暫依〈石羊生小傳〉之說，定於十六歲補弟子員，其祖父之訃聞則定在同年，但在遊歷之後。

隆慶元年（丁卯　1567）十七歲

朱睦㮮嘗贈胡氏祕籍數種，并五言八韻詩一首。是年，娶同邑舒允升之妹舒氏為妻〔註43〕。夏，父襄大事于瀯水源，宜人主工役饋餉，一切辦兆以協吉〔註44〕。

按：該年有二事尚待解決：一為見朱睦㮮之事，二為娶妻之事。

〔註43〕見《類稿》卷九十五〈祭內兄舒允升〉。
〔註44〕見《類稿》卷九十一〈先宜人狀〉。

一、見朱睦㮮一事

《經籍會通》卷四云：

　　鄣下宗正灌父，最蓄書，饒著述，賓客傾四方。嘗餉余祕籍數種，并五言八韻寄余。余時尚十五六，今廿載餘，愧不能萬一副也。

而《類稿》卷一百十〈扇頭跋五〉云：

　　朱宗正灌父小楷排律一，即贈余：「北郡詞林冠，申陽藝苑英，斯人雖繼美，之美獨成名」十韻者。時余年十七，今一讀一汗矣。

此事亦頗矛盾：《經籍會通》作「時尚十五六」引詩共八韻，而《少室山房類稿》作「十七」「十韻」。按此事當在胡氏名聞長安之後，暫依吳氏置於此年。

二、娶妻之事

《類稿》卷九十二〈二酉山房記〉云：

　　戊辰復上京師時余年十七始娶。

吳氏置於十八歲，云：「卷二十〈庚辰三十初度詩〉作十八」。

按：該詩無十八娶妻事，而戊辰年胡氏十八歲，又有出入。考父僖於當年（丁卯）於灂水襄大事，戊辰年官禮部居燕。是年由於期服已滿，因此可以爲其子主持婚事。故繫於此。

隆慶二年（戊辰　1568）十八歲

父以服除，官精膳郎，居燕，俸入稍優，極意購訪群籍，寓燕凡五載，藏書數十篋〔註45〕。春，胡氏與祝鶴鳴臯、黎民表惟敬等人遊西山，裹糧窮極人迹弗到處，彌月而歸。胡氏與眾人倡和篇章盈篋，好事家多剞劂以行〔註46〕。胡氏曾南返過吳閶，訪周天球公瑕不遇。秋杪入燕再訪其寓舍，則周氏已出長安十五日了〔註47〕。胡氏嘗於燕中書肆，得《趙飛燕別集》殘卷，是書實爲陶氏《說郛》之刪本〔註48〕。

〔註45〕《類稿》卷八十九〈家大人歷履迹〉云：戊辰再調選，太宰蒲州楊公凤習家君名，即出他精膳郎，以家君補其處。同卷〈二酉山房記〉云：戊辰復上京師時余年十七始娶，亦會家大人官禮部，俸入稍優，于是極意購訪。凡寓燕五載，而家大人出參楚，束裝日，宦橐亡錙銖，而余婦簮珥亦罄盡，獨載所得書數十篋。

〔註46〕《類稿》卷八十八〈長安酒人傳〉云：隆慶戊辰春，兩人徒步入西山，置瓢笠廢禪房，周覽金銀宮闕四百所，長湖巨岑裊地浴于沒日，更決策裹糧，窮極人迹弗到處，所至橫盡筆端，彌月歸。倡和篇章盈篋，好事家多剞劂以行。又《詩藪》〈續編三·國朝下〉頁13云：延陵鄧欽文詩未知名，戊辰春，余同黎惟敬諸子遊西山，歸各賦詩。

〔註47〕《類稿》卷一百十四〈與周公瑕〉云：「戊辰南返，輈棹吳閶，適門下受聘東諸侯，玄纁蒲輪，爲黃金臺上客。秋杪載抵燕中，亟訪寓舍，則風馭泠然，出長安旬有五日矣。」

〔註48〕《九流緒論》卷下云：戊辰之歲，余偶過燕中書肆，得殘刻十數紙，題《趙飛燕別

是年，《百家異苑》成。

　　按：《二酉綴遺》卷云：「幼嘗戲諸小說爲《百家異苑》」，吳氏置於十五歲之作。

　　然〈百家異苑序〉（按：此〈序〉當爲後來之作）云：

　　　　余屏居丘壑，卻掃杜門，無鼎臣野處之賓，以遣餘日。輒命穎生，以
　　類鈔合，循名入事，各完本書，不惟前哲流風，藉以不泯，而遺編故帙，
　　亦因槪見大都。統命之曰《百家異苑》。作勞經史之暇，輒一披閱，當抵
　　掌捫蝨之懽。

　　胡氏於十五、六時有咸陽、長安之行，焉能「屏居丘壑」？雖嘗居燕中，乃四
方都會，故鬻書藪，每退食賈人以籍來鬻（〈二酉山房記〉記）。然「家故貧，俸入
不足，簪珥脫繼之」（〈先宜人狀〉語），是否符合「卻掃杜門，無鼎臣野處之賓，以
遣餘日。輒命穎生，以類鈔合」之說？故以其父再「官禮部，俸入稍優，于是極意
購訪」之年，定爲《百家異苑》成書之年。

隆慶三年（己巳　1569）十九歲

　　父僖遷祠部員外郎〔註49〕。是年，胡氏嘗見《水滸傳》善本〔註50〕。

隆慶四年（庚午　1570）二十歲

　　父僖遷主客郎，主議諳達乞款塞事得當，終諳達世而無害〔註51〕。胡氏於臨安
與郭子直舜舉數過從，自庚午迄丙申（萬曆二十四年），歲有書信互往〔註52〕。

隆慶五年（辛未　1571）二十一歲

　　　集》，閱之乃知即《說郛》中陶氏刪本。
〔註49〕《類稿》卷八十九〈家大人歷履迹〉云：「戊辰再謁選……逾歲遷祠部員外郎。」
〔註50〕《莊嶽委談》卷下云：「余二十年前所見《水滸傳》本，尚極足尋味。十數載來，爲
　　　閩中坊賈刊落，止錄事實，中間遊詞餘韻，神情寄寓處，一概刪之，遂幾不堪覆瓿。
　　　復數十年，無原本印證，此書將永廢矣！余因嘆是編初出之日，不知當更何如也。」
　　　按〈莊嶽委談引〉作於己丑年（萬曆十七年），故繫於此。
〔註51〕《類稿》卷八十九〈家大人歷履迹〉云：戊辰再謁……踰歲遷祠部員外郎，逾歲遷
　　　主客郎。時諳達以孫巴罕故乞款塞。按《明書》卷十五〈穆宗莊皇帝本紀〉「四年條」
　　　云：冬十月，俺荅孫把汗那吉率屬來歸，命設教習勳冑館，以京營大臣主其事，考
　　　察京官。俺荅擁眾索那吉，拒卻之，尋納款。《明史紀事本末》卷六十：隆慶四年冬
　　　十月癸卯，俺荅孫把漢那吉率其屬阿力哥等十人，來降，總督王崇古留之，以爲指
　　　揮使。俺荅婦恐中國戕其孫，日夜促俺荅降，遂定盟，通貢市馬，而諸部亦貪中國
　　　財物，咸從臾無間言。
〔註52〕《類稿》卷六十六〈憶在臨安舜舉觀察數過從旅中，自庚午迄丙申歲致手書，益以
　　　嘉貺，屈指嘉、隆詞客幾盡，靈光一柱，僅觀察存，而余以晚進忝竊深知，殊感且
　　　怍，園居多暇，賦此寄懷〉。

春，胡氏將侍父入楚，與黎民表惟敬別於燕中，黎氏賦長歌并贈以「陳道復水墨牡丹眞蹟」圖〔註53〕。

隆慶六年（壬申　1572）二十二歲

父僖因慶王襲封事，忤權檔，爲湖廣右參議，治稅糧〔註54〕。夏，其父挈宜人便道還里中。宜人顧從宦日久，田園荒蕪，又胡氏體素羸，願留守家園。

父入楚督漕糧〔註55〕。束裝日，宦橐無錙銖，擁書數十篋出長安〔註56〕。是時「二酉山房」藏書規模粗具。

萬曆元年（癸酉　1573）二十三歲

父僖始與王世貞元美遊〔註57〕。胡氏自楚歸越，同社友人〔註58〕陳思育、黎民表惟、康從理裕卿、光統少承、安紹芳茂卿、丘齊雲、朱正初、李言恭惟寅、茅溱、周柱等人賦詩餞送〔註59〕。歸，母宋宜人患頭風，於是胡氏委身醫藥，服侍無間。因身體太勞累，而得清羸疾，故跳匿金華山中。會朱衡士南過蘭谿，以書要之，得其七百言長歌，出示滕伯輪載道，曰：「勿失之，天下奇才也。」滕伯輪破格爲檄令胡氏受餼學宮〔註60〕，而入武林萬松精舍，與包穉升、陳立夫、余元采同學〔註61〕。胡氏前嘗作〈諸子辯〉，雜取唐、宋文人遺論訖明代止，惟方孝孺《遜志齋集》未見，

〔註53〕　《類稿》卷一百九〈跋陳道復水畊牡丹眞蹟〉云：「右水墨牡丹，白陽山人陳道復眞蹟也。戊辰之歲，黎惟敬偶得于長安西市，愛之甚，恒置齋頭。辛未春，余將侍家大人入楚，惟敬戀戀不忍舍，既賦贈長歌，復報此卷首以大篆題「洛陽春色」四字，納余行橐中。余曰：此公所耽玩，奈何奪之！」

〔註54〕　見《類稿》卷八十九〈家大人歷履迹〉，《弇州山人續稿》卷七十〈胡觀察傳〉。

〔註55〕　《類稿》卷九十一〈先宜人狀〉語。按明萬曆間金陵刊本李維楨《大泌山房集》卷四十六〈贈湖廣參議胡公序〉亦指此事。而《類稿》卷三十四〈壬申夏生日途中作〉當在此時作，小註云：「時余年三十一」，以其辛亥年出生計算，當有誤。

〔註56〕　《類稿》卷九十二〈二酉山房記〉語。

〔註57〕　見《弇州山人續稿》卷二百六〈答胡元瑞〉之一；《類稿》卷一百十〈扇頭跋二〉。

〔註58〕　《類稿》卷八十二〈李臨淮青蓮貝葉二薰序〉云：惟寅故歧陽冢嫡，髫齔從尊大人楚游，《白雲山房》一編，海內喁喁亟稱寡和，既用才謾，受知當路，宿衛羽林，慨然遐思，迹古作者，與余輩結社華陽。當代大家名流：瑯琊、歷下、武昌、新蔡、長興、南海之倫，朝分廷而暮造膝。卷五十八〈李惟寅五辰初度〉云：北海筵中酬未停，南皮社裏歎飄零。青衫白璧連燕市，紫綬黃金歷漢廷。可知胡氏曾與李言恭惟寅等人結社，故同社友人於胡氏返越時，賦詩餞送。而金鍾吾《胡應麟的詩史觀與詩論研究》云：結華陽社在十八歲時。即在胡氏入燕、遊長安之前，受知朱衡之後。

〔註59〕　見《類稿》卷一百十〈跋楚游餞別卷〉。

〔註60〕　見《類稿》卷八十九〈石羊生小傳〉及《弇州山人續稿》卷六八〈胡元瑞傳〉。

〔註61〕　《類稿》卷五十八〈閏九月望後抵淮上包穉升水部邀集署中二首〉序云：「余自癸酉之歲，以大中丞滕公命入武林，與穉升及元采、立夫輩同學萬松精舍。」

至客武林時，始於龍丘賈人處閱之〔註62〕。是年始與王山人象結交〔註63〕。

　　自該年之後，胡氏奉母里居十載，中間以試事入杭者三，入燕者再。所涉歷金陵、吳會、錢塘皆通都大邑，文獻所聚，必停舟緩轍，蒐獵其間。小則旬餘，大或經月，視家所無，務盡一方迺已〔註64〕，其藏書來源於此略見。

萬曆三年（乙亥　1575）二十五歲

　　侍御蕭公、萬公合試越東西士千人，再拔胡氏文為冠〔註65〕。

萬曆四年（丙子　1576）二十六歲

　　胡氏以經義與屠隆同薦于鄉〔註66〕，因滕伯輪載道董浙學事，首上事訟駱賓王行跡〔註67〕。是時，胡氏得顧憲成叔度鄉書制義，擊節叫好〔註68〕。又嘗於臨安巷中見張文潛《柯山集》鈔本十六帙，以錢不足，約好隔日再取，是夜書毀於火，悵惋彌月〔註69〕。冬，以計偕將北上，會王世懋敬美以江西參議赴官，過蘭谿，邂逅於家，片語投合，始訂交契，王世懋贈計偕詩小草一書〔註70〕。冬，與林之盛同報公車〔註71〕。

萬曆五年（丁丑　1577）二十七歲

〔註62〕見《類稿》卷一百六〈題方希古遜志齋集後二則〉。
〔註63〕《類稿》卷八十二〈王生四遊草序〉云：「余識王山人在癸酉甲戌間」。
〔註64〕《類稿》卷九十二〈二酉山房記〉語。
〔註65〕《類稿》卷八十九〈石羊生小傳〉。
〔註66〕見《類稿》卷八十九〈石羊生小傳〉；卷三十三〈過淮上讀貞烈沈氏實編作，沈為侍御吳公妾，余丙子吳公所取士也〉，明萬曆庚子刊本屠隆《白榆集》卷二〈少室山房稿序〉云：「余與元瑞同舉于鄉」。
〔註67〕見《類稿》卷八十九〈補唐書駱侍御傳〉及《史書佔畢》四。
〔註68〕《類稿》卷一百十八〈報顧叔時吏部〉云：「昔在丙子，得公鄉書制義，讀之，輒狂叫擊節。」
〔註69〕《經籍會通》卷三云：「張文潛《柯山集》一百卷，余所得卷僅十三，蓋鈔合類書以刻，非其舊也。余嘗於臨安僻巷中，見鈔本書一十六帙，閱之乃《文潛集》，卷數正同，書紙半已澌滅，而印記奇古，裝飾都雅，蓋必名流所藏，子孫以鬻市人。余目之驚喜，時方報謁皇長，不時一錢，顧奚囊有綠羅二匹代羔雁者，私計不足償，并解所衣烏絲直裰青蜀錦半臂磬歸之，其人亦苦於書之不售，得直慨然。適官中以他事勾喚，因約明旦。余返寓，通夕不寐，黎明不巾櫛訪之，則夜來鄰火延燒，此書倏煨燼矣。余大悵惋彌月。因識此，冀博雅君子共訪，或更遇一云。
〔註70〕明萬曆十七年吳郡王氏家刊本王世懋《王奉常集》卷六〈胡元瑞詩小序〉及《類稿》卷五十六〈夜泊金閶寄奠王敬美先生八首〉序，卷五十九〈余為五岳之懷舊矣。丙子冬將以計偕北上，適少參王公自秦中過訪，為余劇談蓮花玉女之勝，且出諸登覽作見示，恍然如曳杖籛公遊憩太華絕頂者，不勝飛動之思，輒賦七言律四章云之〉；又見卷一百十〈扇頭跋三〉。
〔註71〕《類稿》卷八十六〈忠清里林氏族譜序〉。

胡氏於歐大任楨伯處結識張幼于獻翼〔註72〕。父僧忤張居正旨，左遷雲南按察僉事，回里小住〔註73〕。夏，胡氏下第北還，杜門谻上，適王世懋過訪，浹談兩晨夕，王氏介紹胡應麟於王世貞門下，胡、王二人始以書信交往〔註74〕，王世貞屢邀胡氏北上，坐宋宜人病未能赴約，蓋自是不上春官六載〔註75〕。

萬曆六年（戊寅　1578）二十八歲

時胡氏藏書已三萬卷，插架不減鄴侯，日枕席坐臥其中〔註76〕。嘗校讎宋太史詩〔註77〕，王世貞頗贊賞其藏書、讀書之用〔註78〕。構「群玉山房」珍藏古器物〔註79〕。

萬曆七年（己卯　1579）二十九歲

因母病，不上春官〔註80〕，時喻均邦相以進士宰蘭谿，獨善其人，常與之游覽

〔註72〕引吳氏《胡應麟年譜》錄，民國十六年蕭城魏氏養心閣刊本《玉劍尊聞卷》卷十九語。
〔註73〕王世懋《王奉常集》詩卷十〈蘭溪訪伯安胡丈留飲時郎君元瑞獲儁雅慕其高才抵掌論文幾申旦矣輒賦一章〉，文卷六〈胡元瑞小序〉云：丙子歲過蘭溪，元瑞方獲儁將計偕，予幸覩焉，談藝過丙夜，元瑞出示所為詩，為之擊節賞嘆。越歲再一過之，元瑞輒趨迎為具，執通家禮甚恭，而詩每見愈益奇〉。《類稿》卷八十九〈石羊生小傳〉云：丁丑夏，北還杜門谻上，適王太常先生自吳中來，顧謂憲使公：阿戎安在？吾就與語。同卷〈家大人歷履迹〉云：江陵相（張居正以地稱張江陵）新得柄，威福甚諸，奉檄楚者伏謁視家臣……由是江陵積怒……調雲南按察僉事。
〔註74〕見《類稿》卷八十九〈石羊生小傳〉。《弇州山人續稿》卷二百六〈答胡元瑞〉之一云：始者見家弟與曹甥子念稱足下，已又見殷無美稱足下，近得家弟一書，謂：縱橫藝苑中，自于鱗外，鮮所畏，顧獨畏足下與李本寧耳。……癸酉辱與足下尊人少參公游，其又明年辱與本寧游，而於足下尚未有通也。之二云：喻蘭溪人來得足下手書……獨足下未識面為恨。之四云：而至今不獲一見。之九云：與足下神交十餘年，彼此郵筒所致，肝膈底裏亡不具陳，所少者惟一面耳。知兩人利用書信互通聲息，往返多年以後，才相見面。
〔註75〕《類稿》卷八十九〈石羊生小傳〉語，又卷九十一〈先宜人狀〉云：「不肖自丁丑一赴公車，旋絕進取，念亦以奉宜人慈訓不忍蹔離也。」
〔註76〕《弇州山人續稿》卷二百六〈答胡元瑞〉之五云：足下聚書三萬卷，插架不減鄴侯。日枕席坐臥其中，世間事無足上眉尖胸次者。以僕所見，當今博洽士陳晦伯可稱無二，然不無書麓之恨；楊用修頗以綴屬稱，而疎鹵百出，點檢不堪。自李獻吉戒人讀書，當令此道彌厄，海內故不乏儁流，纔一篇一什有味，便厭薄六代以還，即晉唐諸史高閣束之，矧其餘者。家弟每嘖嘖足下過目不忘，豎幷時讀書幾與身等，今已學亡不窺，浸浸有雄視百代意，而獨稍降心於僕。憶足下故劉子政、張茂先輩也。
〔註77〕卷二百六〈答胡元瑞〉云：諗方校讎宋太史詩，此公亦何幸，然不免令足下神瘁耳。
〔註78〕見註76引文。
〔註79〕《類稿》卷九十四〈古玉方鼎銘〉序云：「得古玉文王鼎方腹圓趾……惜一足蝕土變蒼，下稜微挫，絲忽中損連城耳。然亦非窮措大宜有物。是日以歲凶將鬻諸歙賈，因稍述其形識而系以銘，米元章所謂：吾齋秀氣從此不復泯矣。戊寅秋半識，于群玉山房。」
〔註80〕《類稿》卷十二〈己卯仲秋復當計偕北上以家母病不赴與諸友言別四首〉。

倡和，無虛日〔註81〕。

萬曆八年（庚辰　1580）三十歲

　　因胡應麟未上春官，故燕中傳聞他已病亡，時胡孟弢汝煥方就試院中，聞之大慟。後王世懋過蘭谿言此事，胡應麟感其氣誼，故爲詩謝之〔註82〕。

　　夏，胡氏初謁王世貞於小祇園。五月廿二日初度三十歲，作〈抒懷六百字〉〔註83〕。李能茂造訪，爲撰〈李仲子集序〉〔註84〕，胡、李始訂交〔註85〕，胡氏並撰書薦於王世貞所〔註86〕。嘗夜飲喻邦相署賦歌贈其子〔註87〕。秋，王叔承來訪，訂盟江上〔註88〕。冬，王世懋造溪上，評騭當代諸名家〔註89〕。

　　按：初謁王世貞一事，《類稿》卷八十六〈黃堯衢詩文序〉云：

　　　蓋自丙子之夏晤瑯琊長公而入可知也。

　　似乎胡氏早在二十六歲時已晤王世貞，然胡氏結交王世懋一事，在丙子年（萬四年）秋，而《類稿》卷五十九〈余爲五岳之懷舊矣。丙子冬將以計偕北上，適少參王公自秦中過訪，爲余劇談蓮花玉女之勝，且出諸登覽作見示，恍然如曳杖從公遊憩太華絕頂者，不勝飛動之思，輒賦七言律四章〉知，丙子年尚在蘭谿，而王世懋尚未代爲紹介相識。

　　《弇州山人續稿》卷二百六〈答胡元瑞〉之一云：

　　　近得家弟一書，謂縱橫藝苑中，自于鱗外，鮮所畏，顧獨畏足下與李

〔註81〕　《類稿》卷八十九〈石羊生小傳〉。

〔註82〕　《類稿》卷十三〈余既不上春官燕中遂有傳不起者孟弢方就試院中大慟王次公過瀯水爲余言之〉。

〔註83〕　《類稿》卷二十〈庚辰夏五月念之二日余三旬初度也碌碌塵土加以幽憂之疾靡克自樹俯仰今昔不勝感慨信筆抒懷六百字〉。

〔註84〕　《類稿》卷八十一〈李仲子集序〉云：「庚辰之夏，有持刺叩門者自稱東陽李生，余方飲，投箸踉蹌出，屨不遑倒。」

〔註85〕　《類稿》卷十二〈東陽李茂才允達以古風六章雜詩一卷見投斗酒定交留連浹夕答贈四首〉。

〔註86〕　《類稿》卷一百十一〈薦李能茂書〉。

〔註87〕　《類稿》卷二十二〈夜飲喻邦相署中酒酣邦相諸郎君出見咸朗朗玉立可念也因戲成短歌一章爲贈〉云：「君不見，胡生今年政三十，日夜明珠探驪窟。」

〔註88〕　《類稿》卷十九〈孤憤篇挽王山人叔承八百字〉序云：「始余讀山人吳越諸遊草，異之，顧其人未識面也。庚辰秋，息駕杜門，忽闇者以曹生書來稱山人往攜一刺入長安，城亡所詣，閉篋中廿載矣。今特持以詣足下，幸毋訝其溓減也。余亟倒屨出迎山人，十日齋頭縱談……既與余訂盟江上。」按：王叔承初名光胤，以字行，更字承父，晚又更字子幻，復名靈嶽，自號崑崙山人，吳江人，《明史》卷二八八〈文苑傳四〉〈王穉登傳〉附。

〔註89〕　《類稿》卷一百六〈書二王評李于鱗文語〉。

本寧耳……而於足下尚未有通也。

知乃透過王世懋紹介，才得以結交王世貞，而《類稿》卷一百六〈書二王評李于麟文語〉云：

庚辰夏過小祇園，長公譚藝次偶及李于麟文。

或許初謁王世貞事，並非晚到庚辰年（萬曆八年）夏，在未有其他明確證據修改之前，初謁王世貞事，暫定於庚辰年（萬曆八年）夏天。

萬曆九年（辛巳　1581）三十一歲

五月，《綠蘿館詩集》刊成，爲胡氏的第一部詩集，王世貞爲之序〔註90〕。胡氏因入弇，使踐王叔承之約，竟成爽言〔註91〕。

萬曆十年（壬午　1582）三十二歲

秋，宋宜人病稍瘳，胡氏受父命，北上赴春官。經吳，謁王世貞於弇山堂、叩曡陽太師恬澹觀所〔註92〕。舟一過嚴光先生祠〔註93〕。時父因與同列不合，自滇致仕歸，年六十〔註94〕。

萬曆十一年（癸未　1583）三十三歲

春，胡氏北上公車。時黎民表惟敬、歐大任槙伯並在燕，張九一助甫、陳文燭玉叔以奏計至，胡孟弢、區大相用孺以射策至，眾人咸以舊好過從甚洽〔註95〕。胡氏與屠隆握手於都下，屠隆爲序《少室山房稿》〔註96〕。

嘗於王參戎思延家見鈔本《夷堅志》，胡氏以所撰之《少室山筆叢》易之〔註97〕。

〔註90〕此依吳氏所說，據《弇州山人續稿》卷四十四〈綠蘿館詩集序〉及《少室山房類稿》〈王世貞序〉云之。

〔註91〕《類稿》卷十九〈孤憤篇挽王山人叔承八百字〉序。

〔註92〕《類稿》卷八十九〈石羊生小傳〉。

〔註93〕《類稿》卷三十二〈壬午秋以家君命北上舟過嚴光先生祠戲作〉。

〔註94〕《弇州山人續稿》卷十六〈胡憲使歸自滇中年六十〉小註云：「時元瑞將上春官」，《少室山房類稿》卷九十一〈先宜人狀〉。

〔註95〕見《類稿》卷八十六〈藝葵園草序〉。胡孟弢生平不詳，《甲乙剩言》有〈胡孟弢〉條，記載所聞之異說。吳氏作胡汝煥，不知何據？胡汝煥字文甫，南昌人，《明詩紀事》〈庚籤〉卷九有傳。

〔註96〕汪道昆《白榆集》卷二《少室山房稿序》。

〔註97〕按：《夷堅志》一書，胡氏嘗詢遍諸藏書家，只得武林雕本五十卷，事於《類稿》卷一百四〈讀夷堅志五則〉之一記載甚明，云：「洪景盧《夷堅志》四百二十卷。卷以甲、乙、丙、丁爲次。每百卷周而復始，四甲迄四癸，通四百卷，餘二十卷則洪歿而未盈百也。余少讀鄱陽《經籍考》，則遍詢諸方弗獲。至物色藏書之家，若童子鳴、陳晦伯，皆云未覩，蓋瑯瑯長公亦不省有是書矣。武林雕本僅五十卷，而分門別類紊亂亡章，余固知非野處之舊，然無從一參考之。癸未入都，忽王參戎思延語及，云：

俄再下第，還里，「二酉山房」構成〔註98〕。胡氏過周天球公瑕書齋，索代爲重書王世貞詩卷〔註99〕。

返家，適張佳胤肖甫弭節過訪，胡氏避不見，以父僖故，往報武林〔註100〕。過吳門，訪張鳳翼伯起於曲水園，得〈洞山十絕句〉〔註101〕。

秋，胡氏於武林識汪道昆伯玉，二人片語定交〔註102〕，復與汪道昆伯玉、道貫仲淹兄弟遊西湖，戚繼光元敬來自燕，胡氏以汪道昆故，而賦〈寶刀歌〉，戚氏見而嘆曰：「名下無虛士」。旋同造訪王世貞，途中，汪道昆爲序《少室山房續稿》。至婁江，張佳胤肖甫取華亭道來，會於弇中〔註103〕，別於玉龍橋〔註104〕。

按：《類稿》卷八十九〈石羊生小傳〉云：

> 其明年癸未，與張中丞遇都下，張中丞者新蔡張助父也。生素不相聞，邂逅朱山人汝修館，片語投合。

故胡氏當先在朱汝修館遇張助父，而與之訂交，後大會于吳山人館，此條吳氏將張九一與張助甫誤作二人。

萬曆十二年（甲申 1584）三十四歲

夏五月，《三墳補逸》三卷成書〔註105〕。王世貞爲撰〈二酉山房記〉。

按：吳氏將王世貞撰〈二酉山房記〉定於萬曆八年，胡氏初謁王世貞之年。然《經籍會通》卷四云：

> 余自髫歲，夙嬰書癖，稍長，從家大人宦遊諸省，御歷燕、吳、齊、趙、魯、衛之墟，補綴拮据，垂三十載。近輯《山房書目》，前諸書外，自餘所獲，纔二萬餘。

又《弇州山人續稿》卷二百六〈答胡元瑞〉之十八云：

> 余某歲憩一民家，覩敝篋中是書鈔本存焉，前後漶滅，亟取補綴裝潢之，今尚完帙也。余劇喜，趣假錄之。王曰：無庸，子但再以《筆叢》餉我可矣。余持歸，竟夕不能寐，篝燈披讀，迺知此特四甲中之一周，爲卷凡百，每篇首綴小引，其後先次第，大都洪氏舊裁。餘卷三百二十，竟不可得。然其梗槩臚列也。自漢迄唐，書之簡帙重大者，什不存一。《太平廣記》五百卷，宋世之書，今逸其數，茫無要領。而此編以荒唐璅綴，尚巋然四分之一，非藏書家至快極愉哉。因亟題其後，俟異日校而梓之。」

〔註98〕 《類稿》卷八十九〈石羊生小傳〉，「二酉山房」構建之說，見註95。
〔註99〕 《類稿》卷一百十〈跋周公瑕書王司寇詩卷〉。
〔註100〕 《類稿》卷八十九〈石羊生小傳〉。
〔註101〕 《類稿》卷一百十〈跋張伯起詩卷〉。
〔註102〕 《類稿》卷十二〈入新都訪汪司馬伯玉八首〉序。
〔註103〕 《類稿》卷十二〈入新都訪汪司馬伯玉八首〉序。
〔註104〕 《弇州山人續稿》卷十七〈送伯玉同一仲元瑞清洋抵玉龍橋望玉山作〉。
〔註105〕 見〈三墳補逸引〉。

山中良晤始匪偶然，別後時時於松竹蕙蒨間，輒念風雅……二酉山房日與作者揖遜念之神王見委記係歲前面許，必不敢負，弟小寬我俟興至即命筆也。〈藏書目序〉非不感兄見推，亦寧無標榜之畏，幸且祕之，去歲已作得〈末五子篇〉，今錄上，亦用心賞心期可也。助甫中丞近有書至，意服兄而甚易長卿「大海從魚躍，長空任鳥飛」，二語甚有味。

知一、以三十載時間蒐購書籍，才輯成〈二酉山房書目〉。

二、王氏於山中見胡氏時，尚未撰〈二酉山房書目記〉，故初見面時不可能即有此作。

三、王世貞未撰〈二酉山房書目序〉，而答應撰〈二酉山房記〉在王氏作〈末五子篇〉及胡氏〈二酉山房書目〉完成之前，且最遲當在一年之前。

四、胡氏結識張九一助甫於萬曆十一年，事見〈石羊生小傳〉。

就上述四點理由，故王氏撰〈二酉山房書目記〉最早不得早於萬曆十一年，有可能在十一年胡氏偕同汪道昆伯玉兄弟同入弇州訪王世貞時，當面要求王氏代撰，故王氏「新正朔日於大士前誓斷此緣」又云「係歲前面許」，因此暫置於十二年。據此則「二酉山房」最遲當建於萬曆十一年胡氏上春官之前。

萬曆十四年（丙戌　1586）三十六歲

春二月，《四部正譌》書成〔註106〕。胡氏與王士昌永叔北上春官〔註107〕。攜「黃公望秋江漁笛圖」殘圖，裝潢成軸〔註108〕。是行途中，曾晤李言恭惟寅〔註109〕，轉訪周天球公瑕，要其重書王世貞撰之〈二酉山房記〉〔註110〕。復不第，自是三北禮闈〔註111〕。

秋，胡氏以王世貞六十大壽，偕汪道昆伯玉造訪弇中，恣玩王氏珍藏古帖，舟迴，胡氏詣項元汴子京，恣覽其藏彝鼎遺墨〔註112〕。會得家報舒夫人舉二男子，胡

〔註106〕見〈四部正譌引〉。

〔註107〕《類稿》卷七十八〈憶與永叔丙戌上春官永叔至安平鎮登陸今屈指十載乃余附永叔舟再過茲地追憶囊時王生據鞍上馬狀手恍惚在目相與拊掌大笑即席漫成〉。

〔註108〕《類稿》卷八十九〈石羊生小傳〉，卷一百九〈黃公望秋江漁笛圖〉。

〔註109〕《類稿》卷八十二〈黃說仲詩草序〉云。

〔註110〕《類稿》卷一百十〈周公瑕書二酉山房記跋〉云：「余丙戌入都談及神王意，取前記點綴之，則後半盡易矣。」

〔註111〕《類稿》卷八十九〈石羊生小傳〉，卷八十四〈送鍾天毓歸芧羅序〉。

〔註112〕〈石羊生小傳〉卷五十七〈壽王司寇元美六秩四首〉序，卷一百七〈跋鍾元常季直表〉。按：明朝項氏與胡氏年代相及者，有：項元淇字子瞻，號少嶽，忠曾孫，1500至1572年；項篤壽字子長，號少谿，元淇弟，1521至1586年；項元汴字子京，號墨林山人，嘉興人，篤壽弟，1525至1590年。以元汴工繪事，精於鑒賞，所藏

氏初以嗣續爲憂，至是脫帽歡噱抗眼一世〔註113〕。

萬曆十五年（丁亥　1587）三十七歲

扁舟淮汭，胡氏謁王新建承勛，二人故通家也。是年胡氏始識黃維輯說仲〔註114〕。秋，於家得葉子木轉來張應泰大來書札〔註115〕。

萬曆十六年（戊子　1588）三十八歲

秋，蘇濬君禹行部婺中，胡氏爲文訟先賢駱賓王事，並輯駱氏詩文關涉及前人遺論，刊爲《駱侍御忠孝辯》一卷，蘇氏爲移文祀駱於鄉賢〔註116〕。冬，胡氏以父命赴公車，至武林而病瘧〔註117〕。十月舟次瓜洲，不食者載閱月，藥餌遍嘗，積久不愈，自疑不起。會王世貞屢使過存，因丐作小傳，王氏慨然爲撰〈胡元瑞傳〉〔註118〕。是年王世懋卒，胡氏以病不能赴弔，寄挽章七言八首致奠〔註119〕。

萬曆十七年（己丑　1589）三十九歲

春，胡氏返棹南歸，舟過吳門，周天球公瑕來訪，語及王世貞嘗撰〈胡元瑞傳〉，讀之大詫：「子何幸以一疢致千秋，吾茲且樂附驥尾」。故胡氏亟請周氏以蠅頭錄之，答以：「子能輟棹三日則可。」因而胡氏易舟入葑門，訪張鳳翼兄弟，復乘月過周懋修宅，暢飲兩晨夕。待胡氏返金閶，則周天球公瑕攜冊遲舟久矣〔註120〕。

四月《九流緒論》三卷書成〔註121〕，七月《經籍會通》四卷書成〔註122〕，《史書佔畢》六卷續成〔註123〕。十一月初一日午宋宜人卒，享年五十九〔註124〕，居憂期暇日成《華陽博議》二卷〔註125〕、《莊嶽委談》二卷〔註126〕、《唐同姓名錄》〔註

法書名畫極一時之盛。依胡氏迴舟詣項氏在秋季推之，疑爲項元汴，暫定之。事見葉昌熾《藏書紀事詩》卷三。

〔註113〕《弇州山人續稿》卷一百八十七〈與張助父第十一書〉，《王奉常集》卷十二〈友人胡元瑞詩豪振代顧盼箕裘顧有嗣續之念今聞得雄喜賦〉。

〔註114〕《類稿》卷八十二〈黃說仲詩草序〉。

〔註115〕《類稿》卷八十六〈藝葵園草序〉。

〔註116〕《史書佔畢》四，《類稿》卷八十九〈補唐書駱侍御傳〉。

〔註117〕《類稿》卷五十六〈送蘇君禹觀察之嶺右八首〉序。

〔註118〕《弇州山人續稿》卷六十四〈胡元瑞傳〉，《類稿》卷八十三〈養疴稿序〉，卷一百十〈周公瑕書王司寇石羊生傳跋〉，江湛然〈少室山房類稿序〉。

〔註119〕《類稿》卷五十六〈夜泊金閶寄奠王敬美先生八首〉序。

〔註120〕《類稿》卷一百十〈周公瑕書王司寇石羊生傳跋〉語。

〔註121〕見〈九流緒論引〉。

〔註122〕見〈經籍會通引〉。

〔註123〕見〈史書佔畢引〉。

〔註124〕《類稿》卷九十一〈先宜人狀〉。

〔註125〕見〈華陽博議引〉。

127〕。是年，《詩藪》〈內、外編〉亦已完刊，王世貞為序〔註128〕。

按：崇禎壬申（五年）延陵吳國琦重刊本，疑即「萬曆刊本」之「天啓間刊本」（按：所謂天啓間刊本，當係據「校」字為說），及《廣雅書局本》皆作乙丑年，吳氏《胡應麟年譜》用之，鄭亞薇、林慶彰諸人因之；又一《明萬曆間刊本》疑即所謂「天啓間刊本」則作己丑年，北京中華書局點校本據「萬曆間本」校「廣雅本」乃作己丑年；《四庫本》無序文，不得而知。

然胡應麟九歲隨父入武林；十歲祖母喪；十三從父遊燕，以家故貧，不得購置異書為憾；二十三歲隨父出長安，時書僅數十篋。考《華陽博議》一書：

一、暢論經、史、子、集，兼及道、釋、類書之學

二、《華陽博議》卷下云：「生平駑劣，世事懵然。獨癖嗜青緗，逾於飲食。凡史傳敘稱，有同余好，輒欣然領會，踴躍於表。偶閱唐宋諸類書，采撫前規，漏遺泰甚。因戲放昔人比事，集而錄之。衰病耗忘，目睫之譏，自分不免。異時同好，尚或有當余衷哉！」

三、又云：「余酷有考訂之癖，視所稱瓦礫在懷等語，不啻過之。而證驗古今，亦時時有自得者。」

四、又云：「近王長公（按指王世貞）與余書」。

五、〈百家異苑序〉云：「以類鈔合，循名入實」。

若以十五歲稚齡，即有「古今大學術，概有數端，命世通儒，罕能備悉，輒略而言之：覈名實，剗浮夸；黜奇衺，獎閎鉅；掇遺逸，抉隱幽；灌嚮方，樹懲勸」之見識，實未能驟信。

又：胡氏初謁王世貞，最遲在萬曆八年，最早亦不早於萬曆四年；而《類稿》卷八十九〈石羊生小傳〉最遲當與王世貞撰〈胡元瑞傳〉同於萬曆十六年完稿，亦即胡氏三十八歲之年。然此二傳中，皆未提及《華陽博議》之名，其他作品中亦隻字未提。據上所述，當依萬曆間刊本之說，置於己丑年完書。

萬曆十八年（庚寅　1590）四十歲

正月，《丹鉛新錄》書成〔註129〕，春，胡氏以汪道昆邀會於嚴陵，期於仲秋

〔註126〕見〈莊嶽委談引〉。

〔註127〕《史書佔畢》卷六：「項遭幽憂，屏居郭外，蕭然半榻，僅唐史一編，案頭日取閱之。見其中姓字相同者，頗自不少，而世第共傳李益、韓翃數人，因益取稗官雜說，凡唐一代名姓相同者，數十百人，類而錄之，以為廣見洽聞之助。」

〔註128〕《類稿》卷一百十一〈與王長公第三書〉，《弇州山人續稿》卷二百六〈答胡元瑞〉之二十一。

〔註129〕見〈丹鉛新錄引〉。

入新安〔註130〕。七月，《藝林伐山》八卷書成〔註131〕。秋，胡氏聞王世貞病亟，馳艇過婁江，跟蹤走弇山園，待至，王氏其病已革，王氏約胡氏代校其續集並序之。因王氏晨夕挽留，於是胡氏小住來玉閣六旬，待歲末抵家時，則王世貞已逝世〔註132〕。

萬曆十九年（辛卯 1591）四十一歲

春，胡氏歸家居，閉門一月，掎摭王世貞履歷，撰二百四十韻二千四百言長詩哭之〔註133〕。於掃除敝簏時，發現嘗於長安所得曾慥《類說》鈔本已成殘卷〔註134〕。

胡氏嘗偕方翁恬入歙謁汪道昆伯玉於太函〔註135〕，汪氏以詩招同入「白榆社」〔註136〕。時汪道貫仲淹已病臥三載，因胡氏抵新都，隨伴其至桃溪、岩市、太函三地，修社白榆〔註137〕。是行，汪道昆為胡應麟撰〈少室山房四集〉序〔註138〕。

胡氏留新安再閱月，汪氏要約修禊後，同過弇園。因汪道貫卒，胡氏先行東歸〔註139〕，過太倉弔王世貞〔註140〕。

萬曆二十年（壬辰 1592）四十二歲

十一月，《玉壺遐覽》四卷書成，胡氏自署名芙蓉峰客〔註141〕，十二月《雙樹幻鈔》三卷書成，署名壁觀子〔註142〕。

萬曆二十一年（癸巳 1593）四十三歲

夏，胡氏家居，陳觀察過訪，二人抵掌談天。越四月，洪茂才來訪，歲迫，因

〔註130〕《類稿》卷五十七〈早春汪司馬伯玉抵嚴陵以手札見招先此奉柬期司馬過小園時仲淹同至〉，卷十二〈入新都訪汪司馬伯玉八首〉序。
〔註131〕見〈藝林伐山引〉。
〔註132〕《類稿》卷十二〈入新都訪汪司馬伯玉八首〉序，卷四十八〈輓王元美先生二百四十韻〉序。
〔註133〕《類稿》卷四十八〈輓王元美先生二百四十韻〉序。
〔註134〕《類稿》卷一百四〈讀類說〉。
〔註135〕明萬曆間金陵刊本《太函集》卷二十六〈白社盟小引〉。
〔註136〕《太函集》卷一百十九〈招元瑞入白榆社〉，《類稿》卷九十〈白嶽遊記〉。郭紹虞〈明代文人結社年表〉說亦同。
〔註137〕《類稿》卷十二〈別汪仲淹二首〉序。
〔註138〕《太函集》卷二十六〈少室山房四集序〉。
〔註139〕《類稿》卷三十〈白榆歌別司馬汪公歸婺中〉序，《太函集》卷七十七〈送胡元瑞東歸記〉。
〔註140〕《類稿》卷十九〈孤憤篇挽王山人承叔八百字〉序。
〔註141〕見〈玉壺遐覽引〉。
〔註142〕見〈雙樹幻鈔引〉。

易傚之惟效招，胡氏赴三衢。歸，方知張茂才已過瀫水〔註143〕。

萬曆二十二年（甲午　1594）四十四歲

胡氏奉父命，青衫蹇衛蹩躠入長安。曩時髫鬖交遊，悲歌屠狗之倫，十九物化，僅李言恭惟寅輩如魯靈光。於是胡氏每曳履黃金臺，盱衡四壁，陰風颯颯然，萬里北至，若相對欷歔華陽碣石間，爲之感慨無已〔註144〕。

五月五日媵人舉一女，十五日復舉一男，時趙志皋方命館人除館授餐以待胡氏，會媵人產二雛，急歸，不及赴宴〔註145〕。

胡氏嘗與嘉禾姚士粦叔祥論古今四部書。姚見〈二酉山房書目〉中有《干寶搜神記》，大駭曰：「果有是書乎？」胡氏應之：「此不過《法苑》、《御覽》、《初學》、《藝文》、《書鈔》諸書中錄出耳，豈從金函石篋幽岩土窟掘得耶！大都後出異書皆此類也。惟今浙中所刻《夷堅志》乃吾篋中五分之耳。」〔註146〕。

萬曆二十三年（乙未　1595）四十五歲

會試下第，胡氏撰〈天上主司〉以見慨〔註147〕。場後忽得吳孺子由北寄來一絕，復夢見之。明日，胡氏飲朱汝脩齋頭，與趙士楨口角，幾致死，賴朱汝脩救之，是他生平最大危厄〔註148〕。

春，龔勉子勤蒞任城，合祀李白、杜甫二人，胡氏賦詩紀之〔註149〕。秋，邂逅梅台祚泰符，二人把臂甚暱〔註150〕。冬，十一月一日與王士昌永叔舟次濟南阻雪，是日適得子〔註151〕。

萬曆二十五年（丁酉　1597）四十七歲

<hr>

〔註143〕《類稿》卷一百十九〈報張茂才〉。
〔註144〕《類稿》卷八十四〈送鍾天毓歸苧羅序〉。
〔註145〕《類稿》卷十六〈惟寅以書眂馳使潞河適媵人偶舉一子走筆賦答〉，卷六十二〈潞河僑居逾月媵人于首望前舉一女逾旬復舉一男黃燮卿王至卿胡靜父胡毅元茅厚之過集齋頭戲作〉。
〔註146〕《甲乙剩言》〈知己條〉。
〔註147〕《甲乙剩言》〈天上主司條〉。
〔註148〕見舊鈔本沈德符撰《萬曆野獲編》卷二十三，又〈金華二名士〉條且記是年場後事跡，可參。
〔註149〕《類稿》卷四十三〈龔使君合祀供奉拾遺於任城紀事三十韻〉序。
〔註150〕《類稿》卷十五〈乙未秋邂逅梅生泰符把臂甚暱同觀濤江上別去未幾則聞生病且殆俄聞生竟不起矣余再入武林檢散篋得生手書屢紙不勝山陽鄰笛之愴爰賦二言投宛溪之上以吊之〉。
〔註151〕《類稿》卷四十七〈乙未仲冬朔舟濟南大雪百二十韻有序并呈永叔〉，卷三十八〈仲冬朔舟次南旺閏中暮夜得雄燈下發書及家大人信來志喜四律〉。

夏，胡氏羈臥武林（杭州），舊所從游王象、祝如華來謁〔註152〕。閏九月，抵淮上包穉升署中〔註153〕。

萬曆二十六年（戊戌　1598）四十八歲

胡氏北上至吳門，聞妻舒氏卒耗，馳歸，父疾作，賴其日夜照顧，得癒〔註154〕。秋，萬世德伯修經略朝鮮，胡氏賦詩送之〔註155〕。

萬曆二十七年（己亥　1599）四十九歲

胡氏北上赴試，臥病清源禪寺〔註156〕。過聊城，晤傅光宅，以《甲乙剩言》一卷請傅氏撰序〔註157〕。

萬曆二十八年（庚子　1600）五十歲

秋，胡氏羈寓武林，吳右轄造訪，故賦詩送其就任山西〔註158〕。

萬曆三十年（壬寅　1602）五十二歲

夏，胡氏卒於里第〔註159〕。有《少室山房類稿》、《少室山房筆叢》、《詩藪》諸作傳世。胡氏身後極為蕭條，三子幼孤，並無術業〔註160〕，所築「二酉山房」歸同邑武進士唐驤家，改顏曰：「古槐書屋」〔註161〕，藏書俱散逸無存〔註162〕。

第三節　胡應麟交遊考

胡應麟與王世貞、汪道昆輩游，王世貞目為「末五子」〔註163〕、「瑯琊衣鉢」〔註164〕。胡氏嘗與李言恭惟寅結華陽社〔註165〕、南皮社〔註166〕，汪道昆以詩招入

〔註152〕《類稿》卷八十二〈王生四游草序〉，卷七十七〈祝如華舊從學詩忽扁舟來謁〉。
〔註153〕《類稿》卷五十八〈閏九月望後抵淮上包穉升水部邀集署中二首〉序。
〔註154〕《類稿》卷一百十七〈報張大參知睿父〉。
〔註155〕《類稿》卷八十四〈送大中丞山西萬公經理朝鮮序〉，卷六十二〈送萬伯修中丞之朝鮮〉，《明史》〈神宗本紀〉二十六年。
〔註156〕《類稿》卷四十一〈清源寺中戲效晚唐人五言近體二十首〉序。
〔註157〕《甲乙剩言》〈傅光宅序〉。
〔註158〕《類稿》卷七十二〈河梁話舊十絕句送左轄吳公之山西〉序。
〔註159〕明崇禎十四年刊本《婺書》卷四〈胡應麟傳〉。
〔註160〕《婺書》卷四〈胡應麟傳〉。
〔註161〕《光緒蘭谿縣志》卷八〈古蹟〉〈二酉山房〉條。
〔註162〕《婺書》卷四〈胡應麟傳〉。
〔註163〕《弇州山人續稿》卷三〈末五子篇〉以趙用賢汝師、李維楨本寧、屠隆緯眞、魏允中懋權、胡應麟元瑞爲末五子，各系以詩。
〔註164〕《王奉常集》卷三十九〈答胡元瑞〉之一云：「家兄作足下《詩序》，有衣鉢之許」。

白榆社〔註167〕王世貞、汪道昆歿後，胡氏更稱老宿，主詩壇，大江以南皆翕然宗之〔註168〕，諸詞客裹糧入婺者莫敢有異同〔註169〕。故雖僅為舉人，數背春闈，仍以詩作（《少室山房類稿》）、詩評（宗主王世貞《藝苑卮言》之《詩藪》）名噪一時，甚而有人願以鈔本《夷堅志》換取其考訂之作──《少室山房筆叢》〔註170〕。

　　胡氏得以享名一時，在於雜學博聞；其「博而核，核而精」〔註171〕則得力於藏書，富甲一方，及書貴使用之觀念〔註172〕。檢索其傳記、著作，知其交往有文學家、劇作家、政治人物及藏書家。

　　本節所述，分藏書家及劇作家兩類，以著述、藏書及考訂有關者為限，以見胡應麟之所以能成為明代一大藏書家，及目錄學家，仍有賴友朋而成。至於先後順序，略依年代排列。與本主題無關，雖交往頻繁者，亦以表列出，以見一斑。

壹、藏書家友人

一、文　彭

　　文彭字壽承，號三橋，長洲人，文徵明長子，以貢授秀水訓導，擢南京國子助教〔註173〕、國子博士。工書畫篆刻，精鑒別，故項元汴每遇宋刻即邀文氏二承鑒別之，是以項氏藏書，皆精妙絕倫〔註174〕。生於弘治十一年（1498），卒於萬曆元年（1573），年七十六。其藏書印有「漁陽子」、「清白堂」等諸印，有《博士集》〔註175〕。

　　　　　《婺書》卷四〈胡元瑞傳〉頁31眉批小註云：「元瑞有印章，其文曰瑯瑯衣鉢」。
〔註165〕《類稿》卷八十二〈李臨淮青蓮貝葉二稿序〉。
〔註166〕《類稿》卷五十八〈壽李惟寅五辰初度〉云：「北海筵中酬未停，南皮社裏歎飄零，青衫白璧連燕市，紫綬黃金歷漢廷」，知曾結南皮社。然郭紹虞〈明代文人結社年表〉未見記載。
〔註167〕《太函集》卷二十六〈白榆社尋盟小引〉。
〔註168〕《光緒蘭谿縣志》卷五〈胡應麟傳〉。
〔註169〕《婺書》卷四〈胡元瑞傳〉。
〔註170〕《類稿》卷一百四〈讀夷堅志五則〉之一。
〔註171〕汪道昆〈少室山房四藁序〉語。
〔註172〕《類稿》卷九十〈二酉山房記〉。
〔註173〕王世貞《吳中往哲傳》語。
〔註174〕錢曾《讀書敏求記》語。
〔註175〕與胡應麟交游諸人，其生平參考中央圖書館編《明人傳記資料索引》，佐以姜亮夫編《歷代人物年里碑傳綜表》；關於藏書家事蹟，另參以葉昌熾《藏書紀事詩》、吳晗《江浙藏書家史略》、楊立誠金步瀛合編《中國藏書家考略》；劇作家事蹟，則另參以楊蔭深《中國文學家考略》、羅錦堂《明代劇作家考略》。是故除另有資料引用外，不一一列出。

按：胡應麟嘗在文彭處見仇英〈搗練圖〉〔註176〕，又：《類稿》卷一一○〈扇頭跋七〉云：

　　文壽承小楷書倪雲林〈江南春〉二詩，時年九十。

與《明人傳記資料索引》所說不同，暫依該說為據。

二、黃姬水

黃姬水字淳父，吳縣人，正德四年（1509）生。有文名，亦工詩。學畫於祝允明，傳其筆法。萬曆二年（1574）卒。父省曾，好蓄異書，故家富藏書。有「姬水」、「黃孟」、「黃印姬水」、「積山」等諸藏書印。著《貧士詩》、《白下集》、《高素齋集》等書。

按：胡氏與黃姬水事僅見《類稿》卷一一四〈與黃淳父〉一篇，未提及是否有書籍交換或討論關於目錄學事。又卷一百四〈讀夷堅五則〉之一，記胡氏嘗因《夷堅志》一書，遍詢諸藏書家——僅舉出童佩及陳耀文二人，而未獲。以黃氏亦為藏書家，想必亦嘗相互利用，惜不見記載。

三、周天球

周天球字公瑕，號幼海，一號天發居士，太倉人。正德九年（1514）生，年十六即隨父徙吳。從文徵明游，善寫蘭草，尤善大小篆、古隸、行楷，一時豐碑大碣，皆出其手，萬曆二十三年（1595）卒。喜藏書，有「群玉山樵六止居士」藏書印〔註177〕，滂喜齋著錄宋刻《淮海居士長短句》，有〈周天球藏印〉。

按：周天球與胡氏交往密切，嘗重書王世貞所撰之〈石羊生傳〉、〈二酉山房記〉二文〔註178〕，對胡氏藏書、鑑賞有所幫助。

四、朱睦㮮

朱睦㮮字灌甫，號西亭，橚六世孫，封鎮國中尉。幼端穎，及長，被服儒素，覃精經學，尤邃於《易》、《春秋》。萬曆中舉周藩宗正。垂髫即喜收書，嘗假之中吳、兩浙、東郡、耀州、澶淵、應山諸處，或寫錄，或補綴；中年築室東陂之上，取古人

〔註176〕《類稿》卷一百九〈跋仇英漢宮春曉卷〉。胡氏與文彭交往僅見卷十八〈博士長洲文公彭〉而已。

〔註177〕《類稿》卷一百七〈跋周公瑕書朱司空河工敘〉及蔡金重《藏書紀事詩引得》二云之。

〔註178〕《類稿》卷一一○〈周公瑕書王司寇石羊生傳跋〉、〈周公瑕書二酉山房記跋〉，又〈扇頭跋三〉記周天球嘗於「癸未過余齋頭」，關於兩人交往之事見附表。卷一一三〈報伯玉司馬〉云汪道昆嘗代撰胡氏〈先宜人誌〉，而周公瑕書之於石，刻工沈幼文旬日鐫成。乃周氏暮年最得意書。嘗搨成百幅。

經解，繕寫藏求，嘗往孫北海少宰令祥符，就其第鈔經注二百餘冊，載歸京師。

明代藏書之富，推江都葛氏，章丘李氏，朱氏傾資購之，起萬卷堂五楹，諷誦其中。論者以方漢之劉向，學者稱西亭先生。

其〈萬卷堂書目〉倣唐人法，採經、史、子、集四部分類，用各色牙籤識別。

經分：易、詩、書、春秋、禮、樂、孝經、論語、孟子、經解、小學等十一類。

史分：正史、編年、雜史、制書、傳記、職官、儀注、刑法、譜牒、目錄、志地、雜志，共十二類。

子分：儒、道、釋、農、兵、醫、卜、藝、小說、五行，十類。

集分：楚詞、別集、總集三類。

年代姓名，各具撰述之下〔註179〕。其藏書印有「周府御書樓寶朱印」。生於正德十二年（1517），萬曆十四年（1586）薨。著有《五經稽疑》、《授經圖詩》、《韻譜》、《明帝世表》、《周國世系表》、《建文遜國褒忠錄》、《陂上集》等書。

按：謝肇淛《五雜組》卷十三，記謝氏嘗欲托人至朱氏家鈔書，事不得逞，該事於下：

> 今天下藏書之家寥寥可數矣，王孫則開封睦㮣，南昌爵儀兩家而已。開封有《萬卷堂書目》，庚戌夏余托友人于楚至其所，鈔一、二種，皆不可得，豈祕之耶？于楚言其書多在後殿，人不得見，亦無守藏之吏，塵垢汗漫，漸且零落矣！

似乎朱氏在世時，即已惜書不輕易外借，故子孫尚將書藏後殿，而人不得見。

然《經籍會通》卷四，記載胡氏嘗得朱氏所贈祕籍數種，同時常互易有無，其說〔註180〕：

> 鄴下宗正灌父，最蓄書，饒著述，賓客傾四方。嘗餉余祕籍數種，并五言八韻寄余。

> 右四君俱余生平同志，余筐笈所藏，往往與互易者。

可推知朱氏與胡應麟忘年之交的情感。然《經籍會通》嘗論古今書目，卻不及朱氏《萬卷堂書目》，當未曾目睹。故胡氏藏書分類，雖同為四部分法，然各部類數不同，惜不知其差異處。

五、項元汴

項元汴字子京，號墨林子，又號香岩居士、退密齋主人，嘉靖四年（1525）生，

〔註179〕見《藏書紀事詩》引〈萬卷堂書目跋〉。

〔註180〕《少室山房類稿》卷一一四與朱睦㮣討論《中州人物志》一書，卷二四、三二亦有資料可參。

嘉興人。以善治生產致富。能鑒號古人書畫，所居天籟閣，坐質庫估價，海內珍異十九多歸之。每得名蹟以印鈐之，累累滿幅。萬曆十八年（1590）卒。題跋皆署「攖寧庵」，有「寄敖」、「退密」、「墨林山人」、「世濟美堂」、「傳家永寶」、「神遊心賞」、「古橋李狂儒墨林山房史籍」等藏書印。

　　按：胡氏訪項氏事，僅見《少室山房類稿》卷一百七〈跋鍾元常季直表〉：「丙戌秋，余嘗偕汪司馬過弇中，玩諸古帖。司馬乞『鍾太傅季直表』觀之。長公默然良久，曰：『是月以催科不辦，持質諸橋李項氏矣。』余舟迴詣項氏，假其所藏彝鼎及遺墨　遍閱，則此帖然在云。」以胡氏「親戚交游，上世之藏，帳中之祕，假歸手錄」〔註181〕求書方式，當有所求，惜未有記載，不得而知。

六、王世貞

　　王世貞字元美，號鳳洲，又號弇州山人、天弢居士，太倉人，忬子。嘉靖五年（1526）生，嘉靖二十六年（1547）進士，初觀政大理寺，二十七年授刑部主事，與謝榛、李攀龍、徐中行、梁有譽、宗臣、吳國倫結詩會，相唱和，有「嘉靖七子」稱。

　　因忤嚴嵩，至三十五年（1556）始用為山東按察副使，備兵青州。三十八年（1559）父忬以灤事下獄論斬。隆慶元年（1567），兄弟伏闕訟父冤，復忬官。二年（1568）起為河南按察使司副使，整飭大名兵備，尋擢浙江布政使司左參政。四年（1570）遷山西按察使，尋丁母憂。

　　萬曆元年（1573），服除，起湖廣按察使，尋擢廣西右布政使。四年（1576），出資，於鄖陽闢清美堂庋十三經、二十一史、各朝文集計三千餘卷，供士子閱讀。尋除南京大理寺卿，以楊節論劾，解職候用。十二年（1584）起為應天府尹、陞南京刑部右侍郎，具疏以病辭。十六年（1588）補南京兵部右侍郎。十七年（1589）陞南京刑部尚書，十八年（1590）上疏求去，奉旨回籍。卒於十八年（1590）。

　　王世貞於家難期間，嘗購離蕃園鸚適軒，庋藏經史古文圖籍，後得隆福寺西空地，闢園小祇林，建閣藏佛道經。

　　因楊節論劾，解職候用期間，就小林拓廣，取《山海經》、《莊子》語，定名「弇山」，亦稱「弇州」。性好書畫古器，得一善本，雖廢箸鬻衣，亦所有不顧。園中嘗構閣貯之，榜曰「小酉館」，凡三萬卷，二典不與，構藏經閣貯焉；另建「爾雅樓」〔註182〕，庋宋刻書，以北宋刊《前後漢書》為冠。

〔註181〕　《類稿》卷九十〈二酉山房記〉。
〔註182〕　《藏書紀事書》引《六臣注文選》〈曹子念跋〉云：「予於萬卷樓，見弇州公所得《兩漢書》，為宋板第一。」又引《漢書宋刻本》〈王士騏跋〉云：「此先尚書九友齋中第

時鄞人范欽方里居，築天一閣藏書，嘗與王氏約，彼此出書目相較，各鈔所未見書。其藏書印有「貞元」、「伯雅」、「仲雅」、「季雅」、「五湖長」、「乾坤清賞」、「默然守吾口」、「天發居士」、「太僕寺印」、「撫治鄖陽等處關防」等。

撰有《弇州山人四部稿》、《弇州山人續稿》、《讀書後》、《陽羨諸遊稿》、《伏闕稿》、《戊辰三郡稿》、《游太和雜稿》、《山園雜者》、《弇山堂別集》、《嘉靖以來內閣首輔傳》、《觚不觚錄》、《安南傳》、《名卿績紀》、《世說新語補》、《劍俠傳》、《重刻尺牘清裁》、《書苑》、《蘇長公外紀》、《鳳洲雜編》等書傳世〔註183〕。

按：王世貞藏書三萬卷，且建「爾雅樓」庋宋刻，然未見藏書目傳世。胡氏與王氏交往，僅言及「徂春結夏，往來燕、吳、閩、越、間，得書經、史、子、集，一萬二千五百八十四卷」，王氏記胡氏「聚書三萬，插架不減鄮侯」〔註184〕，未言互換、互鈔之事。

然胡氏「嘗於弇山堂見伯虎像」〔註185〕，而王氏又曾與范欽之天一閣約，彼此出書目相較，各鈔所未見書〔註186〕。以胡氏「親戚交游，上世之藏，帳中之祕，假歸手錄」（〈二酉山房記〉語），胡氏當亦有類似之行為。

七、王世懋

王世懋字敬美，號麟洲、墻東生、損齋，世貞弟。生於嘉靖十五年（1536），三十八年（1559）進士，除南禮部主事，遷尚寶寺丞，出為江西參議，遷陝西副使，改福建，官至太常寺少卿，卒於萬曆十六年（1588）。

富詩文名，尤善書。喜藏書，亦多宋版〔註187〕，有「墻東居士」、「有明王氏圖書」等藏書印。著有《王奉常集》、《藝圃擷餘》、《窺天外乘》、《遠壬文》、《卻金傳》、《學圃疏雜》、《閩部疏》、《三郡圖說》、《名山遊記》等書。

按：胡應麟嘗與王世懋書柬中論及類書，認為：

類書之體有二：匪博則精

一寶也」。又引《式古堂書畫攷》云：「弇州藏法書處曰爾雅樓」，據此二說，則「爾雅樓」又稱「萬卷樓」，又稱「九友齋」，不僅藏宋板書，亦收法書。然胡應麟《經籍會通》卷四只云：「爾雅樓庋宋刻書」。按：曹氏為王氏之甥，王士騏為王氏長子，胡氏最景仰王氏，事鮮不悉，當為不同時期之名稱而已，無歧異，存此以備說。

〔註183〕 王世貞生平及著作，乃參酌許建昆《王世貞評傳》、姜公韜《王弇州的生平與著述》二書而成。

〔註184〕 見《類稿》卷一一二〈雜啓長公小牘九通〉之五，《弇州山人續稿》卷二百六〈答胡元瑞〉之五。

〔註185〕 《類稿》卷一百九〈題唐子畏夏山琴趣圖〉。

〔註186〕 《弇州山人續稿》卷一八七〈答范司馬〉。

〔註187〕 《經籍會通》卷四云：「王長公……爾雅樓庋宋刻書，次公亦多宋梓」。

用來評陳耀文《天中記》，極其挂漏，且陳氏所輯，幾近庸冗。同時討論唐、宋迄明，類書存者十數家，各書之得失、短長，大都等垺。而有「明無類書」之嘆〔註188〕。

八、馮夢禎

馮夢禎字開之，秀水人。嘉靖二十五（1546）生，萬曆五年（1577）進士，官編修。與沈懋學、屠隆以文章氣節相尚，忤張居正，病免。後復官，累遷南國子監祭酒，與諸生砥名節，正文體，尋中蜚語歸，萬曆三十三年（1605）卒。寓杭時，築屋於孤山之麓，以藏圖籍，以家藏「快雪時晴帖」，名其堂曰「快雪堂」。有「馮氏開之」、「馮氏圖書」、「馮氏快雪堂藏書記」、「孤山草堂」等諸印〔註189〕。著有《歷代貢舉志》、《快雪堂集》、《快雪堂漫錄》等書。

按：馮夢禎官國子監祭酒時，曾手校《史記》、《三國志》、《魏書》三書，張璉〈明代國子監刻書〉論刻書態度，記此事云：

> 南北二監刻書，以南監較重校勘，但是仍有訛謬，……南監新刻之書，亦有注重校勘者……，如萬曆間祭酒馮夢禎、季道統刊刻正史，一併記載校刊某卷的年代。顧炎武《日知錄》中摘錄幾處南北監本的疏誤，並認爲馮夢禎手校的《三國志》，雖不免有誤，然終勝他本，可見顧炎武尚稱許馮氏之校勘。蓋當時南監校刊廿一史，以馮氏手校的《史記》、《三國志》、《魏書》三種爲最精〔註190〕。

雖《類稿》卷六三〈贈戚山人伯堅〉序云：

> 始邂逅戚山人伯堅於弇州園，別去十載，而山人遊金陵，獲少姬，麗甚，以壁立，復出謁所知。適馮太史開之倡社湖上，遂留館太史家，拉余贈章，戲成此什併呈太史，博一掀髯云爾。

僅記馮氏「倡社湖上」，復「拉諸名勝爲淨土之會」，事約在萬曆十八年（1590，依胡氏見王世貞在萬曆八年，邂逅戚伯堅，別去十載計算）。

南監所校刊廿一史，《經籍會通》卷四記「史則二十一代，類頒於太學」，似乎胡氏亦嘗見及。而馮氏精於校勘，手校《史記》、《三國志》、《魏書》三種，不知他們是否曾相互討論校勘之事，因未見記載，不得而知。

九、趙宧光

趙宧光字凡夫，吳縣人，嘉靖三十八年（1559）生。讀書稽古，精篆書。與妻

〔註188〕《類稿》卷一一一〈雜柬次公四通〉之二及之三。
〔註189〕馮夢禎藏書印，錄自《文瀾學報》第三卷第一期蔣復璁〈兩浙藏書家印章考〉。
〔註190〕張璉〈明代國子監刻書〉，見《國立中央圖書館館刊》新十七卷第一期頁79。

陸卿子隱於支硎之南，有廬曰「尺宅」，署曰：遠上石徑斜，白雲深處有人家。內院曰「蝴蝶寢」，寢前佛閣，可藏三車經籍，曰「悉曇章閣」，構小宛堂，藏書其中。足不至城市，夫婦皆有名於時。天啟五年（1625）卒。有「吳郡趙宦光家諸子印」、「寒山趙宦光家諸子」、「趙凡夫讀殘書」、「吳郡趙宦光家經籍」、「寒山」、「梁鴻墓下凡夫」等藏書印。有《說文長箋》、《六書長箋》、《九圜史圖》、《寒山帚談》、《牒草》、《寒山蔓草》等著作。

十、王士騏

王士騏字冏伯，太倉人，世貞子。萬曆十七年（1589）進士，俶儻軒豁，仕至吏部員外郎，有政績，為權者所嫉，坐妖書獄，削籍歸，屢薦不起，落拓以終。亦能文。有《醉花菴詩》、《馭倭錄》、《武侯全書》、《四侯傳》等書。

按：王士騏嘗以所彙刻之《武侯全書》贈予胡應麟，胡氏賦詩謝之〔註191〕。

十一、黎民表

黎民表字惟敬，自號瑤石山人，晚號白鶴山人，從化人，貫子。嘉靖十三年（1534）舉人，授翰林孔目，轉吏部司務。以能文，執政用為制敕房中書，供事內閣。萬曆中官至河南布政使參議致仕。性坦夷，好讀書，詩與梁有譽、歐大任齊名。工畫，尤善書法，慶曆間以八分獨步當代〔註192〕。有《瑤石山人稿》、《北游稿》、《諭後語錄》、《養生雜錄》等作。

按：《經籍會通》卷四云：

黎惟敬博雅好古，嘗罄祕書傭入，刻《劉夢得集》，中多是正，較他傳本為精（按《瑤石山人稿》卷七〈朱貞吉孔暘昆玉以予校刻復古編有詩見訊奉答〉記曾刻張有《復古編》之事）。右四君（指朱睦㮮、黎民表、童佩、祝鶴）俱余生平同志。余篋笥所藏，往往與互易者。

並言黎氏所居是：「繡戶珠簾，珍玩羅列，圖書四壁，彝鼎兩序」〔註193〕。《瑤石山人稿》卷九〈歸田雜咏〉自云：「家傳萬餘卷，世故半凋零」，知黎民表亦富藏書。

十二、安紹芳

安紹芳字懋卿，自號硯亭居士，更名泰來，字未央，安國孫，無錫人，國子監生。安國字民泰，自號桂坡，好古書畫彝鼎，購異書，藏膠山西林，嘗校刊書籍甚

〔註191〕《類稿》卷六十一〈王同伯至武林以彙輯武侯全書見貽卒業賦〉。
〔註192〕《類稿》卷一百九〈跋所藏黎惟敬書〉。
〔註193〕《類稿》卷一二〇〈與黎惟敬祕書〉。

夥，亦以活字刊板《春秋繁露》。紹芳因祖父故業，大加丹艧，廣池十頃，帶以華薄，蔚然深靚，曲橋飛樓，逶迤夭矯，雜置圖書彝鼎其中。名士過從，輒置酒刻燭，至夜日夜。有《西林集》二十卷。

十三、孫七政

孫七政字齊之，自號滄浪生，常熟人。七歲能詩。與王世貞、汪道昆諸人游，才名籍甚。所居西爽樓、清暉館，蓄古彝鼎書畫，客至，觴詠其中。著《松韻堂集》之作。

十四、高　濂

高濂字深甫，號瑞南，錢塘人。著有南曲《玉簪記》、《雅尚齋詩草》、《遵生八牋》。其〈燕閒清賞牋〉論藏書、板本，僞作之法甚詳。認爲「藏書以資博洽，爲丈夫子生平第一要事」，以「宋刻爲善」，因「宋元刻書，雕鏤不苟，校閱不訛，書寫肥細有則，印刷清朗。況多奇書，未經後人重刻」。其論宋、元、明板書之板式、紙、墨之特徵，並詳述後人僞造古書方式，可謂經驗之論。其藏書印有「妙賞樓藏書」、「高氏鑑定宋刻板書」、「武林高深父妙賞樓藏書」、「五嶽眞形」、「武林高瑞南家藏書畫印」、「瑞南」、「高丙家藏」、「古杭高氏藏書印」。喜集醫家書，嘗刻《外科祕方》。

按：高氏〈燕閒清賞牋〉論藏書無問冊帙美惡，惟欲搜奇索隱得見古人一言一論，故書貴用之說與胡氏主張相同。

十五、曹學佺

曹學全字能始，號石倉，又號澤雁，侯官人。萬曆二十三年（1595）進士，天啓間官廣西參議，以梃擊嶽興，著《野史紀略》被劉廷元彈劾而削籍。崇禎初起副使，辭不就。於唐王朱聿鍵時，官禮部尚書，明亡，入山投環死，年七十三，諡忠節。嘗謂二氏有藏，吾儒無藏，欲修儒藏與之鼎立，將擷四庫之書，十有餘年，未能卒業。有書嗜，藏書甚富，丹鉛滿卷，枕籍沈酣。著有《易經通論》、《周易可說》、《書傳會衷》、《春秋闡義》、《輿地名勝志》、《蜀地名勝記》、《西峰字說》、《石倉歷代詩選》、《鳳山鄭氏詩選》、《石倉集》等書。

按：胡氏與曹學佺「夙訂金蘭社」〔註194〕，曹氏入長安時，胡氏則留宿其齋頭，並題詩壁上〔註195〕。

〔註194〕《類稿》卷三十九〈期曹能始登岱二首〉。
〔註195〕《類稿》卷三十九〈載過曹能始時能始入長安余暮留齋頭翌日題詩壁上〉。

十六、陸瑞家

陸瑞家字信卿，號古臺，震之孫，蘭谿人。始為諸生，已而告退讀書，希慕古哲，藏弄甚富。在純孝鄉建樓儲之，曰：「萬書樓」，藏書十餘萬卷。所交遊皆達人名士，學問迥別流俗。婺州藏書，獨盛於蘭谿，胡應麟「二酉山房」，徐介壽「百城樓」，與陸瑞家一時鼎立。胡氏嘗題其書屋云「伊人勵高躅，卜築鄰山崗，四壁羅琬琰，五車插琳瑯。冥搜極浩渺，幽探窮微亡」〔註196〕。著有《學契讁稿》、《遺野集》、《古臺集》等書〔註197〕。

十七、童　佩

童佩字子鳴，一字少瑜，龍游人。其父彥清以鬻書為業，往來吳越間，帆檣下皆貯書，讀之窮日夜不休。受業於歸有光，以詩文遊公卿間。尤善攷證諸書畫名跡古碑彝鼎之屬。嘗輯唐故邑令楊炯，邑人徐安貞集，韓邦憲為之梓行。年五十四年卒。家藏書二萬五千卷，頗多祕帙，嘗編成書目，《經籍會通》卷四云：

> 龍丘童子鳴，家藏書二萬五千卷，余常得其目，頗多祕帙，而猥雜亦十三四；至諸大類書，則盡缺焉。蓋當時未有雕本，而鈔帙故非韋布所辦，亦且不易遇也。

童氏性喜閉戶，所藏皆手自讎校。有《童子鳴集》六卷，為黃河水所定。

按：胡氏嘗與童佩論古今書目條例，以為《隋志》最詳明；馬端臨《文獻通考》〈經籍考〉薈萃眾說，藉此得見古人著述；尤袤《遂初堂書目》賴《說郛》鈔錄，始本具存，惟不分四部，闕漏過半；宋濂不經意子集；當代惟童氏分門別類部伍井然〔註198〕。

十八、錢允治

錢允治初名府，後以字行，更字功甫，序字次甫，長洲人。穀子。父穀少貧無典籍，遊文徵明門，日取插架書讀之，以其餘力點染水墨，超入逸品。聞有異書，雖病必強起，匍匐請觀，手自鈔寫，幾於充棟，日夜校勘至老不衰。允治酷似其父，年八十餘，隆冬病瘍，映日鈔書，薄暮不止。故藏書充棟，白日檢書，必秉燭緣梯上下，所藏多人間罕見之本。有《少室先生集》著作。

十九、祝　鶴

祝鶴字鳴皋，寄籍京兆，自署長安酒人。以古文詩歌著聞於時。尤偏嗜讀書，

〔註196〕《類稿》卷十三〈題陸信卿書屋二首〉。
〔註197〕本文取自《光緒蘭谿縣志》卷五〈陸瑞家傳〉及卷八〈古蹟〉引《金華詩錄》語。
〔註198〕據《少室山房類稿》卷一一六〈報童子鳴〉為說。

三墳、五典、八索、九丘，下迨百家，亡弗窺。家故貧，鬻文所得，罄持授書賈。妻子凍餓啼號，為弗聞，而四壁琳琅縑素炫心目。胡應麟素有書癖，兩人緣此彌交親，昕夕過從，揚扢古始。因邢侗子愿置田齊東故而居齊東，年四十卒〔註199〕。

按胡應麟與祝鳴皋於燕中時，每逢朔望日，即往書市，競錄所無，報告所知，往往相互鈔錄，經常互易書籍。《經籍會通》卷四云：

> 里中友人祝鳴皋，束髮與余同志，書無弗窺。每燕中朔望日，拉余往書市，競錄所無。

《類稿》卷一一六〈燕中與祝生雜柬八通〉之二云：

> 金水橋偏見寫本《北堂書鈔》，與購未獲，賈人索值四十千，購得即馳送足下。

又之五云：

> 蚤入燈市中，購得陶氏、曾氏兩《雜說》，知足下雅欲觀，以累東郭君使者。此二書鈔本僕所覯十餘，無一善，足下讀之，疑誤輒止乙其處。……《太平廣記》近迺有刻本，出晉陵談氏，讎校頗精。今六代唐人小說雜記，存者悉賴此書。第中間數卷全缺，僅目存首帙，吾暇當與足下參互訂補，俾此書復稱完璧。

因此，祝氏雖是「青箱破萬卷」，卻「科頭誦四部，赤腳繙緗縹」〔註200〕。

二十、俞安期

俞安期初名策，字公臨，更名後改字羨長，吳江人。嘗以長律一百五十韻寄王世貞，王世貞為之延譽，名由是起。家富藏書，皆手自校讎，《類稿》卷一一七〈與俞羨長雜柬五通〉之四云：

> 小樓匡坐，觸目琳琅，令人泱日留連竟暮忘去。

之五云：

> 過足下高齋，圖書四壁，皆手自校讎。

知二人常相互往來，於藏書、校讎皆有助益。著有《唐類函》、《類苑瓊茶》、《詩雋類函》、《寥寥集》等著作。

廿一、顧憲成

顧憲成字叔時，別號涇陽，無錫人。嘉靖二十九年（1550）生，萬曆八年（1580）

〔註199〕《類稿》卷八十八〈長安酒人傳〉語。
〔註200〕見《類稿》卷二十〈憶在京洛遇鳴皋游契甚洽一別五載鳴皋既赴召玉京余亦轆轤家難偶祝生如華攜所業印正門下詩以勗之〉。

進士，除戶部主事，改吏部。以上疏語侵執政，被旨切責，謫桂陽州判官，遷處州推官，改泉州，擢吏部主事，歷員外郎中，以廷推閣臣忤帝意，削籍歸。後起南光祿少卿，辭不就。萬曆四十年（1612）卒。天啟初，贈太常卿，以閹黨追論削奪。崇禎初，贈吏部侍郎。謚端文。

顧憲成姿性絕人，幼即有志聖學，既廢，與弟允成，倡修邑之東林書院，偕同志講學其中。講習之餘，往往諷議朝政，裁量人物，士大夫翕然應和，由是東林之名大著，而忌者亦多。魏忠賢用事，群小附之，作《東林點將錄》，舉凡正人君子，率目為東林，抨擊無虛日，遂成朋黨之禍。學者稱涇陽先生。有《小心齋劄記》、《涇皋藏稿》、《顧端文遺書》。

按：胡氏嘗與顧氏論宋元二代詩，顧氏寄元人諸集予胡氏，胡氏則檢宋人詩話予顧氏，《類稿》卷一一八〈與顧叔時論宋元二代詩十六通〉之一云：

> 寄至元人諸集，格致風尚，咸有足觀之，宋人詩話數種檢擻如命。

之九云：

> 讀《宋高僧詩選》乃錢塘陳起編輯，《文獻通攷》但有《九僧詩集》
> 而絕無此編，今攷其前集一卷，正九僧詩也。

胡氏且據馬端臨《文獻通考》、周密《齊東野語》二書，論《宋高僧選》實為宋末人陳起編，而《通考》所載《九僧詩集》僅其中一卷。

貳、劇作家友人

一、汪道昆

汪道昆字伯玉，一字玉卿，號市溟，一號南明，又號太函，晚號函翁，歙縣人。嘉靖四年（1525）生，嘉靖二十六年（1547）進士，授義烏知縣，教民講武，人人能投石超距，世稱義烏兵。歷官襄陽知府，福建副使、按察使、擢右僉御史，巡撫福建，改鄖陽。官福建時，福寧兵變，單騎入軍門，斬首事者以徇，一軍皆肅。

嘉靖四十一年備兵閩海，倭寇陷興化，與戚繼光募義烏兵破倭寇，擢司馬郎，累遷兵部侍郎，乞養歸，萬曆二十一年（1593）卒〔註201〕。

王世貞稱汪氏文簡而法，以余曰德、魏裳、張佳胤、張九一及汪道昆同為「後五子」，由是名大起，與王氏合稱「南北兩司馬」。有《太函集》、《太函副墨》、《玄扈樓集》，及雜劇《大雅堂樂府四種》——《高唐記》、《洛神記》、《五湖記》、《京兆

〔註201〕 此依《明人傳記資料索引》，羅錦堂《明代劇作家考略》亦採此說，但吳晗《胡應麟年譜》據《白榆集》〈丁應泰序〉云卒於萬曆二十七年（1599）。存此備一說。

記》傳世。

按：《經籍會通》卷四云：

> 一日，燕汪司馬盡出堂中，并諸古帖畫卷列左右，坐客應接不暇，司馬謂此山陰道上行也。司馬公尤好古，彙刻墳雅詩書，今盛傳於世。

可知汪氏除為名劇作家外，家亦富藏書。

又胡氏與汪氏交情頗深，汪氏嘗以全集屬胡校定〔註202〕，且代撰胡氏〈先宜人誌〉〔註203〕。

又汪道昆的《大雅堂集》，是為傳奇之作，共四卷，胡氏嘗與論《大雅堂四劇》及徐渭《四聲猿》，梁辰魚《紅線女》、《浣紗記》等書〔註204〕。

因此，胡氏在《莊嶽委談》二卷中，已能注意到，前人以為不登大雅之堂的民間傳說及戲曲，並為之考訂。

二、張鳳翼

張鳳翼字伯起，號靈墟，別署靈虛先生、冷然居士。長洲人。嘉靖六年（1527）生，嘉靖四十三年（1564）舉於鄉，四上春官報罷。與弟獻翼、燕翼並有才名。以鬻書自給，而以詩文字翰交給貴人為恥。善度曲，晚喜為樂府新聲。萬曆四十一年（1613）卒。著有《處實堂集》、《占夢類考》、《文選纂注》、《海內名家工畫能事》，及傳奇《陽春六集》：紅拂、祝髮、竊府、虎坵、灌園、扊扅六種。

按：胡應麟於吳門邂逅張鳳翼，張家是「萬卷縱橫列湘几」「抽毫日纂《文選註》」〔註205〕，知張氏亦家富藏書。而胡氏嘗於酒樓聽歌張鳳翼傳奇〔註206〕，讚其「傳奇數本俊語灼灼人口耳」〔註207〕。

三、屠　隆

屠隆字緯眞，一字長卿，號赤火，別署由拳山人、一衲道人、蓬萊仙客、娑羅主人，晚號鴻苞居士。鄞人。嘉靖二十一年（1542）生，萬曆五年（1577）進士，除潁上知縣，調青浦。

〔註202〕《類搞》卷三七〈哭汪司馬伯玉十首〉之八。

〔註203〕《類稿》卷一一三〈報伯玉司馬〉。

〔註204〕《類稿》卷五十六〈抵新安訪汪司馬伯玉八首〉之六云：「司馬有傳奇四卷名《大雅堂集》世方盛行」，卷一一三〈雜柬汪公談藝五通〉之三論《大雅堂四劇》，之五論《四聲猿》、《紅線女》、《浣紗記》。

〔註205〕《類稿》卷二十四〈寄張伯起〉。

〔註206〕《類稿》卷七六〈湖上酒樓聽歌王檢討敬夫汪司馬伯玉二樂府及張伯起傳奇戲作三首〉。

〔註207〕《類稿》卷一一〇〈跋張伯起詩卷〉。

嘗延接吳越名士沈明臣、馮夢禎等人，飲酒賦詩。遷吏部主事，歷郎中，以好客蓄妓，縱情詩酒，被罷。

罷後不仕，賴鬻文為生，遨遊吳越間，尋山訪道，嘯傲賦詩。尤擅詞曲，工音律。萬曆三十三年（1605）卒。

著有《鴻苞》、《考槃餘事》、《游貝雜編》、《由拳集》、《采眞集》、《白榆集》、《南遊集》及傳奇《鳳儀閣樂府》：曇花記、修文記、綵毫記三種等作。

按屠隆《考槃餘事》卷一，〈刻地〉、〈印書〉、〈書直〉、〈讎對〉幾條，皆與胡應麟在《經籍會通》卷所說相同，如〈書直〉條云：

　　凡書之直之等差，視其本，視其刻，視其紙，視其裝，視其刷，視其緩急，視其有無。本視其鈔刻：鈔視其譌正，刻視其精粗；紙視其美惡；裝視其工拙；印視其初中；緩急視其時，又視其用；遠近視其代，又視其方。合此七者，參伍而錯綜之，天下之書等定矣〔註208〕。

即論如何判斷一書價值高低，及板刻等差的依據，除「印視其初中」，作「印視其初終」外，完全相同。究竟是抄襲？或是後人誤收？尚待查證。然亦可藉此瞭解，兩人嘗相互討論辨別板本優劣之事宜。

四、湯顯祖

湯顯祖字義仍，一字若士，號海若，別署清遠道人，臨川人。嘉靖二十九年（1550）生，隆慶四年（1570）舉於鄉，萬曆十一年（1583）成進士，除南京太常博士，尋遷禮部主事。十八年（1590）疏劾申時行，謫廣東徐聞典史，轉浙江遂昌知縣。二十六年（1598）上計投劾，罷歸不仕。

性任達，喜獎與後進，所居玉茗堂，文史狼籍。少熟《文選》，中攻聲律，發為詞曲。所著〈紫釵記〉、〈還魂記〉、〈南柯記〉、〈邯鄲記〉世稱《臨川四夢》。另有《紫簫記》、《玉茗堂詩集》、《玉茗堂文集》、《問棘堂集》等作。

按：《類稿》卷五一〈湯義少過訪賦贈〉云：

　　看花吾汝又蓬萊，彩筆翩翩氣不迴。二酉再誇藏穴富，五丁重起伐山才。

似乎二人於藏書一事，亦曾相互觀摩，惜另無他證可言。

附、陳耀文

陳耀文字晦伯，號筆山，確山人，生卒年不詳，約嘉靖至萬曆年間在世〔註209〕。

〔註208〕見藝文印書館《百部叢書集成》卅二。

〔註209〕陳耀文事蹟，全依林慶彰《明代考據學研究》頁 171～192 第五章〈陳耀文〉一文為說。

年十二補邑庠生，嘉靖二十二年（1543）舉人，嘉靖二十九年（1550）進士，授中書舍人，陞工部給事中。因感慨時，數上危言，忤時相意，謫魏縣丞，移淮安推官，寧波、蘇州同知，遷南京戶部郎中，淮安兵備副使，陞陝西行太僕寺卿，告歸，以著述為事。

著有《經典稽疑》二卷，《正楊》四卷，《學林就正》四卷，《學圃萱蘇》六卷，《天中記》六十卷，《花草粹編》十二卷。

按：陳氏《正楊》一書，旨在糾正楊慎考證諸說之誤。胡氏《丹鉛新錄》、《藝林學山》除訂補楊慎之誤外，《藝林學山》卷七、《藝林學山》卷八等二卷，皆為糾正陳氏《正楊》之誤。

因胡氏繼陳氏之後，訂補楊氏及陳氏之失，是否即表示二人曾討論過考據之事宜，不得而知。然《類稿》卷六十一〈送王思延還洛中兼詣陳別駕耀文〉云：

問訊潁川癡別駕，君苗焚筆近如何？

似乎二人亦互通聲息，惜無他說可證，暫錄之備考。

第二章　胡應麟的著述考

　　胡應麟著作，江湛然〈少室山房集序〉云有二十四種，二百三十三卷。僅據《金華經籍志》所收，即有二十種，而〈石羊生小傳〉、王世貞〈胡元瑞傳〉，所著錄之已刊、未刊之作，約近千卷，歸納所述，撰述不遜於明代楊用修、王世貞等諸名家。惜其身後，不僅藏書散逸無存，諸作亦僅數種傳世。由於《少室山房類稿》、《少室山房筆叢》二書現存的版本眾多，故各立一節敘述；而《詩藪》及其他尚傳於世胡氏自撰與編輯的著作，合為一節；已散佚的作品，包括：自撰、編輯，校讎等，亦立一節敘述；以及將他曾擬定編撰的心願，專立一節，藉以明胡氏著作的繁富，及其現存著作版本源流。

第一節　《少室山房類稿》版本考

壹、書名及卷數

　　今傳《少室山房類稿》一百二十卷，詩八十卷，文四十卷。《四庫提要》云：

> 是編前有王世貞所撰〈石羊生傳〉稱應麟有：寓燕、還越、計偕、嚴栖、臥游、抱膝、三洞、兩都、蘭陰、畸園諸集凡二十餘卷。朱彝尊《明詩綜》所載別有邯鄲、華陽、養疴、婁江、白榆、湖上、青霞等集而無三洞、畸園之名。蓋應麟在日，諸集皆隨作隨刻，別本單行，世貞、彝尊各據所見，故名有異同。此集為萬曆戊午，金華通判歙縣江湛然所刊，乃其合編之本也。

　　按：胡應麟詩作，乃隨作隨刻。原名《綠蘿館詩集》，王世貞曾為撰序〔註1〕，

〔註1〕《弇州山人續稿》卷四十四〈胡元瑞綠蘿館詩集序〉，卷二百六〈答胡元瑞〉之七，

僅〈寓燕〉、〈還越〉〔註2〕、〈計偕〉、〈岩棲〉〔註3〕數編，嘗刻成全集凡十種〔註4〕，萬曆九年（1581）易名爲《少室山房詩》〔註5〕，當即爲王氏撰〈胡元瑞傳〉所述之十種；萬曆十一年（1583），屠隆與胡應麟會於都中，爲撰《少室山房稿序》〔註6〕，即爲此書。以後陸續刊刻：〈養痾藁〉、〈赤松藁〉、〈白榆集〉等數種〔註7〕，是爲《少室山房續藁》，汪道昆嘗序之〔註8〕，《四庫提要》〈別集類存目六〉云：

> 是編凡《兩都集》一卷，《蘭陰集》一卷，《華陽集》十卷，《養痾集》二卷，《青霞橐》一卷，僅止五種。蓋《類橐》未出以前，隨作隨刊之本也。

當指此書。至萬曆四十六年（1618）金華通判歙縣江湛然始以胡氏「所著《兩都》、《婁江》諸集，中年委蛻登梨棗者漫漶不堪」，而「重爲繕校，合爲《類稿》，刻於金華郡齋」〔註9〕。因此該書名稱不一。然上海圖書館編《中國叢書綜錄總目》收《少室山房四集》一部，云：

> 明萬曆四十六年（1618）新都江湛然刊本，包括：《筆叢》三十二卷，《續筆叢》十六卷，《詩藪》二十卷，《少室山房類稿》一百二十卷。

卷十二〈曩余爲胡元瑞序綠蘿軒稿，僅寓燕、還越數編耳。序既成，而元瑞以新刻全集凡十種至，則眾體畢備，彬彬日新，富有矣！五言古上下建安十九首，樂府等篇遂直闖西京堂奧。余手之弗能釋也。輒重敍其意，并寄答五言律二章〉。

〔註2〕 同上書，卷十二〈曩余爲胡元瑞序綠蘿軒稿，僅寓燕、還越數編耳。序既成，而元瑞以新刻全集凡十種至，則眾體畢備，彬彬日新，富有矣！五言古上下建安十九首，樂府等篇遂直闖西京堂奧。余手之弗能釋也。輒重敍其意，并寄答五言律二章〉。

〔註3〕 同上書，卷二百六〈答胡元瑞〉之八。又王世懋《王奉常集》卷六〈胡元瑞詩小序〉記萬曆丙子（四年，1576）前後嘗見胡應麟詩作，當爲《計偕》、《嚴栖》等集，而爲之序。

〔註4〕 同上書，卷二百六〈答胡元瑞〉之八云：「辱損致全集……僕嚮爲足下作序，僅觀：計偕、岩棲二種……今讀〈臥游〉諸作古詩、樂府已深入漢人壺奧」，卷一百十三〈報左司馬汪公〉記嘗俚刻十種，當亦是此作。

〔註5〕 萬曆四十六年（1618）刊本《少室山房類稿》王世貞〈少室山房稿序〉序末署「萬曆辛巳仲夏朔日」，汪道昆〈少室山房四集序〉云名爲《少室山房初藁》。然《弇州山人續稿》卷四十四〈胡元瑞綠蘿館詩集序〉作「爲胡元瑞序綠蘿館詩」，結尾無署年月。據上述卷十二王氏詩及卷二百六〈答胡元瑞〉書知，王氏前序已作，以胡氏新刻十種寄至，故略改書名；以書之序故署年月，而《弇州山人續稿》收爲原稿故無之。

〔註6〕 屠隆《白榆集》卷二〈少室山房稿序〉。

〔註7〕 《類稿》卷八十三〈養痾藁序〉、〈赤松藁序〉，〈赤松藁序〉小註「今名華陽」；卷一百十三〈報伯玉司馬〉。

〔註8〕 萬曆四十六年（1618）刊本《類稿》汪道昆〈少室山房四集序〉云：「中道併出續藁屬余序之」。汪道昆《太函集》卷二十四有〈少室山房續藁序〉。

〔註9〕 夢選慶刊本胡宗楙《金華經籍志》〈志二十一〉《少室山房類稿一百二十卷》按語。

似乎《少室山房類稿》，後又作《少室山房四集》。按明汪道昆曾撰〈少室山房四集序〉云：

> 載出筆記十編命曰《叢藁》……，余受而卒業，其該博視《詩藪》有
> 加。自十三經、二十一史、三墳、二酉、四部、九流，以及百家，莫不囊
> 括刃解。

汪氏之說，似乎僅指《少室山房筆叢》一書，與《中國叢書綜錄總目》所說不同。因此陽海清編撰《中國叢書綜錄補正》云：

> 少室山房四集，一名少室山房類稿，亦名少室山房彙稿，少室山房全
> 稿，又名少室山房全集，少室山房四部。

將各種書名，混而爲一，不知有何根據？

　　按清光緒二十二年廣雅書局校刊本《少室山房集六十四卷》，爲《筆叢四十八卷》與《詩藪十六卷》合刊本，詳見《少室山房集》條；《少室山房類稿》爲一百二十卷本；《少室山房彙稿》名出自盧化鰲序，亦爲一百二十卷本；《少室山房全稿》、《少室山房全集》當來自崇禎五年（1632）吳國琦重刊本，是爲一百八十八卷或一百八十九卷；至於《少室山房四部》則不知出處，亦不知其實際卷數。然五種書名，最少包括四十八卷、六十四卷、一百二十卷、及一百八十八卷或一百八十九卷本，不當認爲相同的；而所謂的萬曆間刊本是否即是江湛然刊行？或爲萬曆三十四年吳勉學刊本？或爲崇禎五年吳國琦刊本？

貳、版本及流傳

一、明萬曆戊午年（四十六年，1618）刊本，三十六冊

　　《四庫全書續修目錄初稿》〈一集〉著錄，明萬曆四十六年（1618）刊本，國立中央圖書館藏（以下簡稱中圖）。是版書名、卷數，有二種：一作《少室山房全稿》一百八十九卷，一作《少室山房類稿》一百二十卷。

1. 書名、卷數，及與他書合刊的異同

　　《靜嘉堂文庫漢籍分類索引》著錄：《少室山房類稿》一百二十卷，《詩藪》二十卷，《筆叢》四十八卷，萬曆刊本，計三十二冊，一百八十八卷。按日本山根幸夫編《日本現存明文集目錄》著錄亦相同。

　　《中圖善本書目》著錄《少室山房類稿》有二：一爲明萬曆戊午（四十六年，1618）年刊本，三十六冊；一原爲北平圖書館藏書，現轉藏故宮之《少室山房類稿》，刊本相同，然附《詩藪》二十卷，存首八十卷，二十八冊。

依中圖另錄天啓間刊本（疑爲萬曆間刊本，詳該條）《筆叢》附《甲乙剩言》一卷，崇禎壬申（五年，1631）刊本，一作附《甲乙剩言》一卷《詩藪》二十卷，一僅《筆叢》四十八卷（詳《筆叢》條）推知，《少室山房全稿》一百八十九卷當爲：《少室山房類稿》一百二十卷，《筆叢》四十八卷，《詩藪》二十卷，《甲乙剩言》一卷；故《靜嘉堂文庫》著錄缺《甲乙剩言》一卷，而爲一百八十八卷本。然中圖無此全本，《四庫全書續修目錄初稿》著錄當作：

> 《少室山房全稿》一百八十九卷，萬曆四十六年刊本，包括：《少室山房類稿》一百二十卷，《筆叢》四十八卷，《詩藪》二十卷，《甲乙剩言》一卷；存《少室山房類稿》一百二十卷，《詩藪》二十卷。

又萬曆四十六（1618）年刊本，《少室山房類稿》〈江湛然序〉僅云：

> 卷計爲詩八十，文半之，臚分部列，犁然可觀。

夢選廔《續金華叢書》刊本《少室山房類稿》〈胡宗楙跋〉云：

> 是集詩八十卷，文四十卷，共一百二十卷。明萬曆戊午新安江湛然刻于金華郡齋，各收藏罕有記載，亦未見重刻本。

黃虞稷《千頃堂書目》，《明史》〈藝文志〉，《光緒蘭谿縣志》〈藝文志〉，均未收此書。似乎萬曆間刊之《少室山房全稿》與萬曆四十六年（1618）江湛然刊《少室山房類稿》，爲二種不同刊本，然江湛然〈序〉又說：

> 而論著當有所散軼，伏匿而不出者，購成全書將在來喆乎！

似乎存有續輯之志，不知是否即有兩種《少室山房全稿》之萬曆本？或爲同時所刊？待詳查，先存此以備一說。

2. 少室山房類稿收的篇卷

黃虞稷《千頃堂書目》卷二十五〈集部別集萬曆四年丙子科〉，胡應麟《少室山房類稿》條云：

> 寓燕、還越、計偕、巖栖、臥遊、兩都、蘭陰、邯鄲、華陽、養痾、婁江、白榆、湖上、青霞等集合一百二十卷。

與《四庫提要》所載略有不同，當亦據江湛然刊本。

按今傳刊本，前八十卷爲詩，計：卷一至卷十爲樂府，卷十一至二十爲五言古詩，卷廿一至三十爲七言古詩，卷卅一至四一爲五言律詩，卷四二至四八爲五言排律，卷四九至六六爲七言律詩，卷六七爲七言排律，卷六八至七二爲五言絕句，卷七三爲六言絕句，卷七四至八十爲七言絕句。

後四十卷爲文，計：卷八一至八六爲序文，卷八七至八九爲傳文，卷九十記，卷九一至九四爲行狀及各式銘文、頌、贊、奠文，卷九五至一〇〇爲論、辯、考、

策、策問，卷一〇一至一一〇爲讀書心得及各式題跋，卷一一一以後則爲書牘。雖略可見出不同時期之作，然已不能詳分各集之數，異日當盡力爲之復原標明其數。

3. 版　式

（1）版框高二十點二公分，寬十三點六公分，半葉九行十八字，四周單欄。白口，單魚尾。

（2）版心刻書名「少室山房」，魚尾下方著卷數，下注卷名、葉碼，版心下方間注字數。卷一頁 1 注「趙肖湯仁刊，蔡完寫」。

（3）每卷先目錄後本文，目錄卷首注：少室山房類稿目錄卷之幾，次行爲卷數。

本文卷首注：少室山房類稿卷之數，二、三、四行依次注：瀫水胡應麟明瑞著，新都江湛然清臣輯，清漳盧化鰲爾騰訂，或瀫水趙鳳城文鎭校，或瀫水章有成無逸校不等〔註10〕。

卷末注：後學章有成無逸校刻，或後學章有成無逸甫校刻，或同邑趙鳳城文鎭校刻，或後學趙一允孚孚校刻，或同邑范國維張甫校刻，或後學范汝巽申甫校刻，或後學范中孚信甫校刻，或後學范里侯去驕校刻不等〔註11〕，末行注：少室山房類稿卷之數終。

4. 序　跋

（1）弇州山人吳郡王世貞撰〈少室山房稿序〉，萬曆辛巳（九年，1581）仲夏日，有「五湖長」、「王氏元美」墨印。

（2）左司馬汪道昆撰〈少室山房四集序〉。

（3）新安江湛然撰〈少室山房類藁序〉，萬曆戊午（四十六年，1618）中秋日

〔註10〕　卷三、八、十二、廿三、卅三、四四、五〇、八七、八八、八九、一一八、作：瀫水胡應麟明瑞著，新都江湛然清臣輯，瀫水趙鳳城文鎭校，卷一〇一趙文鎭之「校」作「董」。卷十八、二十九、三十八、作：瀫水胡應麟明瑞著，新都江湛然清臣輯，瀫水章有成無逸校。卷九四作：瀫水胡應麟明瑞著，新都江湛然清臣輯，皖城吳國琦公良訂。

〔註11〕　卷一、七、八、五二、五五、五七、五八、六〇、六五、九九、一〇二、一〇三、一〇四、一〇五、一一四、一一五、一一六等注：後學章有成無逸校刻。卷二、五、六、十末作：同邑趙鳳城文鎭校刻。卷三、四、九末作：後學章有成無逸甫校刻。卷十一、十二、十三末作：後學趙一允孚孚校刻。卷二十一、二十二、二十三、二十四、二十五、末作：同邑范國維張甫校刻。卷二十六、二十七末作：後學范汝巽申甫校刻。卷二十九末作：後學范中孚信甫校刻。卷三十末作：後學范里侯去驕校刻。亦有不注校者如：卷十四至二十、三十一至四二、四四至五一、五三、五四、五六、五九、六一、六二、六三，六六至八六，八八至九八，一百、一〇一、一〇六至一一二，一一七至一二〇等卷，卷末皆無校人名，間有部份是被削除。又：卷二十八卷本缺。

書于金華郡齋，有「江印湛然」、「東皇齊案衷金華洞元長」墨印。

（4）弇州山人王世貞撰〈石羊生傳〉。

（5）清漳盧化鰲撰〈少室山人彙稿序〉，萬曆戊午（四十六年，1618）孟冬朔旦書于樂肯堂中，有「盧印化鰲」等墨印，間有墨筆眉批、圈點。

5. 各地收藏概況

《少室山房類稿》一百二十卷，除中圖收藏外，國立故宮博院（下簡稱故宮）、美國國會圖書館，日本靜嘉堂文庫、及京都大學文學部等地，皆藏是書：

（1）美國國會圖書館收藏

王重民《中國善本書提要》〈少室山房類稿一百二十卷〉條〔註 12〕云：

> 美國國會圖書館藏此書為：三十二冊，明萬曆間刻本（九行十八字）。

原題：瀫水胡應麟明瑞著，新都江湛然清臣輯，清漳盧化鰲爾騰訂。」卷內有：「海豐吳氏」印。

王世貞序〔萬曆九年（1581）〕

汪道昆序

江湛然序〔萬曆四十六年（1618）〕

盧化鰲序〔萬曆四十六年（1618）〕

趙鳳城跋〔萬曆四十六年（1618）〕

汪湛若跋〔萬曆四十六年（1618）〕

按王氏所見之書，與中圖藏本略有不同：中圖藏本無趙、汪二人之跋，卷九四題「瀫水胡應麟明瑞著，新都江湛然清臣輯，皖城吳國琦公良訂」，可知是書為殘本，而據吳國琦刊本補足。

（2）故宮藏本

按故宮所藏，係代管原置於中圖的北平圖書館藏書，所藏《少室山房類稿》，存八十卷，附《詩藪》二十卷，二八冊。

（3）日本藏本

是書日本靜嘉堂文庫，及京都大學文學部二家的藏書目，亦見著錄：

A. 靜嘉堂文庫收為萬曆刊本，三十冊。

B. 京都大學所藏為萬曆四十六年（1618）刊，二十冊，卷一至十為寫補本〔註 13〕。

〔註 12〕見是書〈集部集類補遺〉頁 10。

〔註 13〕此據上述二家書目而言。

6. 藏　印

除國立中央圖書館藏印外，別無他家藏印。

二、文淵閣四庫全書本

四庫全書本，全部抄錄萬曆戊午（四十六年，1618）歙縣江湛然刊本〔註14〕，因原書漶漫，亦有闕漏，故而也有所修改〔註15〕。是書卷首題：詳校官編修臣翟槐，侍讀臣孫球，總校官庶吉士臣何思鈞，校對官中書臣王鍾泰，謄錄舉人臣劉禮。

首附乾隆四十三年（1778）紀昀等纂〈提要〉，次萬曆戊午（四十六年，1618）新安江湛然撰〈少室山房集原序〉，次王世貞撰〈石羊生傳〉，每卷卷首皆不著目錄。

故宮藏有一部，曾收入《四庫珍本》第十二集，又台灣商務印書館曾以照相製版縮小方式出版。

三、甲子春（民國 13 年，1924）夢選廎刊，續金華叢書本，十六冊

續金華叢書本，永康胡宗楙以明刊本爲底本，闕葉即據四庫全書本鈔補〔註16〕。首葉題「少室山房類稿」大字，「金兆豐署檢」。

1. 版　式

（1）黑口，單欄，版框高十八公分，寬十二點五公分，半葉十四行二十六字。版心刻「少室山房卷數頁碼」，版心下方刻「夢選廎」。

（2）每卷卷首，首行上作「少室山房類稿卷數」，下作「續金華叢書」，次行下刻「瀫水胡應麟明瑞著」；卷末末行刻「少堂山房類稿卷數」，下刻「永康胡宗楙據明刊本校錄」。首葉書「少室山房類稿」六大字，及「金兆豐署檢」，次爲「甲子春永康胡宗楙校錄」牌記。

2. 序　跋

（1）首爲萬曆辛巳（九年，1581）王世貞序。

（2）次王世貞撰〈石羊生傳〉。

（3）書末胡宗楙撰〈少室山房類稿跋〉。

〔註14〕《四庫提要》云：「此集爲萬曆戊午歙人江湛然通判金華時所刊，乃其合編之本也。」
〔註15〕如卷十六頁 11〈觀察林公嘗感異夢於忠義以左轄趙公之輯侯志也索題其像爰繼此篇〉、卷二十八頁8〈題黃監柳塘禽鳥圖歌〉、卷六十八頁1〈自桐盧至新安雜詠十六首〉、卷七十一頁7〈題卷二首〉、卷七十二頁4〈再送左轄吳公十絕句〉、卷八十一頁 1〈弇州先四部藁序〉、卷八十二頁14〈西湖百咏序〉等皆註闕。
〔註16〕見是書胡宗楙撰〈少室山房類稿跋〉云：「是集詩八十卷，文四十卷，共一百二十卷，明萬曆戊午，新安湛然刻于金華郡齋，各收藏家罕有記載，亦未見重刻本。余由天津圖書館借鈔，內多闕葉，即用四庫本鈔補，餘書多未見。」

　　按是書《江蘇省立國學圖書館圖書總目補編》、《崇雅堂書錄》、《日本現存明人文集目錄》、上海圖書館編《中國叢書綜錄》均有著錄，中央研究院歷史語言研究所傅斯年圖書館（下簡稱史語所），國立台灣大學文學院圖書館亦各收藏一部。新文豐出版公司曾以照相製版縮小方式，收於《叢書集成續編》。

四、石羊生詩稿六卷，一冊

　　是書據《江蘇省立國學圖書館圖書總目補編》〈集部別集類明代二〉著錄云：

> 　　石羊生詩稿六卷一冊，明蘭谿胡應麟。駕水徐肇元選，研露齋刊本，

丁書集一五。

當為他人選胡應麟詩作而作，非胡氏自作，原不當與《少室山房類稿》混在一起討論。以是書為胡氏的詩作，僅此一本，不必特別立一節，是書亦未見，故一併討論。按《北京圖書館古籍善本書目》收錄《石羊生詩藁六卷》，二冊，與《江蘇省立國學圖書館圖書總目補編》所記的冊數不同，轉錄所載於下：

> 　　清徐肇元輯，清初研露齋刻本，二冊。十行二十一字，白口，四周單邊。

第二節　《少室山房筆叢》版本考

壹、卷數及內容

　　《少室山房筆叢》，為胡應麟生平考據之作。其自撰〈石羊生小傳〉作「筆叢三十六卷」及「經籍會通四十卷」；王世貞撰〈胡元瑞傳〉作「胡氏筆叢四十六卷」；汪道昆撰〈少室山房四集序〉云「筆叢十編」。是因撰作時間不同，故卷數有異。該書是彙輯胡氏之十二種論學雜著為一編，本為叢書，應當分別著錄於適當部類。以其「自題為筆叢」（陳文燭〈筆叢序〉語），故仍因其舊，而論之於此。今傳《少室山房筆叢》為四十八卷，計有：

　　《經籍會通》四卷，專論歷代藏書，及其存亡聚散，為明代目錄學史（詳第五章）。

　　《史書占畢》六卷，專論史事，「內以辨體，外以辨時，冗以辨誣，雜以辨惑」〔註17〕。

　　《九流緒論》三卷，專論諸子百家之得失為明代的子書總序（詳第五章）。

　　《四部正譌》三卷，考證古書真偽，為明代辨偽學專書（詳第五章）。

〔註17〕引〈史書佔畢引〉。

　　《三墳補逸》二卷，胡應麟認為《竹書紀年》、《逸周書》、《穆天子傳》三書，皆為三代典籍，而三墳久已不見，故以三書補其闕。上卷論辨汲冢出書之原委及《竹書紀年》，下卷則論辨《逸周書》和《穆天子傳》。

　　《二酉綴遺》三卷，採摭《山海經》、《太平廣記》、《酉陽雜俎》等志怪小說及《太平御覽》、《冊府元龜》等類書所收之小說、詩作，語之涉怪者，並論考諸書之真偽，以及所記事之實虛。

　　《華陽博議》二卷，〈華陽博議引〉自云其著作因由，云：「古今大學術，概有數端。命世通儒，罕能備悉，輒略而言之：覈名實，剗浮夸；黜奇袤，獎閎鉅；掇遺逸，抉隱幽；權嚮方，樹懲勸」，故雜述古人博聞強記事。

　　《莊嶽委談》二卷，係討論俗文學之事：卷上收有關民間傳說，古今戲具之不同；卷下則論詞曲之始，戲文之淵源，及唐宋雜劇經元院本到南戲之演變，各本之優劣。書中或引前人之說，或自作論證。胡應麟因其交遊廣泛，因此已注意到，前人認為不登大雅之堂的民間傳說及戲曲，並加以考訂。雖然論說有精粗、詳略，仍可視為明代俗文學史。其中論戲曲部分，近人任訥已輯入《新曲苑》一書中。

　　《玉壺遐覽》四卷，與《雙樹幻鈔》三卷，分別論述釋、道二教，為明代道、佛二家總序（詳第五章）。

　　《丹鉛新錄》八卷與《藝林學山》八卷，則專駁楊慎丹鉛諸錄、《升庵詩話》、《詞品》、《楊子巵言》、《譚苑醍醐》、《升菴文集》等書之誤。胡氏更用很大篇幅於《丹鉛新錄》卷七考訂瓊花，卷八考訂弓足起源及鞋履事。又二書除辨證楊氏之誤外，並於《藝林學山》卷六至卷八上半，糾正陳耀文《正楊》之非。

　　由於胡氏徵引典籍極為宏富，故舛譌亦所不免。除明周嬰《巵林》已辨其誤外，《四庫提要》並引沈德符《敝帚軒剩語》、王士禎《香祖筆記》、張文虎《螺江日記》所列胡氏考據之失，並臚列十餘條訛誤，因不在本文範圍，姑略而不談。近人林慶彰《明代考據學研究》有專章討論，可參閱。

貳、版本及其流傳

一、明萬曆三十四年（1606）吳勉學校刊本

　　《四庫目略》、《增訂四庫簡明目錄標注續錄》、《中國善本書提要》、《北京圖書館古籍善本書目》、《普林斯敦大學葛思德東方圖書館中文善本書志》皆著錄；《中國叢書綜錄補正》〈少室山房四集〉條云有「明萬曆三十四年新安吳勉學刊本」，《簡明中國古籍辭典》〈少室山房筆叢〉條亦同；《金華經籍志》、《八千卷樓書目》、《日本

現存明人文集錄》、《書目答問補正》僅作明刊本；《江蘇省立國學圖書館圖書總目補編》則作萬曆刊本；《孝慈堂書目》不著版本，僅云「胡應麟撰，孫居相等序，八冊一套」。

是書《台灣公藏善本書聯合目錄》未見著錄，僅錄「少室山房筆叢三十三卷續集十三卷，明萬曆刊本」，而《中國善本書提要》、《北京圖書館古籍善本書目》、《普林斯敦大學葛思德東方圖書館中文善本書志》皆曾記其版式，有十六冊及十四冊之分，茲據三書略述其版式於下：

1. 筆叢正集三十二卷續集十六卷，十四冊本

（1）明萬曆三十四年吳勉學校刊本，半葉十行二十字，版框高十九點六公分，寬十三點三公分。

（2）原題「安定胡應麟著，新城鄧渼、殷城黃吉士、沁水孫居相同校，新安吳勉學閱刻」卷內有：「嘉興李氏山膽州藏書印」、「秋水道人」等印記。

（3）有萬曆三十四年（1606）黃吉士序與孫居相序，及不著年月之陳文燭序。

2. 筆叢正集三十二卷續集十六卷，十六冊本

（1）明萬曆三十四年吳勉學校刻本，半葉十行二十字，版框高十九點八公分，寬十三點二公分，細黑口，左右雙邊。

（2）是本正集凡十種，計：經籍會通四卷，史書佔俾六卷，九流緒論三卷，四部正譌三卷，三墳補遺二卷，二酉綴聞三卷，華陽博議二卷，莊嶽委譚二卷，玉壺遐覽四卷，雙樹幻鈔三卷。續集二種，計：丹鉛新錄八卷，藝林學山八卷。

（3）有陳文燭序，未著年月。又黃吉士及孫居相序二篇，皆題萬曆三十四年（1606）。

3. 附論中圖藏「明萬曆間刊本」正集十種

中圖藏《筆叢三十二卷》，題為「明萬曆間刊本」，僅有正集十種，計：經籍會通四卷，史書佔俾六卷，九流緒論三卷，四部正譌三卷，三墳補遺二卷，二酉綴聞三卷，華陽博議二卷，莊嶽委譚二卷，玉壺遐覽四卷，雙樹幻鈔三卷。版式、序跋如下：

（1）版 式

細黑口，左右雙欄，單魚尾，半葉十行二十字，框高十八點四公分，寬十二點四公分。版心上方刻「筆叢卷數」（按此即為花口），版心有「書名、葉碼」；每卷首行作「書名卷數」、下為「筆叢某部」（按此即小題在上，大題在下），次行僅題「安定胡應麟著」。

　　按中圖藏本，與《中國善本書提要》原題「安定胡應麟著，新城鄧渼、殷城黃吉士、沁水孫居相同校，新安吳勉學閱刻」的字樣不同；與《普林斯敦大學葛思東方圖書館中文善本書志》、《北京圖書館古籍善本書目》所記版式略同。

　　（2）序　跋

　　有萬曆三十四（1606）年多月吉旦殷城黃吉士之〈筆叢序〉、萬曆丙午（三十四年，1606）多高都孫居相之〈筆叢序〉，及無年月之沔陽陳文燭撰〈少室山房餘集序〉。

　　按是書既無「新安吳勉學校刻」字樣，是否可因所附的序跋一樣，即可逕行視爲同一刊本？若二書爲同一刊本，則中圖本當爲殘本；然卷首所題之「新安吳勉學閱刻」字樣不同，當如何解釋？中圖另藏一「天啓間刊本」，就所謂「天啓間刊本」的版式看，與萬曆四十六年（1618）刊本完全相同（詳見該條），疑中圖所藏二書在整理時，疏忽而相互顛倒誤記。然因諸家書目未見著錄「天啓間刊本」一事，且書中亦無任何證據，可證明是書爲天啓間刊本，因而只能存疑備考。

　　（3）藏　印

　　是書鈐有「藏之名山傳之其人」、「柬父堂珍藏印」、「斯保邑齊藏書」、「國立中央圖書館藏書」、「留臺風新」、「莒氏春谷珍藏圖籍印」等印。

二、明萬曆四十六年（1618）新都江湛然刊本

　　是書，《四庫全書續修目錄初稿》〈一集〉著錄「《少室山房全稿》一百八十九卷，明萬曆四十六年刊本，中圖藏」。但中圖《善本書目》未見此書，僅見《少室山房類稿》一百二十卷，及代管北平圖書館藏，現轉藏故宮的《少室山房類稿存首八十卷附詩藪二十卷二十八冊》，是爲明萬曆戊午（四十六年）刊本，並無《少室山房筆叢》及《甲乙剩言》。依史語所收藏，美國國會圖書館攝製，北平圖書館善本書，萬曆四十六年的《詩藪》二十卷微卷判斷，疑上述二書即爲《少室山房全稿》之殘本。

　　按中圖著錄「天啓間刊本」一種：《少室山房筆叢》三十二卷，《續集》十三卷（當作十六卷），《甲乙剩言》一卷，八冊。其版式與萬曆四十六年刊《少室山房類稿》一百二十卷本，及史語所收藏北圖《詩藪》二十卷的微卷，完全相同，即：

1.《少室山房筆叢》內容所收順序

　　書中共收十二種：正集十種，續集二種。順序是先正集，後續集，與萬曆三十四年吳勉學校刊本相同。

2. 版　式

　　（1）版框高二十點二公分，寬十三點六公分，半葉九行十八字，四周單欄，白口，單魚尾。

（2）版心上方刻書名「少室山房」，魚尾下方著「筆叢某部」，下注卷名、頁碼，版心下方間注字數。

（3）〈引〉文葉，首行書「某某引」，下則為「筆叢某部，凡幾卷」；每卷首行上為「筆叢」，下為目錄卷之幾（按此即大題在上，小題在下），次行為卷數，次行依次題：「東越胡應麟明瑞著，新都江湛然清臣輯，濧水趙鳳城文鎮校」。《甲乙剩言》卷亦同。

3. 序　跋

卷首附沔陽陳文燭撰〈少室山房餘集序〉，不著年月，有「玉叔」白文方印、「國立中央圖書館印藏」等印。

按《普林斯敦大學葛思德東方圖書館中文善本書志》論《吳勉學校刊本》時，按語云：「萬曆四十六年江湛然刊本，續集中尚有《甲乙剩言》一卷，此本無。」

《中國叢書綜錄總目》著錄「《少室山房四集》，明萬曆四十六年新都江湛然刊本，一百八十八卷」。

日本靜嘉堂文庫藏「《少室山房類稿》一百二十卷，《詩藪》二十卷，《少室山房筆叢》四十八卷，三十二冊」。二書著錄，亦無《甲乙剩言》一卷。

據此二書推論，中圖所謂「天啓間刊本」，當為「萬曆四十六年刊」行《少室山房全稿》的殘本，而《筆叢續集》亦有十六卷，非十三卷。若是如此，則當題為「少室山房筆叢三十二卷續集十六卷甲乙剩言一卷八冊，明萬曆四十六年刊本」，或作「少室山房全稿一百八十九卷，存少室山房筆叢三十二卷續集十六卷甲乙剩言一卷八冊，明萬曆四十六年刊本」。

如果上述所說成立，則中圖所藏的《少室山房類稿》，及故宮代管北圖的《少室山房類稿》存首八十卷附《詩藪二十卷》，一書即是《少室山房全稿》殘本，但是卻又有二十八冊及三十六冊二種。若再加上史語所藏的北圖微卷——萬曆四十六年刊本《詩藪》二十卷八冊，或另藏的「萬曆刊本」《詩藪內編六卷外編六卷雜編六卷續編二卷》六冊本。則《全稿》已超過五十冊；而靜嘉堂文庫所藏為全帙，卻僅三十二冊，加上《甲乙剩言》一卷，亦嫌不足；若據此說，而以為即是同一刊本，是不能令人信服，除非是藏者，因該書破舊，重新裝訂。因「靜嘉堂文庫」所藏未見，不能驟以為是非，記此，存疑以備考。

三、明崇禎壬申（五年，1631）延陵吳國琦重刊本

是書中圖收藏兩套，一為《少室山房筆叢三十二卷續集十六卷甲乙剩言一卷詩藪二十卷》，一為《少室山房筆叢三十二卷續集十六卷》，分敘如下：

1. **少室山房筆叢三十二卷、續集十六卷、甲乙剩言一卷、詩藪二十卷，明崇禎壬申**（五年，1631）**延陵吳國琦重刊本**

   （1）版　式

   白口，單欄，單魚尾，半葉九行十八字，版框高十九點六公分，寬十三點七公分。

   版心上方刻「少室山房」，魚尾下刻「筆叢某部」，次接「書名、卷數、葉碼」。版心下方有「壬申重刻」字樣，間有「壬申補刻」字，知「壬申」即爲吳國琦補版重印之年。

   每卷首行爲「筆叢」，次「書名，卷數」，次行依次題「東越胡應麟明瑞著」、「新都江湛然清臣、瀫水趙鳳城文鎮全輯」、「延陵吳國琦公良重訂」；卷尾著「筆叢、某部、書名、卷數、終」。

   筆叢三十二卷共十種，續十六卷二種，書名，收錄順序亦先正集後續集，與萬曆三十四年刊本同，《甲乙剩言》一卷，附《藝林伐山》之後。

   （2）序跋及藏印

   僅沔陽陳文燭撰〈筆叢序〉，不著年月。「國立中央圖書館攷藏」、「司馬氏」、「陽湖陶氏涉園所收書籍之印」、「衛齊旦印」等藏印。

2. **少室山房筆叢三十二卷、續集十六卷，明崇禎壬申**（五年，1631）**延陵吳國琦重刊本。**

   是書沔陽陳文燭撰之序文，題爲〈少室山房餘集序〉，末有「玉叔」白文印文，序文已有破損，首葉爲手寫補；與疑爲萬曆四十六年新都江湛然刊本附陳文燭〈少室山房餘集序〉一致，當爲藏者所補。

   〈九流緒論上〉葉十七下、十八上空白；僅正集十種三十二卷，無續集《丹鉛新錄》、《藝林伐山》二種十六卷；而附有《詩藪》二十卷；其餘版式完全與崇禎五年刊本相同，故當爲吳國琦重刊本殘本。有「碌」、「國立中央圖書館攷藏」等藏印。

   書名當題爲「少室山房筆叢三十二卷續集十六卷甲乙剩言一卷詩藪二十卷，存少室山房筆叢三十二卷詩藪二十卷，明崇禎壬申（五年，1631）延陵吳國琦重刊本」。

四、文淵閣四庫全書本

清乾隆四十年（1775）六月十二日，紀昀等纂校本，〈提要〉云：

　　少室山房筆叢正集三十二卷續集十六卷。

並分述各書大要，計十六種（按：實應只有十二種）。是書僅收正集三十二卷，十種，無陳文燭之序文。

　　單魚尾，版心上方書「欽定四庫全書」，版心書「少室山房筆叢、卷數」，下接「葉碼」；每卷首行作「欽定四庫全書」，次「少室山房筆叢卷數」，次「明胡應麟撰」。鈐「乾隆御覽之寶」印。

五、清光緒二十二年（1896）廣雅書局刊本，十冊

　　清光緒二十二年（1896）廣雅書局刊本的《少室山房筆叢》，有二種：一題《少室山房四集六十四卷》，一題《少室山房筆叢四十八卷》。茲分別敘述於下：

1. 少室山房筆叢四十八卷、詩藪十六卷——少室山房筆叢四集六十四卷本

　　《四庫全書續修目錄初稿》〈一集〉，收錄清光緒二十二年（1896）廣雅書局校刊本《少室山房四集六十四卷》。是書，史語所藏，題《少室山房四集六十四卷》；台大文圖亦收藏，館藏卡作：《少室山房集十五種六十四卷》，光緒二十三年廣雅書局刊，十二冊。

　　上述皆爲《少室山房筆叢》正集三十二卷、續集十二卷，《詩藪》內編六卷、外編四卷（按即無宋、元二卷）、雜編六卷的合刊本。台大文圖另收一套，編入《廣雅叢刊》，題作《少室山房集六十四卷》；館藏書卡題「九帙，廣雅叢刊第 131 至140，六十四卷」，冊數不缺，然僅《少室山房筆叢》四十八卷，而無《詩藪》十六卷。

　　此套《少室山房筆叢》四十八卷，收書內容排列順序，略有不同，其目錄依次爲：甲部四卷《經籍會通》，續甲部八卷《丹鉛新錄》，乙部六卷《史書佔傳》，續乙部八卷《藝林學山》，丙部三卷《九流緒論》，丁部三卷《四部正譌》，戊部二卷《三墳補逸》，己部三卷《二酉綴遺》，庚部二卷《華陽國議》〔註18〕，辛部二卷《莊嶽委談》，壬部四卷《玉壺遐覽》，癸部三卷《雙樹幻鈔》。

　　（1）版　式

　　黑口，單欄，單魚尾。版框高二十點七公分，寬十五點三公分，半葉十一行二十四字。

　　版心刻「筆叢、卷數、部數、卷名及葉碼」，版心下方刻「廣雅書局刊」。

　　首葉有「少室山房集二十卷」篆體八大字，次爲「光緒二十二年季春二月廣雅書局校刊」牌記，《少室山房筆叢》總目。

　　每書皆先該書〈引〉，首行刻「書名引」、「筆叢部數、凡幾卷」，每卷卷首皆題

〔註18〕此依廣雅書局刊本《少室山房筆叢》總目，內容則乃作《華陽博議》。

「少室山房筆叢卷數」、「部數」、「書名卷數」，次行爲「明東越胡應麟撰」。

卷末依次著錄「益陽蔡芳初校」、「懷甯丁樹屏覆校」、「順德李肇沆再覆校」（卷一、二、三、四等）。

或作「南海桂銘球初校」、「南海羅崇齡覆校」、「順德李肇沆再覆校」（卷五、六、七、八、九、十三、十四、十五、廿七、廿八、廿九、三十、卅一、卅二等）。

或作「南海羅崇齡初校」、「懷甯丁樹屏覆校」、「順德李肇沆再覆校」（卷十、十一、十二等）。

或作「益陽蔡芳初校」、「太倉錢清貽覆校」、「順德李肇沆再覆校」（卷十六、十七、十八等）。

或作「益陽蔡芳初校」、「江陰陳名慎覆校」、「順德李肇沆再覆校」（卷十九、二十、廿一、廿二、廿三、廿四、廿五、廿六等）。

或作「益陽蔡芳初校」、「長沙張百均覆校」、「順德李肇沆再覆校」（卷卅三、卅四、卅五、卅六、卅七等）。

或作「宿松羅忠濟初校」、「南海羅崇齡覆校」、「順德李肇沆再覆校」（卷卅八、卅九、四十、四一等）

或作「南海潘元敉初校」、「南海羅崇齡覆校」、「順德李肇沆再覆校」（卷四二、四三、四四、四五、四六、四七、四八等）。

由上所錄，可知是書經多次校對。每葉皆附書耳，註明該葉之大字字數及小字字數（按即指耳題）。

（2）序跋及藏印

僅附沔陽陳文燭撰〈少室山房筆叢序〉一文，台大文學院圖書館藏本，牌記鈐有「臺北帝國大學圖書印」；史語所藏本僅有「國立中央研究院歷史語言研究所圖書館之印」等藏印。

2. 少室山房筆叢四十八卷本

《少室山房筆叢四十八卷》計正集十種三十二卷，續集二種十六卷，以續甲部《丹鉛新錄》接甲部《經籍會通》後，續乙部《藝林伐山》接乙部《史書佔畢》後。

是書先著錄陳文燭撰〈序〉，次〈經籍會通引〉、次〈史書佔畢引〉、次〈莊嶽委談引〉、次〈二酉綴遺引〉，次方爲《經籍會通》、《丹鉛新錄》的本文。

首葉有「少室山房集二十卷」篆體八大字，次葉爲「光緒二十二年季春二月廣雅書局校刊」牌記，次《少室山房筆叢》總目，與《少室山房四集六十四卷》本完全相同。

疑「少室山房集二十卷」，指《詩藪》二十卷本，先行刊版發行；而收入《廣雅

叢書》第十九帙之《少室山房集六十四卷》，原不作此書名，亦爲單行本；《少室山房集六十四卷》則爲《少室山房筆叢》四十八卷及《詩藪》十六卷之合刊本。因爲，台大研究圖書館的館藏書卡作：

> 少室山房筆叢四十八卷附詩藪內編六卷外編四卷雜編六卷，光緒二十二年廣雅書局校刊本。

而台大文圖的館藏書卡有三：

A. 題「廣雅叢書第十九帙，第一三一至一四○冊，少室山房集六十四卷」，實僅有《少室山房筆叢》四十八卷，並無缺佚。

B. 題「少室山房集十五種六十四卷，清光緒二十三年廣雅書局刊本」。

C. 題「少室山房筆叢四十八卷十二冊，清光緒三十二年廣雅書局刊」。

又史語所的館藏書卡作：

> 少室山房六十四卷，廣雅書局叢書，第一三四至一四七冊。

上述四說皆不同，故有此疑問。

　　如果即是《少室山房四集六十四卷》的殘本，何以有此三種不同？若是合刻本與單行本的差異，又當如何解釋上述四書，皆附有「少室山房集二十卷」的篆體八大字，「光緒二十二年季春二月廣雅書局校刊」牌記，《少室山房筆叢》總目等三種。按《金華經籍志》《少室山房筆叢》條云：

> 粵東廣雅書院有重刊本，《少室山房類稿》條云：「《詩藪》十八卷，《筆叢》正集三十二卷、續集十六卷，廣雅書局已刊行」。

似乎在《金華經籍志》編作之時，二書乃是單行本。然《簡明中國古籍辭典》《詩藪》條云：

> 通行有清光緒間廣雅書局刻本，附于《少室山房筆叢》之后。

而《中國叢書綜錄》於《少室山房筆叢》及《詩藪內編六卷外編四卷雜編六卷》皆云：

> 廣雅書局叢書，雜著，《少室山房集》。

因此，廣雅書局刻此書的事情，疑問頗多，先著錄於此，俟待檢閱是否近代有人研究「廣雅書局刻書細目」後，再做修正、補充。

　　是書《北京師範大學圖書館中文古籍書目》亦收藏，新文豐出版社編《叢書集成續編》時，亦曾以照相製版方式收錄。

六、1922年上海掃葉山房石印本

　　是書共八冊，僅見《北京師範大學圖書館中文古籍書目》收錄，台灣地區未

見。

七、1958 年上海中華書局校點本

是書爲中華書局上海編輯所校點，收入《明清筆記叢刊》，亦稱排印本，附〈中華書局點校本少室山房筆叢出版說明〉及沔陽陳文燭撰〈少室山房筆叢序〉。台灣世界書局曾影印出版，收入《讀書箚記叢刊》第二集，與周嬰撰《卮林》合刊爲上下兩冊。

第三節　《詩藪》及其他作品考

壹、詩　藪

一、書名及卷數

是書《四庫提要》云：「大抵奉世貞《卮言》爲律令，而敷衍其說」。胡應麟撰〈石羊生小傳〉及王世貞撰〈胡元瑞傳〉，皆作「詩藪內、外、雜編二十卷」。《千頃堂書目》、《明史藝文志》、《八千卷樓書目》、《崇雅堂書錄》、《江蘇省立國學圖書館圖書總目補編》、《四庫全書續修目錄初稿》、《金華經籍志》等書目，著錄皆作二十卷。計：內編六卷爲——古體上・雜言、古體中・五言、古體下・七言、近體上・五言、近體中・七言、近體下・絕句各一卷，外編六卷爲——周漢、六朝、唐上、唐下、宋、元各一卷，續編二卷分——國朝上、下各一卷，雜編六卷爲——遺逸上・篇章、遺逸中・載籍、遺逸下・三國、閏餘上・五代、閏餘中・南度、閏餘下・中州各一卷。

然《四庫提要》存目、《欽定續文獻通考經籍考》、《光緒蘭谿縣志經籍志》皆作十八卷，無續編二卷。茲依不同卷數、刊本敘述其版本及流傳。

二、版本及流傳

《詩藪》一書，《少室山房類稿》卷一百十一〈與王元美先生〉云附上《詩藪》六卷」；〈與王長公第三書〉云「《詩藪》小復益之，外編卷帙略與內等」；卷一百十五〈報劉君東〉云「《詩藪》一部，中間持論頗爲藝林所許，其國朝一帙貌論國初諸公」；卷一百十六〈報王承父山人〉說略同。今傳《續編》專論國朝（按指明代），當指是編；卷一百十四〈與吳明卿〉云「《詩藪》三編近頗行世」；卷一百十二〈雜啓長公小牘九通〉之二云「惟近所著《詩藪》內外四編」，由上所述，可知《詩藪》一書，亦爲胡氏隨作隨刻之作，故各書目著錄有所不同。

1. **萬曆四十六年（1618）刊本**

《北京圖書館古籍善本書目》著錄《詩藪內編六卷、外編六卷、雜編六卷、續編二卷，存二卷——續編二卷》云：

> 明萬曆四十六年，江湛然刻《少室山房四集》本，文文田註，一冊，九行十八字，白口，四周單邊。

《中國善本書提要》著錄北圖所藏《詩藪》二十卷，八冊，云：

> 明萬曆間刻本〔九行十八字（19.9 乘 13）〕
>
> 原題：「東越胡應麟明瑞者，新都江湛然清臣輯，澱水趙鳳城文鎮校。」
> 凡分內、外、雜三編，編各六卷，又續編二卷，《存目》著錄本無續編，
> 故僅十八卷。又館臣以是書成於王世貞在世之日，而卷內自紀其作〈哭
> 王長公詩二百四十韻〉一事，疑續有增益，由今觀之，其說良是。觀此
> 本刻於世貞卒後，自紀王長公一節在《內編》近體上，當是後來連類補
> 入；其不能連類補入者，則爲續編二卷也。
>
> 汪道昆序〔萬曆十八年（1590）〕

按史語所現收藏，由美國國會圖書館，攝製北平圖書館善本書之《詩藪》二十卷的微卷，計：內編六卷，外編六卷，雜編六卷，續編二卷。共八冊。是書與《中國善本書提要》所記的刊本相同，茲據膠片補記於下：

（1）版　式

白口，單欄，半葉九行十八字，高十九點九公分，寬十三公分，版心上方刻「少室山房」，版心作「詩藪、編名、卷名、篇名、葉碼」，版心下方間注字數。每卷首行「詩藪、編名、卷名、篇名」，次題「東越胡應麟明瑞著」、「新都江湛然清臣輯」、「澱水趙鳳城文鎮校」，卷末作「詩藪、編名、卷名、篇名」、「終」。

（2）序　跋

有新都汪道昆萬曆庚寅（十八年，1590）春三月撰之〈詩藪序〉。

2. **萬曆間刊本**

史語所另藏一部「萬曆間刊本」——《詩藪內編六卷、外編六卷、雜編六卷、續編二卷》，六冊。與上書不同，茲敘述於下：

（1）版　式

白口，左右雙欄，單魚尾，半葉十行二十字，框高十九點九公分，寬十四點四公分。

版心上方有「詩藪卷幾」，版心作「卷名」「葉碼」，間作「編名卷數」每卷首行作「詩藪、編名卷數、卷名、篇名」，次行作「東越胡應麟著」，卷末爲「詩藪，卷

名」「終」。

（2）序跋及藏印

有行書體汪道昆撰〈詩藪序〉，然「詩藪序，夫詩心聲也……詩藪三編」一大段已佚；序後題「寓二酉園程百二題」，與《中國善本書提要》〈高麗銅活字本〉條，所記相同，〈序〉文未署年月。書中鈐有史語研究藏書印，及朱筆眉批、圈點，卷尾間有評語。

（3）缺　葉

內編〈近體下〉「杜少年行」條，自「錦城管一首近太白楊後」以下；雜編五「盧仝」條，自「許用晦工七言然」以下；續編下「當弘正時」條，自「士選輩不能得三之一，嘉」以下，皆佚缺。

3. 崇禎五年（1631）刊本

是書中圖收藏三部，皆題：明崇禎壬申（五年，1631）延陵吳國琦重訂胡元瑞《詩藪》、《筆叢》諸集本。其中兩部題《少室山房筆叢三十二卷、續十六卷、甲乙剩言一卷、詩藪二十卷》本：

一爲覆刻補配之全本；一爲殘本，詳見《少室山房筆叢》條。

另一部則題：《詩藪十八卷、續編二卷》

（1）序　跋

A. 《詩藪十八卷續編二卷》本

是書，廣文書局嘗影印刊行；扉葉有手書補寫之「詩藪」目錄，計分「內編：古體上、中、下，近體上、中、下；外編：周、漢、六朝、唐、宋、元；襍編：遺逸上、中、下，閏餘上、中、下；續編；國朝上、下」。

按是書有崇禎五年壬申季夏五日，雪崖吳國琦所撰〈重訂胡元瑞詩藪筆叢諸集敘〉，該〈敘〉云：

> 與瀫水友人徐原古、徐伯陽、徐原性、章無逸、趙儀甫、郭泰象、唐
> 堯章，柳六也、錢塘友人潘聲公之弟元良，子戴明重訂其《詩藪》、《筆叢》
> 等編之譌，而無逸尤續梓其《詩統集》四冊于《詩藪》後。

知該刊本乃吳國琦與諸位友人合作刊訂而成。鈐有「水香閣」、「吳印國琦」、「雪崖道人」之印；及新都汪道昆著〈詩藪序〉，不著年月；損齋道人王世懋撰序，題作〈序二亦名詩測〉。

B. 殘　本

是本則續編在前，次爲行書體之「萬曆庚寅（十八年，1590）春二月朔，」新都汪道昆撰〈詩藪序〉，其中葉一至葉二上部份，爲藏者手寫補，鈐有「汪印道昆」、

「方外司馬」墨印。

C. 覆刻補配全集本

白口，單欄，半葉九行十八字，版框高十九點七公分，寬十三點七公分。

版心上方刻「少室山房」，版心刻「詩藪、某編、卷名、篇名」，下註葉碼，間註「字數」、「壬申重刻」、「壬申補刻」字樣。

B 項殘本與 A 本相同；C 項覆刻補配全集本，內編古體上、中、下三卷，版心間無「篇名」。

每卷首行上書「詩藪」、下接「某編、篇名、主題」，次行依序題「東越胡應麟明瑞著」、「新都江湛然清臣、瀫水趙鳳城文鎮全輯」、「延陵吳國琦公良重訂」。

A 本鈐有「國立中央圖書館攷藏」長方印；C 本有「國立中央圖書館攷藏」方印；B 本則無。卷尾末行與卷頭首行所書「詩藪」、「某編、篇名、主題」相同，行末書「終」字，三本皆同。

據上面所述，可知三本雖同為吳國琦重訂本，但書名有所不同，內容亦有差異：

A 本當為原刊本的單行本，或是全集的殘本。

B 本則為殘本，且〈序文〉一篇，為收藏者，以萬曆四十六年刊本，已殘缺的〈詩藪序〉補上，並殘闕部份，則手寫補齊。

C 本當為覆刻補配本，其理由如下：第一、內編「古體上、中、下」三卷，版心無「雜言」、「五言」、「七言」等字樣。第二、明瑞之「瑞」字不同，前兩本「山」作傾斜狀，此本則作垂直狀。第三「東」、「胡」、「新」、「清」等字之「點」與「豎」之筆劃皆不同，但是邊欄及界格皆完全符合，故知前三卷是覆刻本，據所見的版式，與《北京圖書館古籍善本書目》所著錄：

> 《詩藪二十卷》，明刻本，八冊，九行二十字，白口，四周單邊。存
> 十六卷：內編六卷、外編六卷、雜編二首、續編二卷。

疑為同一刊本，惜未能目觀，僅能揣測。

4. 明刻本

《少室山房筆叢》一書，除上述萬曆、崇禎二代刊本外，尚有一種視為明刻本。《北京圖書館古籍善本書目》著錄一部，云：

> 《詩藪內編六卷、外編六卷、雜編六卷、續編二卷》，明刻本，六冊，
> 十行二十字，細黑口，左右雙邊。

是書以未見，不得其詳，當是另一刊本。按此種六冊，十行二十字本，《普林斯敦大學葛思德東方圖書館中文善本書志》亦見著錄，云：

> 詩藪二十卷六冊一函，明胡應麟撰，明萬曆間刊本

十行二十字，版匡高十九點三公分，寬十三點二公分。

是本凡內編六卷，外編六卷，雜編六卷，續編二卷，都計二十卷。開卷題：「東越胡應麟著」。有汪道昆序，未署年月。疑是萬曆戊午（1618，四十六年）金華所刊少室山房全稿本。卷內鈐「許印應麟」「星臺」「許星臺藏書印」等印記。

該書目所認爲是「明萬曆間刊本」，據萬曆四十六年江湛然刊行的《少室山房類稿》、《少室山房筆叢》、《甲乙剩言》等書，卷首皆題「東越胡應麟明瑞著，新都江湛然清臣輯，瀔水趙鳳城文鎮校」字樣。因此，《普林斯敦大學葛思德東方圖書館中文善本書志》所著錄的刊本，當與北圖所藏一樣，同爲明刊本，非萬曆四十六年金華所刊《少室山房全稿》本。

5. 明刻鈔配本

《中國善本書提要》書中，亦著錄藏北大所藏鈔配本——《詩藪內編六卷、外編六卷、雜編六卷、續編二卷》，二冊。轉錄於下：

明刻本——九行十八字（19.6 乘 13）

此本前四卷是鈔配，卷第五題：「東越胡應麟明瑞著，新都江湛然清臣、瀔水趙鳳城文鎮仝輯，延陵吳國琦公良重訂。」鈔配所據本題：「東越胡應麟明瑞著，新都江湛然清臣輯，瀔水趙鳳城文鎮校」，則所據之本，已是啓、禎間所刻，而吳國琦重訂，似應更在稍後。上書口刻「少室山房」四字。下書口有「壬申重刻」字樣；壬申爲崇禎五年，殆即吳國琦補版重印之年也。鈔補之卷，錯字極多，均有籤校。卷一頁二眉端有朱筆記云：「元瑞淵博，洞悉源流。此書目自有詩話以來所未有，惟其崇拜元美，於何、李諸家亦稱許過當，是其短處，讀者當分別觀之。壬子九月十九夜，蟄庵老人偶記。」

汪道昆序〔萬曆十八年（1590）〕

藉由此段記載，可用來說明中圖所藏崇禎五年吳國琦刊本的始末。

6. 光緒廣雅書局刊本

（1）書名及卷數

廣雅書局刊本《詩藪》有兩種：一爲《少室山房集六十四卷》或爲《少室山房集十五種六十四卷》本，所附的《詩藪》十六卷本。是書，台大文學院圖書館、史語所及香港馮平山圖書館三地，皆有收藏。史語所另又收藏一種單行本。上述之書，皆爲「內編六卷、外編四卷、雜編六卷」，四冊，十六卷本。

　　但在《四庫全書》〈詩文評類存目〉所著錄的，為十八卷本；《金華經籍志》云：《詩藪》十八卷，廣雅書局已刊行。似乎廣雅書局所刊行的，不止十六卷本一種。

　　現傳的廣雅書局刊本，只見十六卷本，即：內編古體上、中、下，近體上、中、下等六卷；外編周、漢、六朝、唐等四卷；雜編遺逸上、中、下，閏餘上、中、下等六卷。

　　（2）版　式

　　黑口，單欄，單魚尾。半葉十一行二十四字，版框高二十點七公分，寬十五點三公分。

　　版心刻「詩藪、編名、卷幾、卷名、篇名，葉碼」，版心下方書「廣雅書局刊」。卷每首行書「詩藪、編名、卷幾」，下接「卷名、篇名」，次行題「明東越胡應麟撰」；卷末皆題「宿松羅忠濟初校」、「南海羅崇齡覆校」、「順德李肇沅再覆校」〔註19〕等字。每葉皆有書耳，註明大字字數及小字字數。

　　（3）序跋及藏印

　　有汪道昆萬曆庚寅（十八年，1590）春三月，所撰的〈詩藪序〉，及王世貞撰〈石羊生傳〉。史語所藏《少室山房集六十四卷》本，則先〈石羊生傳〉，次內編、外編、雜編不同。

　　台大藏本有「臺北帝國大學圖書印」，史語所藏鈐「傅斯年圖書館」等藏印。

7. 高麗銅活字本

　　是書為二十卷本，計：《詩藪內編六卷、外編六卷、雜編六卷、續編二卷》。僅見於《中國善本書提要》記載，臺灣地區未見，轉錄其說於下：

　　　　六冊高麗活字本，十行二十字。

　　　　　　原題：「明東越胡應麟撰」。按《四庫存目》著錄本僅十八卷，廣雅書局翻刻本亦無續編。此本汪道昆序後題：「寓二酉園程百二書」，則原本汪序為百二所手書者。

　　　　　　汪道昆序

按是書根據記載，是與史語所收藏的「明萬曆間刊本」──《詩藪內編六卷、外編六卷、雜編六卷、續編二卷》六冊本相同，是否高麗銅活字本即據此一刊本製版，

〔註19〕外編皆作「長沙張百均初校」、「懷甯丁樹屏覆校」、「順德李肇沅再覆校」。雜編皆作「宿松羅忠濟初校」、「懷甯丁樹屏覆校」、「順德李肇沅再覆校」。內編卷一、二作「黟縣黃士陵初校」、「南海羅崇齡覆校」、「順德李肇沅再覆校」。卷三則作「懷甯丁樹屏初校」、「南海羅崇齡覆校」、「順德李肇沅再覆校」。卷四至卷六皆作「宿松羅忠濟初校」、「南海羅崇齡覆校」、「順德李肇沅再覆校」。

以未見原書，不敢妄臆。

8. 日本貞享三年（清康熙二十五年，1686 年）刊本

是書爲日本貞享三年武村新兵衛刊行。《江蘇省立國學圖書館圖書總目補編》曾著錄，此刊本爲《內編六卷、外編六卷、雜編六卷、續編二卷》，四冊。是書台大研究生圖書館收藏全本；中圖所藏爲一殘本，僅存《雜編六卷續編二卷》，四冊。

（1）版　式

白口，單欄，單魚尾，版框高二十點二公分，寬十四點四公分，半葉十二行二十二字，小字雙行二十二字。

版心上方刻「詩藪某編」，魚尾下刻「卷名、篇名」，下著葉碼。每卷首行書「詩藪、編名卷數、卷名、篇名」，次行下書「東越胡應麟撰」，卷末書「詩藪編名卷數、畢」字樣。

（2）序跋及藏印

台大研圖所藏全本，附汪道昆〈詩藪序〉，「目錄」。書中間有朱筆眉批，全書皆有朱、藍筆圈點。

書末附「貞享丙寅三月吉辰二條通大恩寺町武村新兵衛刊行」之跋文云：「得明胡應麟《詩藪》四編，歷訪賞者謂是編精覈超詣，唐宋以說詩之傑者」。

台大研圖藏本鈐有「台北帝國大學圖書印」、「尾臺藏書」、「久保氏所藏圖書記」、「岡氏壽藏」、「臺北帝國大學圖書」，以及手寫之「尾臺藏書」四字。

中圖所藏殘本，鈐有「國立中央圖書館攷藏」、「元和鄒氏書廔中物」等藏印。

9. 上海中華書局校點本

《簡明中國古籍辭典》《詩藪》條云：「是書，1958 年中華書局上海編輯所嘗出版校點本，收入《中國文學參考資料叢書》中」，金鍾吾《胡應麟的詩史觀與詩論研究》第一章附註，記《詩藪》版本時，云：

> 民國 47 年上海中華書局以日本貞享三年（1686）校廣雅書局刊本印行。而正生書局民國 62 年排印標點，卷首附王世貞〈石羊生傳〉，以內編、外編、雜編、續編爲次。

又云：

> 上海古籍本二十卷，由王國安以萬曆十八年殘本及朝鮮舊刊本校補中華書局本印行。

按據金氏之說，點校本當有上海古籍本及上海中華書局兩種版本。上海中華書局校點本〈出版說明〉云：

　　《詩藪》，《四庫存目》著錄僅十八卷，漏計了二卷《續編》。本書通行有清末廣雅書局刊本，是附刻在《少室山房筆叢》後面的，但缺《外編》五、六兩卷，其他舛誤闕漏亦復不少。現據南京圖書館藏日本貞享三年丙寅（康熙二十五年，1688 年）重刊明本，校補廣雅書局本，並加以標點重印。

是書首爲目錄，次附汪道昆〈序〉，次王世貞〈石羊生傳〉，依內編、外編、雜編、續編爲次。與金氏之說，多了汪道昆所撰之〈序〉。

　　又《詩藪》雖爲胡應麟隨作隨刻，金氏所云上海古籍本，係以「萬曆十八年殘本及朝鮮舊刊本」來校中華書局本。然各家書目未見記載《詩藪》有萬曆十八年刊本，不知金氏所據爲何？或許因汪道昆之〈序〉，係撰於萬曆十八年，故有是說，以該書未見，尚待查訪，只能揣測，不得其詳。

貳、胡應麟現存的其他著作

一、四部正譌

　　民國十年胡適之等人創議編輯《辨僞叢刊》，欲將零星材料薈萃一編，以鼓起學術界審察史料之勇氣〔註20〕，故顧頡剛於 1920 年校點，1929 年借文津閣本《四庫全書》校對一遍，對於《筆叢》版本嘗云：

　　　　《少室山房筆叢》這部書，以前只有一個明代原刻《類稿》本。清代《四庫全書》收了進去，多了一個寫本。光緒二十二年，廣雅書局又有刻本。「廣雅本」與「四庫本」同出于原刻，故誤處常常相同。而且我看得見的這一部文津閣本，鈔手特別壞，誤文、脫文、衍文不知凡幾，甚至不可句讀。又以「四庫」是官書，凡原文文理不通順處皆爲改削。

據顧氏所說，知是書不僅參校文津閣本，當亦嘗參閱上述諸本。樸社曾以鉛印刊行，民國 58 年 4 月，臺灣開明書店在臺刊行。是書爲《少室山房筆叢》收諸書中，惟一單行本。

二、少室山房曲考

　　是書乃近人任訥輯《莊嶽委談》論戲曲部份，收入任氏所編《新曲苑》一書中，上海中華書局，發行於民國二十九年〔註21〕，民國五十九年台灣中華書局收入《國學叢書》中，題「任中敏編」，計四冊，並附《曲海揚波》六卷。

〔註20〕引臺灣開明書店刊《四部正譌》附〈印行開明辨僞叢刊緣起〉一文之說。
〔註21〕引林慶彰《明代考據學研究》語。

三、玉壺遐覽

是書收錄於明陶宗儀編，陶珽重編并續，清順治丁亥（四年，1647）兩浙督學李際期刊《說郛一百二十卷續集四十六卷》一百六十冊之續卷八之一，節錄「道經稱先生」以下部份。

錄於《說郛》的《玉壺遐覽》部份，版框高十八點九公分，寬十四點三公分，半葉九行二十字，白口，左右雙欄。首葉題「東越胡應麟」，版心上方刻「玉壺遐覽」，下為葉碼。

是書，史語所另藏《祕冊叢說》之一，亦見收錄，與《說郛》本同。而史語所藏本，為朱絲欄鈔本。版框高廿二點二公分，寬十五公分，半葉九行二十字，白口，左右雙欄。卷首題「玉壺遐覽」，次行題「東越胡應麟」。鈐有「傅斯年圖書館」朱文長方印。

四、甲乙剩言一卷

是書為胡應麟晚年之作，自言為「甲乙已後剩言」，其「鉅麗者足以關國是，微瑣者足以資談諧。即不越稗官，亦雜家之鼓吹也」〔註22〕。《千頃堂書目》、《絳雲樓書目》、《文瑞樓藏書目錄》、《孝慈堂書目》、《江蘇省立國學圖書館圖書總目補編》、《涵芬樓藏書目》皆見著錄。

是書一見於萬曆四十六年江湛然刊《少室山房全稿》一百八十九卷本中。次見於崇禎五年吳國琦重刊本《少室山房筆叢》全集中。除此之外，諸小說中亦見收錄，敘述於下。

1. 明陳繼儒編，萬曆間繡水沈氏尚白齋刊《寶顏堂祕笈四百一十卷》二百四十冊，第十三冊

白口，單欄，高十九點五公分，寬十二點七公分，半葉八行十八字。版心上方書「甲乙剩言」，下為葉碼。卷首題「甲乙剩言」，次行「東越胡應麟著」，次行「海鹽姚士穉校」，前附傅光宅撰〈甲乙剩言序〉，卷末有「張元弨識」語。

2. 明馮可賓編，明末刊《廣百川學海一百三十九卷》四十八冊，丙集三十四

白口，左右雙欄，版框高十九點四公分，寬十四公分，半葉九行二十字。版心上方書「甲乙剩言」。卷首行書「甲乙剩言」，次行作「東越胡應麟著　裘昌今校閱」字。卷末書「甲乙剩言終」字樣。

3. 明馮夢龍編，明末刊《五朝小說四百七十六卷》〈皇明百家小說〉第四二三

〔註22〕傅光宅〈甲乙剩言敘〉語。

白口，左右雙欄，高十九點六公分，寬十三點三公分，半葉九行二十字。版心上方「甲乙剩言」，卷首作「甲乙剩言」，次行作「東越胡應麟」。

4. 明沈廷松序《明人百家小說一百○八種》十冊，明刊本

白口，左右雙欄，版框高二十公分，寬十四點二公分，半葉九行二十字。版心上方書「甲乙剩言」，版心有葉碼，卷首題「甲乙剩言」，次行「東越胡應麟」，卷末有「張元玢識」語。卷首無傅光宅之〈序〉。

是書，王文濡輯《說庫》，民國四年上海文明書局石印袖珍本；明人佚名輯《五朝小說大觀》〈皇明百家小說〉，民國十五年上海掃葉山房石印本，上海商務印書館刊《舊小說》〈戊集二〉等書亦有收錄。

五、觀音大士慈容五十三現象贊

是書乃彙集觀音菩薩五十三現象並為其作贊語，佛教出版社於民國 67 年，曾刊行〔註 23〕，未見。

六、貝葉齋稿四卷

中圖藏明萬曆庚辰（八年，1580）壽州朱宗吉刊本四卷，四冊，故宮代管北圖藏則多附錄一卷，亦為四冊本。是書為明李言恭撰，胡應麟編，朱宗吉校，版式如下：

1. 版　式

白口，雙欄，外框高十七點五公分，寬十二點四公分，內框高十六點三公分，寬十一點一公分，半葉八行十六字。版心上方書「貝葉齋」，版心作「卷幾」、「葉碼」。

是書編排方式，先目錄，次本文。每卷首行上題「貝葉齋稿，卷數」，次行「盱眙李言恭惟寅著」，次「蘭蹊胡應麟元瑞編」，次「壽州朱宗吉汝脩校梓」。卷四目錄末有手寫之「李義山海山謠」一首。書中間有眉批。

2. 序跋及藏印

有萬曆庚辰春吳郡友人王世懋書之〈序〉，鈐有「陽湖陶氏涉園所有書籍之印」，「王氏敬美」、「墻東居士」等墨印，及「韞輝篇」、「羲皇上人」等朱文方印，等藏書印。

按《中國善本書提要》亦見著錄是書，書題《貝葉齋稿四卷附錄一卷》四冊，轉錄於下：

明萬曆間刻本，八行十六字（16.3 乘 11）。

〔註 23〕據林慶彰《明代考據學研究》第六章〈胡應麟〉說。

原題：「旴眙李言恭惟寅著，蘭谿胡應麟元瑞編，壽州朱宗吉汝脩校梓。」余之始知言恭，以其與郝杰合撰之《日本考》也，余固未眞知言恭之學識與爲人。今讀是集，見其所交遊，王世貞兄弟並推重之，人或擬其於李于鱗，則其學其人，亦可知矣。余曾疑《日本考》蓋出郝杰手，今復疑其未必然；惜是集刻於《日本考》之前，其纂輯經過，不得於集內徵之。附錄爲〈丁丑游西山記〉、〈戊寅山行記〉兩文。

　　　歐大任序〔萬曆八年（1580）〕

　　　王世懋序〔萬曆八年（1580）〕

　　　莊履豐序〔萬曆八年（1580）〕

　　　周訓序〔萬曆八年（1580）〕

　　　屠隆序〔萬曆九年（1581）〕

與中圖所藏略有不同。是書林慶彰《明代考據學研究》作《貝葉齋稿五卷附錄一卷》，與所見不同，不知所據爲何本？

第四節　胡應麟散佚作品考

　　胡應麟著作今已散佚部份，尚可分已完成與未完成兩部份討論，其散佚的作品，係根據〈石羊生小傳〉、〈胡元瑞傳〉、《金華經籍志》、《光緒蘭谿縣志經籍志》等書所載爲說。

　　胡氏眾多著作中，當時已完成，而今亡佚之書，尚可分爲：曾刊今佚與未曾刊行二種，依次敘述於下：

壹、曾刊行而今佚的作品

一、少室山房續稿十五卷

　　是書，《金華經籍志》、《光緒蘭谿縣志經籍志》均見著錄，《四庫提要》〈別集類六存目〉云：

　　　明胡應麟撰。應麟有《筆叢》已著錄。是編凡《兩都集》一卷，《蘭陰集》一卷，《華陰集》十卷，《養疴集》二卷，《青霞槀》一卷，僅止五種。蓋類槀未出以前，隨作隨刊之本也。按是書未見。

二、弇州律選六卷

　　是書，僅見於〈石羊生小傳〉，爲胡應麟選編王世貞詩作的選本。然《孝慈堂書

目》集部著錄《弇州詩選八卷》，云：

> 胡元瑞序，四冊，綿紙。

按二書所記的卷數不同，或許胡氏晚年尚有增選，然胡氏所撰之〈序〉，《類稿》未收錄，不知何故。

三、皇明律範集十二卷

是書，〈石羊生小傳〉及〈胡元瑞傳〉二篇，皆置於「未行世」的著作行列，而李維楨《大泌山房集》卷九收〈皇明律範序〉，云：

> 胡元瑞孝廉，輯錄本朝五七言近體詩爲《律範》，而文學茅厚之校之，徼侯王世叔行之，屬不佞序之。

《列朝詩集》〈黃山人惟楫附胡應麟──論《皇明律範集》〉條云：

> 金華胡應麟撰《皇明律範集》，錄隆、萬以來文章鉅公，及同時詞客之作，多至二千餘首。大率肥皮厚肉，塗抹叫呶，黃茆白草，彌望皆是。蓋自李、王二公，狎主齊盟，海內風氣，翕然一變，旁午膠結，齊聲同律。

據上述二則記載，知是書當已刊行，專收明代五、七言律詩的詩集。《光緒蘭谿縣志經籍志》著錄「明律範十二卷」一書，當是同一書；而《千頃堂書目》收「胡應麟七言律範十二卷」一書，不知是否爲同一本？若僅依書名作「七言律範」而言，似乎專收「七言律詩」，則兩種當非同一書，又諸家書目未收，故附論於此。

四、皇明詩統三十卷

《金華經籍志》據《金華徵獻略》所記，是書當時尚「存」。按《類稿》卷一一六〈報王承父山人〉云：

> 頃爲易使君所要，輯明近體詩凡二十餘卷，起高太史季迪，訖吾鄉東陽李生。

又卷一一五〈與王世叔通侯〉云：

> 辱諭《皇明詩統》舊輯古近體僅六十卷，稿垂脫而奔走江湖，以卷帙浩繁，扃置子舍。第五七言律自隨，易惟效使君偶覯，稍命增入弘正前名下諸公什之四三，凡耳目所及，概不敢錄，慮或漏遺故也。蜀中業已梓行。君侯下問惓切，僅仍錄首卷以上，惟俯爲藏拙焉。

據二則記載得知，是書初名《明近體詩》，後因易做之所要，而增入弘治、正德時代諸家詩作而成，亦曾刊行於蜀中，今已佚。

五、百家異苑

胡應麟幼時，因「《太平御覽》、《廣記》，及曾氏、陶氏諸編」，所收的六朝、唐、

宋諸家小說以「異」爲名者，係踵「漢人駕名東方朔作神異經，魏文列異傳繼之」後。但在明代，有刻本傳世的，僅剩數家，諸書大半具存在各類書之中。亦即「鄭漁仲所謂名亡實存者也」的說法。然類書所收，第分門互列，故胡氏認爲是「得一遺二，雖存若亡」。因此在「屏居丘壑，卻掃杜門」之時，曾「命穎生以類鈔合，循名入事」，使「前哲流風，藉以不泯」，而「遺編故帙，亦因概見大都」。所輯諸小說統名爲《百家異苑》〔註24〕，以爲抵掌捫蝨之懌用。

六、唐詩名氏補亡

是書諸家書目未收，僅見《類稿》收錄的〈序〉文。胡氏因「唐詩之盛無慮千家」，到明代所傳，僅存「百家唐詩十二大家，二十六名家」，加上「單行別刻纔百數十」而已。因其「夙嗜藝文，至于拮据唐業，頗極苦心，購募殘編鈔謄祕錄之外，凡散見諸書，附載群集，稍堪卷軸，靡不窮蒐摠之不盈三百之數。」在嘆惜前人著作的失傳，又鑒於「太史所以躑躅於名山，元凱所以欸歜於片石者」，故「據三史《藝文》，五家《經籍》，以及列傳野記之中，凡遇編名輒加捃拾，芟除複襍，融會有無具列兼收，以貽同好」〔註25〕。

按《詩藪》〈雜編二・遺逸中・載籍〉，葉四至十四，收錄「初唐、盛唐、中唐、晚唐」約四百家，加上選集、詩話等書的作者、卷數，疑即指此作。此書似可視爲「唐書藝文志補」。

貳、未刊行今且佚之作

一、六經疑義二卷

《金華經籍志》著錄，云：「見《經義考》，佚」。

二、駱侍御忠孝辯一卷諸子折衷四卷澄懷集一卷

胡氏曾因駱賓王附徐敬業，撰「討武曌檄」一事，而自「唐世因仍周歷，目以叛臣，剌戾相沿，郡乘邑志，咸屏弗錄」。故在萬曆丙子（四年，1576），適逢蘇濬董浙學，因此胡氏「首上事訟賓王」，並「嘗集駱詩文關涉者，并昔人遺論，爲駱侍御忠孝辯，有他刻」〔註26〕。

據胡氏所說，是編至遲在萬曆十七年（1589）之時，已完成。《光緒蘭谿縣志經

〔註24〕〈百家異苑〉語，是序《類稿》卷八十三，《二酉綴遺》卷上具錄之。
〔註25〕《類稿》卷八十三〈唐詩名氏補亡序〉語，此〈序〉文亦見《詩藪》〈雜編二・遺逸中・載籍〉卷。
〔註26〕駱賓王事見《類稿》卷八十九〈補唐書駱侍御傳〉及《史書佔畢》卷四〈宂篇下〉。

籍志》將《駱侍御忠孝辯一卷》、《諸子折衷四卷》分別著錄，云：「見《婺書》」。《金華經籍志》收此三書爲一，云：「見《金華徵獻略》，佚」。

三、劉、駱遺文

是編〈胡元瑞傳〉，未見記載，〈石羊生小傳〉曾記其合刊劉孝標、駱賓王二人著作一事，云：

> 以婺先達，無若劉孝標、駱賓王二子：孝標博洽冠古今，當梁武忮君不少殉；而賓王武氏一檄，爲唐三百年忠義倡，世率以文人亡行視之。于是合傳二子而輯其遺文爲一編，會閩蘇君禹來督學，讀生文稱善相屬，即日檄賓王入郡祠。

據上所錄，疑即爲《駱侍御忠孝辯》，因〈石羊生小傳〉僅云：

> 合傳二子而輯其遺文爲一編

故暫視作別編。

四、史蕞十卷

《光緒蘭谿縣志經籍志》、《金華經籍志》著錄，云：「見《婺書》，未見。」

五、古韻考一卷

《金華經籍志》著錄，云：「見《金華徵獻略》，佚」；《光緒蘭谿縣志經籍志》云：「見《婺書》。」

六、二酉山房書目六卷

胡應麟建「二酉山房」收其藏書，並撰《藏書目》一事，在〈石羊生傳〉、〈胡元瑞傳〉、〈二酉山房記〉、〈二酉山房歌序〉數篇之中，皆見記載，如〈胡元瑞傳〉云：

> 元瑞築室山中，後先購書四萬餘卷，分別部類，彷劉氏《七略》而加詳密，黎惟敬爲大書曰「二酉山房」。

但《類稿》卷廿九〈二酉山房歌序〉云：

> 弇州王公既爲余記二酉山房矣，新都汪公復爲余作〈山房書目敘〉。

似乎《二酉山房書目》完成，且欲刊行，故汪道昆撰〈敘〉。然僅見胡氏自撰的〈二酉山房書目序〉，汪道昆所撰〈山房書目敘〉未見。按《金華經籍志》曾著錄，云：「見《金華徵獻略》，佚」。

七、交遊紀略二卷

《光緒蘭谿縣志經籍志》、《金華經籍志》均著錄，云：「見《婺書》，未見」。

八、兜玄國志十卷

《金華經籍志》著錄，云：「見《娶書》，佚」。按是書，胡宗楙云：「《金書詩錄》作十二卷」。

九、酉陽續俎十卷

《酉陽續俎》一書，係胡應麟因前人認爲《酉陽雜俎》，有所謂《續編》三十卷，故輯錄諸家小說記載《續編》之事。此事〈增校酉陽雜俎序〉記載頗詳，〈序〉云〔註27〕：

> 志怪之書自神異、洞冥下亡慮數十百家，而獨唐段氏酉陽雜俎最爲迥出……段氏書近多雕本，而魯亥殊衆，師儒老宿弗易徵，又軼漏幾過半。余谷居孔暇，稍稍據廣記校定之，并錄其所謂續編通三十卷，藏籢笥中，吊詭士旦暮遇將群起互，若其爲說致詭誕不可盡信，則余業蔽以滑稽俳笑之雄，君子毋求備焉可也。

據該〈序〉所記，知是書「通三十卷」，而《金華經籍志》所記，乃與《六游記略二卷》、《雜聞六卷》二書合收，云：

> 見《明史藝文志》，存。

然〈石羊生傳〉、〈胡元瑞傳〉及《明史藝文志》皆未見此編，不知何故。

十、群祖心印十卷方外遺音十卷

《光緒蘭谿縣志經籍志》、《金華經籍志》均合二書爲一編，云：「見《娶書》，佚」。

十一、抱膝編十卷真賞編十卷會心語二卷

《光緒蘭谿縣志經籍志》、《金華經籍志》均合三書爲一編，而《會心語》一書，作「四卷」。《金華經籍志》云：「見《金華詩錄》，佚」。

十二、擬古樂府二卷

《金華經籍志》云：「見《金華徵獻略》，佚」。《光緒蘭谿縣志經籍志》則作《古樂在二卷》，不知是否爲同一書？

十三、隆萬新聞四卷隆萬雜聞六卷

《光緒蘭谿縣志經籍志》、《金華經籍志》均將二書合爲一篇，題「隆萬新聞二卷隆萬雜聞四卷」，云：「見《金華詩錄》，佚」。

十四、鴉村叢話四十卷

〔註27〕見《類稿》卷八十三。

《光緒蘭谿縣志經籍志》著錄是書，引《通志》云：「按《尤氏藝文志》又有《鴉村叢話四十卷》」。《金華經籍志》亦著錄，云：「佚」。

十五、補劉氏山棲志十六卷

《金華經籍志》著錄，云：「見《金華徵獻略》，佚」。《光緒蘭谿縣志經籍志》云：「見《婺書》」。

十六、婺獻十卷

是書諸家書目未見著錄，不知是否爲地方文獻的蒐輯。按：《玉壺遐覽》卷四云：

> 吾郡金華山，道書爲三十六洞元之天，世傳神仙窟宅。今赤松鹿田，奇蹟至眾，所盛稱者，皇初平兄弟叱石成羊事；餘以神仙著郡中，則張玄眞其人，舍是渺不復聞，即郡乘紀載亡幾。余暇讀道書，泊諸家傳記小說，得其人與事之相類者，凡涉吾郡輒錄之。未旬而駁駁成軸，因附諸玉遐之末。

該卷中收錄頗多事關婺中之事，疑是書所編，亦與上述諸編類似。

十七、明世說十卷

是書諸家書目未見著錄

十八、仝姓名考十卷

胡應麟曾擬撰《同姓名錄》，並擬將異代姓氏同者別錄一編，《史書佔俾》卷六，對該事始末記載頗詳，錄之於下：

> 王長公卮言所載，臥冰、種玉，謝石、望塵等事，並其姓皆符合，可謂至奇。陳心叔名疑略同。余推此更得數事——此例古今頗眾，詳余《同姓名考》中。往讀路史，十數人常以爲駭，近乃知其疏也。

但未記載《同姓名考》的卷數多寡，書中又云：

> 梁元帝有《同姓名錄》，丘光庭有《同姓字錄》，皆不傳。然其書各一卷，雖唐以前時代較近，要不足以盡之，抑且唐以後絕無踵作者。余嘗欲以爲一書續之而未能。項遭幽憂屏居郭外，蕭然半榻，僅《唐史》一編，案頭日取閱之，見其中姓字相同者，頗自不少。而世第共傳李益、韓翃數人，因益取稗官雜說，凡唐一代名姓相同者，數十百人，類而錄之，以爲廣見洽聞之助。其異代姓氏同者，不可勝紀，將別有編錄，不列此中。其已見王長公《藝苑卮言》附錄，及陳心叔《名疑》者，亦不復入。

據第二則記載，知《唐同姓名錄》已完成，疑是書爲此二編的合編。

十九、兩司馬錄二卷

明王世貞及汪道昆二人，皆嘗官司馬，故明代有「天下兩司馬」之稱。按：《類稿》卷一百〈兩司馬書牘跋〉云：

> 王、汪兩司馬並千秋文章伯也。……今兩公啓札具存齋頭，皆裝潢大軸，光焰萬丈，開卷閱之，雖望而知其代書，細玩則全無一筆入掾史門閾者。

據上述，疑是編即胡氏所裝潢成帙，題作〈兩司馬書牘〉的別名。

二十、考槃集十卷。

是書諸家書目未見著錄。

廿一、談劍編二卷

是書諸家書目未見著錄。

廿二、采真游二卷

是書諸家書目未見著錄。

廿三、圖書博考十二卷

是書諸家書目未見著錄。

廿四、諸子彙編六十卷

是書諸家書目未見著錄。

廿五、虞初統集五百卷

是書諸家書目未見著錄。

廿六、元人詩集遺編

胡應麟曾與顧憲成討論宋、元二代詩作，二人且交換各自所擁有宋、元二代的詩文集，該事《類稿》卷一百十八〈與顧叔時論宋元二代詩十六通〉記之頗詳。而〈第十四通〉云：

> 僕收書凡勝國（按指元朝）遺編，遇則錄之，不復較其工拙，茲群集俱迄工，附璧，幸一一檢歸笥中。

《元人詩集遺編》一書，〈石羊生傳〉、〈胡元瑞傳〉及諸家書目，皆未見收錄。按：《詩藪》〈雜編四・閏餘・五代〉云：

> 古風兩漢近體三唐，能事畢矣！宋元以降，世謂無詩，迺其盛時巨擘，旁午簡編，詩家者流，稍名涉獵，咸指掌上，獨自梁迄周五代，戎

> 馬助勳,文章否極,韋莊羅隱諸人,既係籍於唐末,徐鉉陶穀等輩又接
> 軔於宋初,自餘二三雋流或以詞見,或以學稱,歷數十百年中遂若茲道
> 中絕,無復一線之存者。近楊用修詩話,旁蒐僻隱,不遺餘力,此特未
> 遑。余暇讀五代小說襍談,覺其間人雖微尚有足術,句雖陋時或可觀;
> 悼彼生之不辰,將泯泯偕腐草木。因悉采彙爲一編,亡論雲門大呂,即
> 方回阿段例,掇弗遺庶異時博雅君子上下千秋於斯無憾。於戲,詩至五
> 季,溲勃之用亡當,詞壇迺風雅大明之日,猶有若余之藻飾而品題之者,
> 士誠志於不朽,奚以後世爲患哉。

該篇隨後即著錄五代諸人事,據此,疑與顧憲成云「僕收書,凡勝國遺編,遇則錄
之」一事,即《詩藪》〈外編六‧元〉一篇中所收。

廿七、明人詩文集

胡應麟曾有欲使「千載簡帙之廢興,百氏編摩之得失,一日可以盡其大都」的
心願,因此彙輯明朝製作,而依「己意列其指歸,析類分門,總爲一集」。但因「卷
軸繁猥,殆至百數,尚未能脫藁」〔註28〕。據此,是書疑即《皇明詩統》、《皇明律
範》之類。

廿八、鬼詩彙編

胡應麟認爲,鬼詩有佳著,故曾徧蒐諸小說所載,彙爲一集,所蒐不下數百篇,
作爲談噱之佐〔註29〕。

第五節　胡應麟校讎、彙編及擬編撰之作

胡應麟的著述,除上述現存、已佚的著作外,在其與友朋往來書信、諸序跋及
詩文中,曾記載有關校讎的作品;或因友人已逝,故將其寄贈的書牘、詩作,裝潢
成軸,以茲紀念。或在其詩文中透露:慮前人著作散佚不存,而欲彙輯之;或因前
人所輯之書,卷帙不足,而有賡續的心願。上述各種著作,今皆未見,茲略據其心
願,分類敘述於下:

壹、胡應麟校讎之作

《四部正譌》一書,提出辨僞理論及方法,考辨古籍眞僞,頗有成果。然對於校

〔註28〕《經籍會通》卷二語。
〔註29〕《二酉綴遺》卷下語,是卷亦收錄鬼詩之尤者。

讎之學：一人讀書，校其上下，誤謬爲校；一人持本，一人讀書，若怨家相對，故曰讎也〔註30〕。此種比勘篇籍文字的同異，而求是正之學，尚少涉及，此處所用「校讎」之作，乃依其書信、序跋所云，是否即是上引之說，因未見其書，不得其詳。

一、郡志之刊定

胡應麟相當重視方志，由《玉壺遐覽》卷四所說，及撰《婺獻十卷》（詳見上節該條）一事得知。《類稿》卷百十六〈報李景穎司理〉，亦記他曾刊定郡志一事，云：

> 郡志辱明公下委，寢瘵以來，素業久廢，僅舉正大綱及刊定紕誤數則，行迫草草致上，煩記室檢入之。以明公如椽大手，即帝命修五鳳樓，猶將成之不日而況州里之乘，何游夏能贊一詞也。

按：胡氏萬曆四年（1576）以經義薦于鄉（〈石羊生小傳〉），二十二年（1594），奉父命入長安應試〔註31〕，「秋首，爲家嚴諭督，勉爾挾書，二十載老明經，策蹇驢，冒風雪，千里而入長安」〔註32〕，故刊定《郡志》，當在該年北上入長安之前。

二、校定《汪道昆全集》

按《類稿》卷三十七〈哭汪司馬伯玉十首〉之八，小註：「公嘗以全書屬余校定」。知胡氏曾校定汪道昆的著作。

三、校定《崇正書院志》

據《類稿》卷六十收〈參知唯旬張公以崇正書院志屬余校定，且命賦詩寄以七言一律〉，知胡氏曾校定該書。

按：《光緒蘭谿縣志》〈經籍志傳記類〉收《崇正書院志十一卷》云「胡僖輯，見《金華縣志》」，據此，似乎父子輯、校之作，當爲藝林一段佳話。

四、校定《酉陽雜俎》

胡氏嘗因前代志怪之書，獨唐段成式《酉陽雜俎》一書，最爲迥出。然是書至明朝，始多雕本，且魯亥殊眾，軼漏幾過半。因師儒老宿難徵，因而據《太平廣記》校定。〔註33〕

五、校定《素軒吟稿》

是書爲喻均之父的著作，喻均委託胡氏校定，《類稿》卷八十一〈素軒吟稿序〉

〔註30〕錄《太平御覽》卷六一八引《別錄》語。
〔註31〕見《類稿》卷八四〈送鍾天毓歸苧羅序〉云：「甲午（萬曆二十二年，1594）奉大人命，青衫塞衛，龍鍾入長安」。
〔註32〕《類稿》卷百十六〈報李景穎司理〉語。
〔註33〕《類稿》卷八十三〈增校酉陽雜俎序〉語。

記此事，云：

> 素軒先生詩一卷，古體若干首，五七言律絕若干首，洎詩餘若干首。
> 邦相明府既以屬不佞校之矣，則復命不佞爲之敍。素軒先生者，邦相尊人
> 封繕邱公也。

六、校定《李遷集》

是書乃因喻均的緣故，得以見《李遷集》，並受喻氏委託，校讎該集，並重訂次第〔註34〕。

七、校定《宋濂詩集》五卷

胡氏認爲《宋濂詩集》五卷，皆是宋濂未入明朝以前的作品，因此明代不甚流傳。萬曆七年（1579），喻均宰蘭谿〔註35〕時，曾得此書刻本。而轉交胡氏校讎，由喻氏捐俸刊行〔註36〕。

貳、裝潢友人書牘、詩歌

胡氏友朋雖廣，《類稿》中題跋之作頗多，但是爲保留友人作品，而裝裱成軸，以資紀念之事，尚不多見，其中尤以王世貞昆仲，及汪道昆三人作品爲多。

一、《二王書牘》四卷

是書乃王世貞、王世懋兄弟寄給胡氏之書信，積之稔載而成，該書〈跋〉云〔註37〕：

> 右兩瑯琊書牘四卷，爲長公者十之六，爲次公十之四。次公生平與交
> 遊書牘自三數達尊外，凡等輩率手書，至與余還往者尤無一非眞迹，行押
> 之妙在有意無意間。……長公書牘大篇多侍者代錄，亦蕭散無掾史氣，……
> 他短章則亦手書爲多。……余自交兩王公片楮隻字咸所珍惜，積之念載，
> 以成此卷。今兩王公相繼作白瑤宮客，即欲更求一點畫震旦中不可得矣。
> 敬題末簡以識余慨。

是因王氏兄弟已逝，而將他們所寄的書信，裝裱成卷，作爲紀念。

二、《康從理詩冊》一卷

〔註34〕見同上書卷一百十五〈報大司寇李公子安〉。

〔註35〕《光緒蘭谿縣志》〈喻均傳〉云喻均於「萬曆七年以進士宰邑」、「好飲酒，工詩文，與邑人胡應麟最契，相締爲文字交」。

〔註36〕事見《詩藪》〈外編六・元〉及《弇州山人續稿》卷二百六〈答胡元瑞書〉之三。

〔註37〕見《類稿》卷一百六〈題二王書牘後〉云。

《靜志居詩話》記康從理「居燕偕黎惟敬遊西山，其唱和詩尚存，餘多散佚，太倉曹子彥收而刻之，曰少鴈山人集。」按：〈題康裕卿詩冊後〉云：

> 余初識裕卿于今大學士趙公座上，余尚未冠也。裕卿讀余春日閒居十
> 詩中句……，輒狂叫擊節期他日必有聞于世。自是裕卿凡製作寄余，無慮
> 數十百，泊他篇什得意者必手錄貽余。重其人恒祕諸篋笥，久之而慮其散
> 軼，則命家僮裝潢成帙，……因泚筆紀之。河山之感，臨楮澹眩，裕卿有
> 靈，得無欷歔地下耶！

似乎曹子彥未見是編，胡氏慮其散佚，終亦失傳矣！

三、《二王詩卷》一卷

按是編收王世貞〈和陽春館二十絕〉，王世懋〈釣臺短歌〉、〈雪中七律〉二首、〈端陽七律〉二首〔註38〕。

四、《群公手簡》一卷

是編收王世貞、王世懋、王元馭、汪道昆、吳國倫等諸人與胡僖往還書尺。卷末則附王世貞、王世懋在寄給胡僖的書函之中，所寄附給胡應麟的書牘〔註39〕。

五、《兩司馬書牘》一卷

是編乃收王世貞及汪道昆兩人，寄給胡應麟的書牘，這些書牘，皆王、汪二人的侍者代筆，非二人親筆之作〔註40〕。

六、《李達父書牘》二卷

是編收李達父所寄書信數百篇，胡應麟存錄下來，並將裝潢成帙〔註41〕。

參、擬彙輯之書

胡應麟因其「二酉山房」藏書四萬餘卷，得以恣覽群籍，故博學多聞。見識既廣，於前人事蹟、著作及其論斷，則有不足之憾，是而有彙編、賡續的心願。

一、米芾事蹟

胡氏基於米芾為宋代名書畫家，其軼事甚眾，悉散見宋人小說、襍記之中，不下數十百條。因此欲彙輯為一編，以資藝林中譠浪〔註42〕。

〔註38〕《類稿》卷一百十〈跋二王詩卷〉語。
〔註39〕《類稿》卷一百十〈跋群公手簡〉語。
〔註40〕《類稿》卷一百十〈兩司馬書牘跋〉。
〔註41〕《類稿》卷一百九〈跋李達父書牘〉語。
〔註42〕《類稿》卷一百七〈跋米顛自薦啓〉。

二、六朝、隋、唐、五代、宋、元僧詩集

胡氏曾與顧憲成論宋元二代詩，因《通考》只載《九僧詩集》，據以爲論錢塘陳起編《宋高僧詩選》，即其所據之選本。因而欲合唐僧《弘秀集》爲一編，題《唐宋高僧集》。又以「僧詩無唐宋，欲取六朝道猷等作，迄於元止，彙作一編」〔註43〕。

三、古今詩選

因汪道昆曾屬咐胡應麟「選古今詩，以三百爲祖，分：風、雅、頌三體隸之。凡題咏感觸諸詩屬之風，如太白夢游等作是也；紀述倫常諸詩屬之雅，如少陵北征等作是也；贊揚功德諸詩屬之頌，如退之元和等作是也」〔註44〕。汪氏之說，因與顧憲成所主張相符合，故拈出以待後人完成。

四、古今詩彙

胡應麟因「《品彙》之博而尚有遺篇，《正聲》之嚴而兼收劣製」，依曾與顧憲成的論旨，「取王、楊、韓、白諸百家唐集遍閱之，益《品彙》之遺，而大芟其蕪雜；損《正聲》之劣，而畢聚其菁英」〔註45〕。並欲

> 倣高氏所輯爲《古今詩彙》一編，以〈漢郊廟〉、〈鐃歌〉，泊諸《樂府》爲始音；《十九首》泊〈蘇、李河梁〉，《兩京雜詩》爲正始；陳思、李、杜及明王元美爲大家；曹、劉、阮、左、潘、陸、陶、謝、沈、宋、王、孟及明高、李、何、徐輩爲正宗；顏、鮑、庾、江、錢、劉、韋、柳及宋梅、陳，明薛、王、吳、張輩爲羽翼；陰、何、徐、庾及南渡范、陸，勝國虞、楊，明皇甫昆季輩爲接武；王、蘇、黃、陳北宋人諸人爲正變；陳、隋、晚唐、宋季、元末諸人爲遺響；而旁流閨秀代錄其人。

胡氏自云此作，足以備詩家一公案〔註46〕。

五、續廣記

胡氏少即好志怪之書，至老不衰。幼嘗輯諸異事成《百家異苑》，在「馬齒半百」之際，尚因「寄袠詭異事」，生平未嘗一覩；又認爲「傳之耳者，率誕妄足推」。但一遇志怪之書，輒好之無異於洪邁。故而欲取洪邁《夷堅志》，而芟其非怪，就該書所附錄的，與前人書籍已見收錄的，自宋太平興國後，及遼、金、元諸小說及明祝

〔註43〕《類稿》卷一百十八〈與顧叔時論宋元二代詩十六通〉之十一云：欲編《唐宋詩僧集》；第十通則云欲編《六朝、隋、唐、五代、宋、元僧詩集》故合爲一說。

〔註44〕《類稿》卷一百十八〈與顧叔時論宋元二代詩十六通〉之八語。

〔註45〕《類稿》卷一百十八〈與顧叔時論宋元二代詩十六通〉之六。

〔註46〕《類稿》卷一百十八〈與顧叔時論宋元二代詩十六通〉之七。

希哲、陸浚明等編諸書。凡小說中涉怪者，分門析類，以成《續廣記》，大概有五百餘卷。胡氏自云有「裨見聞，猶勝洪之售欺于天下」〔註47〕。

六、宋兩都遺事——合刻《東京夢華錄》、《武林舊事》二書為一編

胡氏因《東京夢華錄》四卷，專記汴中風俗、時序、景物，以及祠宇、樓觀甚詳，雖該書文辭頗為猥俚，然開卷，即可見當時全盛的風華盛況。因而欲就是書稍加剪飾，與記宋代南渡以後的著作——《武林舊事》，二書合刻。胡氏以為宋代兩都遺習，閱者即自覺爛熳著人〔註48〕。

七、補《唐詩紀事》為百卷

胡應麟因宋計敏夫《唐詩紀事》八十一卷，計一千一百五十家。采摭精詳，序次整密，可謂為篤志之士。然芮挺章編《國秀集》，李康成編《玉臺後集》，皆有己作附載集中。

又殷璠編《河岳英靈集》，高仲武編《中興間氣集》，品藻之語，盛見援引，但四人名氏未見記載；朝士如王棨，釋子如寒山，羽客如呂巖，今皆有集行世，亦皆遺漏；胡氏論《唐詩紀事》，可謂失之耳目之前。至於蔣奇童、薛奇童、徐晶、鄭鏦、太上隱者、君山父老之輩，諸家所選脫軼頗繁。

因而胡氏在嘆著述之難心理下，有心遍蒐唐三百年史傳、文集、小說、冗談，以及碑誌箴銘，雜出宋元之後者。以《唐詩紀事》為底本，稍益其未詳，而盡補其所闕，自云成百卷，庶無遺恨」〔註49〕。

八、古今存亡之書目

胡應麟感慨鄭樵《通志藝文略》，概徵往籍，於昔人著作之旨，無所發明；馬端臨《文獻通考》獨紀存書，使異時闕逸之篇，靡從考究。二書皆有缺失。

故自幼即矢志編《古今存亡書目》，奔走南北東西，訪求二十餘載，所收之書，經、史、子、集，四萬餘卷。誦讀之餘，犁然有會。

因而欲會萃鄭氏《通志》、馬氏《通考》，并漢、隋、唐、宋四代《藝文志》，世傳諸家目錄，及元、明二代的文士著作〔註50〕，合為一編，俾使後人得以考見古今典籍的源流統緒。

〔註47〕《類稿》卷一百四〈讀夷堅志五則〉之五及《二酉綴遺》卷中。又《二酉綴遺》卷中小註云：「此書卷帙繁重，尚未成編，其辯駁大都略見茲集」。似乎已付諸行動，不僅只是計劃中而已。
〔註48〕《類稿》卷一百四〈讀東京夢華錄〉語。
〔註49〕《詩藪》〈外編三・唐上〉語。
〔註50〕《經籍會通》卷二語。

九、鬻子輯佚

胡應麟因楊慎《丹鉛錄》云：「鬻熊著書二十二篇，子書莫先不焉。今其存者四篇，皆無可取，似後人贋本無疑」，並錄賈誼《新書》所載證今傳書之偽。因而欲總輯諸書中《鬻子》斷篇殘簡，以及今傳十四篇，次其先後，合爲一編〔註51〕。

十、唐絕總會

胡應麟因楊慎《唐絕增奇》所收，《唐詩品彙》、《敖氏絕句》大都已見；並以楊氏依「神、妙、能、雜」四類，分卷品題，亦有未安，因而欲總會唐絕，而以此四品分類〔註52〕。

十一、續五言律祖

胡應麟因楊慎《五言律祖》所收皆六朝近律之作，藉以知唐體所出源流，以便入門之人熟習下手，足可盡湔明季塵陋。胡應麟認爲楊氏識見足仰，但其中符合唐律者，僅三、四篇。因而欲蒐獵梁、陳間，獲得聲調大同者十數首，其他近似的，亡慮百餘首，輯爲一編，以續楊氏之書，使無遺憾〔註53〕。

十二、汲冢三家會箋

胡應麟因《汲冢三書》各注，皆極闊略：沈約《竹書紀年注》，《春秋》、《史記》不能引；孔晁《逸周書注》亦是；郭璞釋《山海經》玄論博議，錯出其間，然《穆天子注》僅差詳不足比擬；三書並不足覽觀。

基於上述因素，胡應麟欲會萃歷代箋解，并裒其語之逸於本書，而存於他籍者，以及〈璅語〉諸篇，本書全逸，而他籍僅存者，合爲一編〔註54〕。

十三、汲冢三書補編

是編概念之成，胡氏以爲：古今誌怪小說，世率以《夷堅》、《齊諧》爲祖。然《齊諧》即《莊》，《夷堅》即《列》耳。二書固極詼詭，第寓言爲近，紀事爲遠。《汲冢璅語》十一篇，當在《莊》、《列》前。〈束晳傳〉云：諸夢卜妖怪相書。蓋古今小說之祖，惜今不傳。《太平廣記》有其目，而引用殊寡。

因而欲雜摭《左傳》、《國語》、《國策》、《竹書紀年》、《逸周書》、《穆天子傳》等書之語怪者，及《南華》、《沖虛》、《離騷》、《山海》之近實者，《燕丹》、《墨翟》、

〔註51〕《九流緒論》卷下語。
〔註52〕《藝林學山》卷八〈唐絕增奇〉條。
〔註53〕《藝林學山》卷八〈五言律祖〉條。是條末註云：「其目已略具《詩藪》中」。按：《詩藪》〈外編二·六朝〉卷，僅見數條調相類，或語相似者。
〔註54〕《三墳補逸》卷上語。

《鄒衍》、《韓非》之遠誣者，及《太史》、《淮南》、《新序》、《說苑》之載戰國者。凡瓌異之事，彙爲一編，以補汲冢之舊。其數當百倍於後世小說家〔註55〕。

十四、妒記補

胡氏因六朝宋虞之曾撰《妒記》一卷，至唐代不傳；宋王騥曾撰《補記》，至明代亦不存。因其雙親亟以二書爲念，常扼腕弗堪。故而欲叢錄古今史傳中事跡，以補二書亡佚之嘆〔註56〕。

十五、觀音大士言行應迹彙編

胡應麟認爲觀音大士像，自宋朝已譌爲女身，王世貞曾取《楞嚴》、《普門三章》合刻爲《大士本紀》，並著論以闢元僧謬以女身之失。胡應麟之母，素即篤信觀音大士，因而欲以王世貞《大士本紀》爲底本，另彙集諸經中，大士言行散見者，及六朝以來，諸家雜記小說中，觀音大士事迹，較爲顯著者，合爲一編〔註57〕。

〔註55〕　《二酉綴遺》卷中語。
〔註56〕　《二酉綴遺》卷中語，又《丹鉛新錄》卷四〈妒婦乘驢牛〉條亦記此計劃，同書〈秋胡妻〉條、〈妒女廟〉條則收錄關於妒婦事。
〔註57〕　《莊嶽委談》卷上語。按林慶彰《明代考據學研究》記胡應麟考據學之著作，其一爲《觀音大士慈容五十三現象贊》，是書未見，內容不詳。林氏云是書乃「彙集觀音菩薩五十三現象並爲其作贊語」，疑即此編。以未見不容亡說，存此備考。

第三章　胡應麟的圖書徵集、藏書來源及藏書分類附藏書樓

第一節　胡應麟的圖書徵集

　　胡應麟幼即嬰書癖，稍長，從其父遍遊諸省，「窮蒐委巷，廣乞名流，錄之故家，求諸絕域」。嘗因購書而「解衣縮食，衡慮困心，體膚筋骨，靡所不憊」，然其藏書，亦僅四萬餘卷，因而嘆書之難聚。鑒於書之難聚，產生「書好而弗力，猶亡好也」，「書聚而弗讀，猶亡聚也」的觀念〔註1〕。

　　因書之聚難，故論典籍增減，乃自然之理，而贊同隋牛弘購書之說〔註2〕，及宋鄭樵圖書徵集八法〔註3〕；因書聚弗讀，束庋閣樓，僅飽蠹魚，欲「書好而力，書聚而讀」〔註4〕，讀而用之，不爲書簏，故有「書貴使用」之說〔註5〕，兼論及藏書家對藏書運用而分其類別；間因聚書匪易，故而以宋司馬光、元趙子昂等愛書之說。本節所謂藏書之道，即據此，論之於後。

壹、圖書的徵集

一、胡應麟圖書徵集的原因

　　世人對書籍持有的觀念，胡氏認爲「時代近者，勢易流傳，而人多棄擲；時代

〔註1〕　《經籍會通》卷四語。
〔註2〕　《隋書經籍志》序及卷四十九〈牛弘傳〉。
〔註3〕　鄭樵《通志校讎略》。
〔註4〕　《經籍會通》卷四語。
〔註5〕　《類稿》卷九十〈二酉山房記〉。

遠者，迹多湮沒，而世率珍藏」。歸究其原因，則是「後人述作，日益繁興；則前代流傳，寖微寖滅」所致〔註6〕。

歷代書籍雖因流傳日久，而日漸減少，主要是因戰亂，及藏有者保管不慎，歸於火燼。隋牛弘已注意到歷代典籍減少，提出書有五厄：秦火、王莽之亂、漢末、永嘉南渡、周師入郢，認為：

> 經邦立攻，在於典謨矣。為國之本，莫此攸先。今祕藏見書，亦足披覽，但一時載籍，須令大備。不可王府所無，私家仍有〔註7〕。

而有「上表請開獻書之路」的措施。

胡應麟則綜合前人論書籍大厄，計有十厄：秦火、王莽之亂、漢末、永嘉南渡、周師入郢、大業、天寶、廣明、靖康、紹定。認為古今書籍，盛聚之時，亦為大厄之會。因此前人著作，歷經流傳，日漸稀少〔註8〕。

宋鄭樵亦鑑於書之亡佚不存，《校讎略》中，提出古之書籍，「有不出於當時，而出於後世者」（〈亡書出於後世論〉）；「有上代所無而出於今民間者」（〈亡書出於民間論〉），「書有亡者，有雖亡而不亡者」（〈書有名亡實不亡論〉）；「有不足於前朝，而足於後世者」（〈闕書備於後世論〉）等見解，因此提出「求書之官，不可不遣；校書之任，不可不專」（〈求書遣使校書久任論〉）的說法，其〈求書之道有八論〉中，更提出所謂的「求書八法」：

> 求書之道有八：一曰即類以求，二曰旁類以求，三曰因地以求，四曰因家以求，五曰求之公，六曰求之私，七曰因人以求，八曰因代以求。

但是胡氏認為鄭氏之論，雖「可謂曲盡求書之道，非沈涵典籍者所不能知」，但是乃有其不足之處：

> 可籍以求唐宋以下之書，秦漢而上，亦難致也。今唐人亦難得，宋元差足訪求〔註9〕。

受典籍流傳，日漸稀少因素的影響，利用鄭氏求書八法所求得之書，是有其時代性，仍然肯定鄭氏的說法，並加以運用。故明謝肇淛云：

> 求書之法，莫詳於鄭夾漈，莫精於胡元瑞，後有作者無以加已〔註10〕。

雖然胡氏有過「歷朝墳籍，自唐代前，概見《隋志》，宋興而後，《通考》為詳」

〔註6〕《經籍會通》卷一。
〔註7〕《隋書》卷四十九〈牛弘傳〉。
〔註8〕《經籍會通》卷一。
〔註9〕《經籍會通》卷四。
〔註10〕《五雜俎》卷十三。

之說〔註11〕。鑒於明代尚缺《藝文志》，以顯明朝典籍之盛，欲仿隋牛弘「上表請開獻書之路」，其說於下：

> 國朝開基紹流，大綱萬目，靡不度越前朝。至表章六籍，統壹聖眞，則巍然上揖夏商，下降漢唐。埒周而四，漢唐以降，無足云也。惟是儲畜一端，前代英君哲弼，往往係心，似亦右文之世不容後者。國初高皇帝首命頒刻六經，繼之文皇帝躬修《永樂大典》。草創之晨，勤思載籍尚爾，矧今日蕃隆之極邪。近年楚試發策，以蒐集遺書爲問，一時雅士，多謔其言。竊惟我國家汛逐腥膻，肇建區宇，文明之象，際地極天。中祕所畜簡編，固應倍屣往昔；重以累朝史局，鴻鉅肩摩，詎之劉、班、王、魏等輩？而《藝文》一錄，尚似缺如，是眞有待於今也。況今雕本盛行，異書迭出，較之漢唐，難易萬萬相懸。誠略倣前史求書遺意，稍示向方，事半昔人，功必百之。俟以三年之力，括四海之藏，然後大出石渠東觀，累葉祕書。分命儒臣，編摩論次，勒成一代弘文之典。俾百世後，知皇朝儲蓄之富，冠古絕今。實宇宙之極觀，生人之殊際也〔註12〕。

胡應麟之有是說，非僅是酷有嗜書之癖，自幼從其父歷燕、吳、齊、趙、魯、衛等地，勤搜徧括，補綴拮据，僅四萬餘卷，而釋、道二藏因財力不足，尚缺乏的因素。

　　而是鑒於諸藏家，往往將所藏束之庋閣，以飽蠹魚，既不借人閱讀、鈔錄，自己又不翻閱。甚至「畀之竈下，以代烝薪」〔註13〕。同時前代懸購遺書，皆著錄條目，如隋有闕書錄，唐有訪書錄，宋有求書錄之類〔註14〕。

　　因此隋代書籍，所以能盛絕古今，乃因隋文父子留意典籍，其功雖不可滅，究其因實是牛弘之力；鄭樵求書之論，詳備精密〔註15〕，故心慕且欲仿效。於是有志編修《明藝文志》，以踵續前朝，亦即是以修明一代之《藝文志》爲己任。由此可以推得：胡氏的圖書徵集原因，是建立在存有明一代典籍大志上。

二、圖書徵集使用的方法

　　胡氏於圖書之徵集，除由書肆購得外，〈二酉山房記〉一篇中，概述其法：

> 親戚交游，上世之藏，帳中之祕，假歸手錄，卷軸繁多，以授侍書。

另於《經籍會通》卷四，嘗記其書「大率窮蒐委巷，廣乞名流，錄之故家，求諸絕

〔註11〕《經籍會通》卷一。
〔註12〕《經籍會通》卷四。
〔註13〕同上。
〔註14〕《經籍會通》卷一。
〔註15〕《經籍會通》卷四。

域」而來，又論明代雖購書易於前人，然卻廣收盡取歷世書籍之難，非「好而且力，則無弗至也」，錄其說於下：

> 山巖屋壁之藏，牧豎之所間值；丹鉛星曆之譜，方技之所共珍；晉、梁隱怪之譚，好事之所掇拾；唐、宋浮沈之業，遺裔之所世藏，往往鈔錄傳摹，人所吝惜。間有刻本，率寡完篇，摧殘市肆，盡囓民家，展轉流亡，什九煨燼。又如朝署典章，都邑簿記，地多遐僻，用絕迂繁，仕宦僅攜，商賈希鬻，諸家悉備，此可缺如。又如畸流洽客，領異拔新，時出一編，人所未覯，非其知暱，餉遺何繇。凡此數端，皆極難致，必多方篤好，庶幾逢之。不然，貲鉅程、陶，權壓梁、竇，他可力強，此未易矣。

據上所說，似乎可以歸納出幾點求書方法，雖未能有如鄭氏所提出的，詳細且有系統性，然亦可概見胡氏贊成隋牛弘購書之說，及鄭氏求書八法的理由，以及謝肇淛所說的：「求書之法，莫詳於鄭氏，莫精於胡元瑞」。

1. 求之書肆

鄭氏求書八法中，並無求書於書肆之說，而胡氏藏書，大都來自書肆。因書賈「巧於壟斷，每覘故家有儲蓄，而子姓不才者，以術鉤致，或就其家獵取之」。故書肆所售的，常是「巨賈所攜，故家之蓄，錯出其間」〔註16〕，時有異書可得。然限於財力，所購之書，大都有如明陸深之收購殘本，然後手自補綴〔註17〕，或是找其副本，非專注於宋板，或裝幀精美者，〈二酉山房記〉即記此事：

> 以故帙繁，而價重者，率不能致。間值異書，顧非力所辦，則相對太息久之。……市中精綾巨軸，坐索高價，往往視其乙本收之。世所由貴重宋梓，直至與古遺墨法帖，並吳中好事懸貲購訪，余則以書之爲用，枕籍攬觀。今得宋梓而束之高閣，經歲而手弗敢觸，其完好者不數弓，而中人一家產立盡，亡論余弗好，即好之，胡暇及也。至不經見異書，倒庋傾囊，必爲己物〔註18〕。

胡氏基於此念，故於書肆，常見異書。如《經籍會通》卷三，記胡氏曾於臨安僻巷中，見鈔本張文潛《柯山集》十六帙，云：

> 書紙半已漶滅，而印記奇古，裝飾都雅，蓋必名流所藏，子孫以鬻市人。

又於燕中書肆得《樊宗師集》〔註19〕，及寫本《北堂書鈔》〔註20〕；於武林龍丘賈

〔註16〕同上。
〔註17〕《經籍會通》卷二。
〔註18〕《類稿》卷九十〈二酉山房記〉。
〔註19〕《類稿》卷一百五〈題樊宗師集後〉。

人處，得方孝孺《遜志齋集》〔註21〕等皆是。

2. 求之故家

胡氏「廣乞名流，錄之故家」的作法，亦即鄭氏所謂「求之私」之說：

> 書不存於祕府，而出於民間者甚多〔註22〕。

因此，求之故家一事，《詩藪》一書，記錄他曾得《谷音二卷》，及周密《草窗集》、《雲烟過眼錄》鈔本之事。〈雜編南度〉卷云：

> 余嘗於里中吳正傳遺裔家中得手錄《谷音二卷》，乃杜本伯原輯宋遺
> 民之作，凡三十八人，詩百首。

> 周密公謹所著《齊東野語》等書，今並傳，……邇歲見其集於余比部
> 處，鈔本也，題曰「草窗」。……所著《雲烟過眼錄》，亦鈔本，余從詹東
> 圖得之〔註23〕。

3. 求之於墳冢

胡氏《三墳補逸》一書，認為《晉紀年》、《周逸書》、《穆天子傳》三書，是所謂《汲冢三書》，皆是三代時的典籍，都作於春秋、戰國時期，曾毀於秦，漢代已軼，因晉太康汲郡人不準盜發墓冢而重現於世〔註24〕「三書之粹者，往往足以破千古之疑」，補史書之缺，又嘗云「汲冢四書皆史也」〔註25〕。因此胡氏特別注重該三書，故「為詳次其可信者，而稍白其可疑者」〔註26〕。

基於此一觀念，鑒於春秋戰國以降，人主大都有殉葬一事，所殉之物包括人、珠寶、及書籍、法帖諸物。而魏襄王冢所出土的竹簡，俱有與孔壁所藏同樣的功勞。因此《三墳補逸》卷下，記載對於歷代君王以書籍殉葬一事的看法，其說於下：

> 春秋、戰國，殉葬之風大行。秦穆公號賢主，而殺三良，餘可概已。
> 至始皇穿冢驪山，珠璣寶玉，窮極人代。唐太宗獨以蘭亭，高出千古矣。
> 然孰與魏襄王之竹簡也。襄王即孟子所謂不似人君者，而冢中獨竹簡數十
> 車，古器一二，他服玩珍怪無聞焉。即世傳三書，無論如《大易繫辭》，
> 或燼於秦火，而出於冢中，則襄王竹簡，豈不與孔壁同功哉！

〔註20〕《類稿》卷一一六〈燕中與祝生雜柬八通〉之二。
〔註21〕《類稿》卷一百六〈題方希古遜志齋集後三則〉之一。
〔註22〕《校讎略》〈求書之道有八論〉。
〔註23〕二條皆見《詩藪》〈雜編五・閏餘中・南度〉，前者見頁6，後者見頁8。
〔註24〕〈三墳補逸引〉語。
〔註25〕《史書佔畢》卷一。
〔註26〕《三墳補逸》卷上語。

同時駁斥宋王應麟《困學紀聞》一書，譏誚漢儒欲發秦昭王及呂不韋二冢，以求《詩》、《書》一事：

> 王伯厚《困學紀聞》，引《皇覽冢墓記》云：「漢明帝時，公卿大夫諸儒八十餘人，論『五經』誤失，符節令宋元上言：『秦昭王與呂不韋好書，皆以書葬。王至尊，不韋久貴，冢皆以黃腸題湊，處地高燥未壞。臣願發昭王、不韋冢，視未燒《詩》、《書》。』」伯厚誚漢儒欲發冢以《詩》、《書》，其陋至此。余謂使漢之人主能用此言，發二冢以求遺經，而改之。俾先王典籍，日揭於煨燼之後，奚而弗可？當時二冢必存無羌，故以爲言。亦可見先秦之世，有以書爲殉者，至晉而襄冢竹書竟出，惜當時不能用。

由上之說，知道胡氏駁斥王氏看法，認爲如果漢代君主，能用宋元的建議，則先王典籍，必可重現。而胡氏此一「求之於墳冢」的觀念，或許起於他勇於疑古的辨僞精神，事實上已具有今人考古文物的心理。雖僅是因《汲冢三書》，所興起的感嘆，只見諸於書面，並未眞正進行，卻已可看出他求書之法，已超出鄭氏所說。

4. 求之於類書、傳記

胡氏因限於財力，所購書籍，往往爲殘本斷簡，故勤於拾綴補闕。而補綴殘卷的方法，除於「親戚交游，上世之藏，帳中之祕，假歸手錄」外，最常使用的方式，即求之於類書、小說及傳記等書。因爲類書所「收錄詩文事迹，往往出今史傳、文集外」〔註27〕；而「史氏精神，全寓紀傳」〔註28〕，前人事蹟，亦賴史傳而傳。因此胡氏所撰〈唐詩名氏補亡序〉〔註29〕云：

> 余夙嗜藝文，至于拮据唐業，頗極苦心，購募殘編，鈔謄祕錄之外，
> 凡散見諸書，附載群集，稍堪卷軸，靡不窮蒐，摠之不盈三百之數。

知其除「購募殘編」，並且極力的，藉由各種管道，來「鈔謄祕錄」外，連「散見諸書，附載群集」片段材料，亦窮搜鈔合，已顯見其輯佚的苦心。對他所使用的工具，又加以說明：

> 因據三史《藝文》，五家《經籍》，以及列傳、野記之中。

而求之於類書的說法，於〈增校酉陽雜俎序〉〔註30〕一文中，亦有記載。認爲段成式《酉陽雜俎》一書，明代雖多雕本，但魯亥殊眾，且軼漏幾過半，因此說：

> 余谷居孔暇，稍稍據《廣記》校定之，并錄其所謂《續編》通三十卷，

〔註27〕《九流緒論》卷下。
〔註28〕《經籍會通》卷一。
〔註29〕見《類稿》卷八十三。
〔註30〕同上。

藏篋笥中。

由上所述，可知胡氏贊嘆牛弘、鄭樵二氏求書遺意外，並加以擴大運用。惟限於財力、地位（未登科第），以及求書方法，僅實際使用，或僅存於想法（如求之壙冢之說），並散見於著作中，非如鄭氏《校讎略》集於一篇，且以專論方式出現。雖然，明謝肇淛已注意到此點，故有求書之法，「莫精於胡元瑞，後有作者無以加已」的體認，惜後世大都不明此事，而忽略不論，故特拈出敘述。

貳、護書之法

胡應麟鑒於書之難聚，且得之匪易。嗜書者當以記誦爲念，而藏書者除勤於訪輯，當更勤於鑽研。鑽研之際，需知愛書。而愛書之道，別無他法，即宋司馬光及元趙子昂二人，所說如何保護典籍，因「賈豎藏貨貝，儒家惟此耳」（司馬光語）。

然觀胡氏著作，僅《類稿》卷一百六〈題李仲子詩草後〉曾提及「暇日曝書」一事，似乎無法說他的愛書方法，因《經籍會通》卷四引此二人之說，云「二公之言，眞謂先得我心，非良工勝流，未易識也。」可知胡氏維護書籍的方法，不出二人之說，故據此稍加以說明，略窺其對書籍所維護的方法〔註31〕。

一、啟卷之先，淨几焚香，藉以茵褥，然後端坐看之

「善觀書者，澄神端慮，淨几焚香」，即此之說。按潔淨几案，書之護面，不至漬汙，甚而沾濕；藉以茵褥，不至磨損書皮。焚香得以澄神端慮，所謂平心靜氣，思慮陽明也。

二、行看之際，承以方版

繙閱書籍，以端坐爲宜，不得已欲行看之際，不可空手捧之，當以硬物墊之。使用此法，是不僅懼手汗漬及，亦畏觸動書腦。按常人持書行看時，大都以赤手持之，書作捲筒狀，所謂「捲腦、折角」，僅僅求其易持、方便而已。

三、繙葉即側右手大指面襯其沿，以次指面撚挾過

繙葉即側右手大指面襯其沿，以次指面撚挾過，是保護書頁，不因時常翻閱，使紙質受損。常人繙書，多以指爪撮葉，甚至先將手指沾唾，用來黏挾書頁，即所謂「以爪侵字、以唾揭幅」，則容易揉熟其紙，書亦折損。

四、隨開隨掩，勿折角

世人閱書，每遇佳處，即欲作記號，以便日後取用，時常用折角爲記，此法於

〔註31〕此段引《經籍會通》卷四，錄二家之說。

圖書館最常見人使用。方便是頗爲方便，但書的折角處，容易斷裂、破損。

五、勿以作枕

宋楊萬里《誠齋集》〈益齋書目序〉云：

> 書之篤，莫過於尤延之。嘗謂飢讀之以當肉，寒讀之以當裘，孤寂而讀之以當友朋，幽憂而讀之以當金石琴瑟。

王世貞撰〈二酉山房記〉云胡應麟是：

> 所嗜獨書，飢以當食，渴以當飲，誦之可以當韶護，覽之可以當夷施，憂藉以釋，忿藉以平，病藉以起色。

可知胡氏所云「二公之言，眞謂先得我心」，是眞知愛書者，然世人常有床上閱讀習慣，當睏欲睡之，則以書當枕，是否即反古人之道而行，爲不知愛書之人？

六、曬　書

上述皆繙閱書籍當注意事項，雖可令書於晨夕繙覽之際，累數十年，皆完好若未觸手。然若不知曬書，防濕除蟲，則束諸高閣，以飽蠹魚，亦非愛書之道。故當勤曬書。以「上伏及重陽間，天氣晴明日，設几案於當日之所，側群書其上，以曝其腦」。如此，雖經年累月繙閱，書終不易破損。

胡氏「二酉山房」構築，是「上固而下隆其阯，使避濕；四敞之，可就日」，大概即基於維護書籍而設計。對於書籍的維護，明謝肇淛曾說：

> 書中蠹蛀，無物可辟，惟逐日翻閱而已，置頓之處，要通風日〔註32〕。

可作爲註腳。胡氏〈與王長公第三書〉嘗云：「拂拭遺編，刊定故叢，與蠹魚醢雞爭雄」〔註33〕，似乎可說明其所謂「二公之言，眞謂先得我心」之說，是經驗之談。

但〈讀類說〉〔註34〕一文，記嘗於長安得曾慥《類說》鈔本，然「辛卯（萬曆十九年，1591）北歸，掃除敝簏，則此書亡去什九，僅一帙雜蠹囓中，拂拭之，猶無恙，可讀也」。可知維護書籍之難，或許亦可推得胡氏有維護之心，而力不逮。

參、藏書家分類

《經籍會通》一書中，曾將畫家分爲賞鑒、好事二家，而藏書亦有此兩類，但佞宋者不能列爲藏書家〔註35〕。

〔註32〕《五雜俎》卷九。
〔註33〕見《類稿》卷一一一。
〔註34〕見《類稿》卷一百四。
〔註35〕本人據《經籍會通》卷四語。

一、好事家

所謂好事家，胡氏認為：書籍「列架連窗，牙標錦軸，務為觀美，觸手如新」。此類之輩，非深懂保護典籍之道，僅將藏書精綾錦標，高置庋閣，而束書不觀。既不外借，自己也不觸目，所藏雖連窗委棟，僅以好事蓄之，而朝夕用以享蠹魚。藏者不如蠹魚之知，所藏令蠹魚居之、觀之，且使飽之。因而有此感慨，故置於好事之列。

二、賞鑒家

所謂賞鑒家，胡氏認為「枕席經史，沈湎青緗，卻掃閉關，蠹魚歲月」。此輩知似蠹魚，營營汲汲，惟書是務，白首丹青，旁午校讎。王世貞所云「飢以當食，渴以當飲，誦之可以當韶護，覽之可以當夷施，憂藉以釋，忿藉以平，病藉以起色」〔註36〕即是，亦是胡氏的寫照。

按胡氏所說，與今人所謂「賞鑒」：鑑別舊槧，考訂異同；書為宋本、元本，或是批本、或校本，版式行墨，皆一一注明；甚至連收藏的圖記，題記之年月，分行標記，纖悉靡遺，除供鑑賞的資助外，兼侈收藏之富，以典籍為玩好之物」的說法不同。洪亮吉《北江詩話》將藏書家分為五等：

> 藏書家有數等：錢少詹大昕，戴吉士震，為考訂家；盧學士文弨，翁閣學方綱，為校讎家；鄞縣范氏天一閣，錢唐吳氏瓶花齋，崑山徐氏傳是樓，為收藏家；吳門黃主事丕烈，鄔鎮鮑處士廷博，為賞鑑家；吳門書佔錢景開，陶五柳，湖南書佔施漢英，為掠販家。

洪氏之說是否受胡氏之影響，不得而知。然胡氏所謂的「賞鑑家」，似為：考訂、校讎、收藏、賞鑑等四類的總合。或者是洪氏將胡氏之說，一分為四而已。此說乃因胡氏善用其所藏，對典籍加以考訂、辨別書之真偽，以及他所主張「書貴使用」之說而得來的猜測。

三、佞宋者

所謂佞宋者，胡氏認為：「收羅宋刻，一卷數金，列於圖繪者」。此類之人，佞宋癖好，甚至到變賣田莊換得一書，或以婢易書，亦在所不惜。

自盛唐五代，雕版印書以後，後人購書易於前人。而前人著作，傳於後代則日漸稀少，故藏書家，遂有寶視舊刻，鄙夷新槧者。將所藏版本著錄於私家目錄的，今日可見最早起於南宋尤袤《遂初堂書目》，臚載舊監本、祕閣本、杭本、舊杭本、越本、越州本、江西本、吉州本、嚴州本、湖北本、川本、池州本、京本、高麗本，

〔註36〕王世貞〈二酉山房記〉語。

而南宋盛行的建本、婺州本，卻不見記載，尤氏輕視通常習見的版本，由此可知。明嘉靖間晁瑮的《寶文堂書目》，雖所收不能盡屬古本，但每一本書之下，間有注明某刻，亦未嘗不是有意顯示、保存書版的區別。

自明中葉以後，由於覆刻宋版風氣甚盛，藏書家開始寶重宋刻。嘉靖年間，華亭朱大韶用所寵愛美婢與人交換放翁須溪叠山所評宋版袁宏《後漢紀》一部，萬曆時王世貞變賣一座田莊，為收購宋刻《兩漢書》一套。此種看似風雅的習氣，演變成佞宋成癖，至明毛子晉時，則已到計葉付錢〔註37〕。

因為胡氏主張「書貴使用」，故對於「市中精綾巨軸，坐索高價，往往視其乙本收之。世所由貴重宋梓，直至與古遺墨法帖，並吳中好事懸賞購訪。余則以書之為用，枕籍攬觀。今得宋梓而束之高閣，經歲而手弗敢觸，其完好者不數夛，而中人一家產立無論。余弗好，即好之，胡暇及也」〔註38〕。故批評佞宋者，「列於圖繪者，雅尚可耳，豈所謂藏書哉」〔註39〕！乃有感而發者。

肆、書貴使用之說

胡應麟自云「受性顓蒙，于世事百無一解，亦百無一嗜，獨偏嗜古書籍」〔註40〕。因此對於所藏之書，「聚而讀之幾盡」〔註41〕。鑒於世人，有富於藏書，而貧於問學，勤於訪輯，而怠於鑽研；甚至挾累世之藏，而不能讀，以至散為烏有〔註42〕。王世貞所謂「世有勤於聚，而倦於讀者，即所聚窮天下書，猶亡聚也」〔註43〕即是。

又因藏書者多事，好古佞宋，務多得以夸異聞，作偽者得以乘隙欺之。畏懼偽者得售，世人視偽為真，故起而考辨，而有「書之為用，枕籍攬觀」的主張。

因為主張書貴使用，故希望能「綴拾一家，追隨百代」〔註44〕，而王世貞稱其「負高世之才，竭三餘之晷，窮四部之籍，以勒成乎一家之言。上而皇帝王霸之猷，賢哲聖神之蘊；下及乎九流百氏，亡所不討覈」〔註45〕。《四部正譌》所論偽書種

〔註37〕此段參考昌彼得、潘美月著《中國目錄學》，及汪辟畺《目錄學研究》二書。
〔註38〕《類稿》卷九十〈二酉山房記〉語。
〔註39〕《經籍會通》卷四。
〔註40〕《類稿》卷九十〈二酉山房記〉語。
〔註41〕王世貞〈二酉山房記〉語。
〔註42〕《經籍會通》卷四。
〔註43〕王世貞〈二酉山房記〉。
〔註44〕《類稿》卷九十〈二酉山房記〉語。
〔註45〕王世貞〈二酉山房記〉語。

類、成分，及審覈僞書方法等，都是他「書貴使用」說法的實踐，辨僞之學，到胡氏才形成具有理論、系統及方法的一門學問。

第二節　胡應麟藏書來源

胡氏蚤歲，即汲汲於典籍收藏，累銖積寸，至四萬餘卷。所藏以明代之人所撰的書，達藏書的三之一〔註46〕。因其致力於典藏，頗極苦心，故有「上下五千年，縱橫三萬軸，高憑百尺樓，遠送乾坤目」〔註47〕，「不讀昔人書，那知當代旨，自信阿龍超，任將周顒比」〔註48〕及「三萬六千卷，一卷供一朝，百年雙白眼，不向世人驕」〔註49〕豪語。其藏書來源，約可分爲數點敘述：

壹、家　傳

胡氏一族，自落藉蘭谿，已非書香世家。胡僖幼以家計，欲委於醫，故自幼已悉讀《素問》、《靈樞》諸家言〔註50〕。胡應麟則九齡從里中塾師，學習經生業，心即厭之。是時已悉胠父篋，得《古文尚書》、《周易》、《詩》、《檀弓》、《左傳》、《莊子》、《列子》、《屈賦》、《杜甫》等書，而盡讀之〔註51〕。若僅依此，即言其藏書爲家傳，亦嫌勉強。此記其家傳，乃因其著作中，嘗屢提及，故暫置於此，以備異日補寫之用。

1. 五岳山人集

按：《五岳山人集》爲黃姬水淳父之作，胡氏少嘗讀之，以爲墓木已拱，無緣把臂一談。異日與童佩子鳴諸人遊時，始知黃淳父尚存，經由康從理裕卿介紹而結交爲友〔註52〕。

2. 南園漫錄

按是書爲明滇人張志淳所撰，張氏又有《續錄》十卷。俱胡僖宦滇時所得，胡氏曾據該書所載，並無論《唐書》一事，而辯楊愼《譚苑醍醐》論《二唐書》之誤〔註53〕。

〔註46〕《類稿》卷八三〈二酉山房書目序〉。
〔註47〕《類稿》卷七一〈偶題四首〉之一。
〔註48〕《類稿》卷七一〈偶題四首〉之二。
〔註49〕《類稿》卷六八〈書笥〉。
〔註50〕《弇州山人續稿》卷七九〈胡觀察傳〉。
〔註51〕《弇州山人續稿》卷六八〈胡元瑞傳〉。
〔註52〕《類稿》卷一一四〈與黃淳父〉。
〔註53〕《藝林學山》卷五。

3. 儀禮逸經八篇傳十篇

按是書為元吳幼清所撰，胡氏云：《逸經八篇》取諸《大小戴》及《鄭注》，則吳氏本朱熹遺意，編纂而成。胡氏亦曾據是書，論楊慎《譚苑醍醐》所記：「明劉有年於永樂中上《儀禮逸經》十八篇」的說法有誤。然僅云該書為「家藏」，不知是否為其父所傳下〔註54〕。

貳、收　購

胡應麟幼年即其從父遍遊諸省，其中以居燕最久。燕中為四方都會，故鬻書藪之地，因而寓燕五載時間，即得書數十篋。又屢因應試舉之事，涉歷金陵、吳會、錢塘等地，皆通都大邑，文獻所聚。故胡氏每次經過，必停舟緩轍，蒐獵其間。短則十餘日，長則或一個月以上。蒐購書籍，視家藏所無者，務必尋遍該地，至全部走訪過，才停止。凡不經見的異書，則倒度傾囊，必據己有，方肯罷休〔註55〕。故其所購之書，經、史、子、集皆有；書的時代，則自洪荒以至明代；版刻之地，則自吳、越至燕、閩之刻皆有〔註56〕。

然因家貧之故，雖好鳩集經子，亦嘗多見載籍，而限於財力，不能舉群書而聚集為己有；僅能伺殘本不售的，廉價購得。故收殘綴軼，其藏書多斷闕、與明陸深子淵自撰之〈江東藏書目序〉所說的境遇相同〔註57〕。

故隆慶二年（1568），曾於燕中書肆得《趙飛燕別集》，即《說郛》中陶氏刪本〔註58〕；萬曆元年（1573）春，客武林時，於龍丘賈人處得《方希古遜志齋集》〔註59〕。又曾於燕中書肆得一書，題曰《奇文集》，迺樊宗師〈絳守居園記〉〔註60〕；於長安得曾慥《類說》鈔本，萬曆十九年（1591）到婁江訪王世貞返歸家居之時，是書亡去什九〔註61〕。由上述諸書購得的記載，皆可知胡氏所購，殘簡零篇的書籍不少。

胡氏又嘗於臨安僻巷中，見鈔本書一十六袠，細閱即張文潛《柯山集》十三卷，是書雖紙大半漫滅，而印記奇古，裝飾都雅，認為「蓋必名流所藏，子孫以鬻市人」。

〔註54〕《四部正譌》卷上。
〔註55〕《類稿》卷九十〈二酉山房記〉。
〔註56〕《類稿》卷八九〈石羊生小傳〉。
〔註57〕《經籍會通》卷二。
〔註58〕《九流緒論》卷下。
〔註59〕《類稿》卷一百六〈題方希古遜志齋集後三則〉之一。
〔註60〕《類稿》卷一百五〈題樊宗師集後〉。
〔註61〕《類稿》卷一百四〈讀類說〉。

目之驚喜，因是時身上正好無錢支付，傾囊解衣，預約明日照價付款取書。該夜因鄰火漫延，而喪於煨燼之中因而「大悵惋彌月」〔註62〕。

胡氏藏書，除零星的得之書肆外，《人海記》曾記胡氏收購故家藏書事件，云：

> 義烏虞守愚侍郎德燁參政，父子築樓藏書萬卷，署曰：「樓不延客，書不借人」。後蘭溪胡孝廉應麟賤值得之〔註63〕。

按賤值得書事，謝在杭《五雜俎》卷十三記載頗詳，茲錄之於後，以明其取得經過：

> 胡元瑞書，蓋得之金華虞參政家者。虞藏書數萬卷，貯之一樓。在池中央，以小木為杓，夜則去之。標其名曰：「樓不延客，書不借人」。其後，子孫不能守，元瑞啗以重價，紿令盡室載至，凡數巨艦。及至，則曰吾貧不能償也。復令載歸。虞氏子既失所望，又急於得金，反託親識居間，減價售之，計所得不什之一也。元瑞遂以書雄海內，王元美先生為作「二酉山房記」。然書目竟未出，而元瑞下世矣〔註64〕。

由上述所述可知，「二酉山房」藏書，是以大批購買義烏虞氏藏書為主，再加上居燕中蒐購的數十篋，因此，才成為明代越中一大藏書家〔註65〕。

參、友朋交換

胡氏藏書中，亦有部份是與友朋互易而來。惟所易書籍為何，不得而知。《經籍會通》卷四，曾記與其互易書籍的友人名姓，云：

> 朱睦㮮灌父、黎民表惟敬、童佩子鳴、祝鶴鳴皋俱余生平同志。余筐笈所藏，往往與互易者。今相率游岱，故稍記其略，以識余懷。

按：黎民表嘗於嶺南校刻《劉夢得集》〔註66〕，又欲校刻元人《陳君采集》、《柳文蕭集》二書，然二書為胡氏所有，於是在過瀫水胡氏居所時，約定書刻成時，寄還胡氏，而攜去。後因黎氏下世，該事未完成，而書亦亡失，不知所終〔註67〕。

祝鶴鳴皋嗜書與胡氏相同，每逢燕中朔望日——書肆聚集之日，二人即相約前往書市，競錄所無〔註68〕。二人交往頻繁，故胡氏嘗於金水橋偏，見寫本《北堂書鈔》，因買人索值四十千，尚待殺價，而未獲，即書信通報訊息，云：購得即送往祝鶴處過

〔註62〕《經籍會通》卷三。
〔註63〕南海草堂鈔本，悔餘編海昌查氏詩鈔《人海記》。
〔註64〕明謝在杭《五雜俎》，東海大學善本書室藏日刻本。
〔註65〕《類稿》卷九十〈二酉山房記〉。
〔註66〕《類稿》卷一百五〈讀劉中山集〉。
〔註67〕《經籍會通》卷四。
〔註68〕同上。

目〔註69〕。又以《太平廣記》一書，至明代始有晉陵談氏讎校本行世，然是書中間數卷全缺，僅存卷目於首帙，而欲與祝氏參互訂補，以完全書〔註70〕。再以蚤期曾於長安燈市中，購得陶氏《說郛》、曾氏《類說》二書鈔本，因祝氏欲觀二書，託人代為送達，而囑咐祝氏閱讀之際，若有疑誤之處，盼望能標識出來，以便校定刊誤〔註71〕。

萬曆十一年（1583）入都，訪王參戎思延，語及《夷堅志》四百二十卷，少讀馬端臨《經籍考》，嘗遍詢諸方藏書之家，如童佩、陳耀文之輩，皆云未覯，而以為憾事。王氏云曾於民家得是書，因書前後湮滅，取而補綴，已裝潢成帙。願以是書換取胡氏《筆叢》一書即可〔註72〕。

上述記載，皆為零星交換藏書之事。又胡氏《類稿》、《詩藪》二書，曾記載與顧憲成交換宋、元二代書籍為大宗。據胡氏記載，顧氏因獨注念於宋元諸作，欲類集古今諸詩，自蕭氏《文選》以降，悉加訂定，旁擷兩宋、元朝，彙為一集。因而以元人諸集，與胡氏交換宋人詩話。胡氏除依約覆命外，又以近得宋魏慶之《詩人玉屑》，周密《齊東野語》副本頗佳，而《南唐近事》、《郡閣雅談》諸書，悉存《詩話總龜》之中，故另鈔錄附寄，並告知〔註73〕。

肆、鈔　錄

胡氏交往，頗多藏書家，嘗為《夷堅志》一書，遍訪諸藏家，如陳耀文晦伯、童佩子鳴諸人。於王思延家驟見鈔本《夷堅志》時，亟求王氏假借鈔錄〔註74〕。他如：

〈題李惟寅山房三十八咏〉〈會心處〉一詩云：「聚書三十多，插架三萬軸，開卷時忻然，三公豈吾欲」〔註75〕。知李言恭惟寅亦藏書三萬卷。

《經籍會通》卷四，記載其友人藏書概況，如記王世貞藏經閣、爾雅樓藏書，云：

王長公小酉館，在弇州園涼風堂後，藏書凡三萬卷，二典不與。構藏經閣貯焉。爾雅樓庋宋刻書皆絕精，余每讀〈九友歌〉，輒泠然作天際真人想。

〔註69〕　《類稿》卷一一六〈燕中與祝生雜柬八通〉之二。
〔註70〕　《類稿》卷一一六〈燕中與祝生雜柬八通〉之三。
〔註71〕　《類稿》卷一一六〈燕中與祝生雜柬八通〉之五。
〔註72〕　《類稿》卷一百四〈讀夷堅志五則〉之一。
〔註73〕　《類稿》卷一一八〈與顧叔時論宋元二化詩十六通〉。
〔註74〕　《類稿》卷一百四〈讀夷堅志五則〉之一。
〔註75〕　《類稿》卷六九〈題李惟寅山房三十八咏會心處〉。

記王世懋、汪道昆收藏，云：

> 次公（王世懋）亦多宋梓，一日，燕汪司馬（汪道昆），盡出堂中，并古帖畫卷列左右，坐客應接不暇。司馬謂山陰道上行也。司馬公尤好古，彙刻墳雅詩書，今盛傳於世。

記曾見童佩《藏書目》，云：

> 龍丘童子鳴家，藏書二萬五千卷，余嘗得其目，頗多祕帙，而猥雜亦十三四，至諸大類書，則盡缺焉。蓋當時未有雕本，而鈔帙故非韋布所辦，且亦不易遇也。

記與祝鶴前往燕中書肆鈔錄事，云：

> 里中友人祝鳴皐，束髮與其同志，書無弗窺。每燕中朔望日，拉余往書市，競錄所無，賣文錢悉輸賈人，諸子啼號凍餒罔顧。惜年僅四十而夭，每念輒損神也。

按胡氏〈二酉山房記〉曾云：

> 親戚交游上世之藏，帳中之祕，假歸手錄。卷軸繁多，以授侍書。每耳目所值，有當于心，顧戀徘徊，寢食偕廢。一旦持歸，亟披亟閱，手足蹈舞，驟遇者，率以爲狂，而家人習見弗怪也〔註76〕。

可以了解，胡氏諸多藏書家友人，其家中藏書，當嘗一一假借鈔錄，家藏所無者。

除借助友人藏書鈔錄外，里中故家藏書，亦嘗假借鈔錄：如吳師道正傳撰《敬鄉錄》、補註《戰國策》等書，胡氏曾得其鈔本全集〔註77〕；又曾於其遺裔家中，手錄《谷音二卷》，乃杜本伯原輯宋遺民之作，凡三十人，詩百首〔註78〕。也曾於余比部處，見宋周密公謹《草窗集》鈔本，而鈔錄收藏〔註79〕，可知，鈔錄亦爲「二酉山房」藏書一個重要來源。

伍、友朋贈送

二酉山房藏書，胡氏自云：「今人所自爲書居三之一」〔註80〕。按明人著作，依胡氏刻自己詩稿、《筆叢》、《詩藪》諸作送人之例推得，大都爲文人互贈作品而已。如陳文燭玉叔《天尺樓詩草》〔註81〕，吳國倫明卿《藏甲諸編》〔註82〕等書，遑不

〔註76〕《類稿》卷九十〈二酉山房記〉。
〔註77〕《類稿》卷一百六〈題吳禮部敬鄉錄詩話雜記後〉。
〔註78〕《詩藪》〈雜編五・閏餘中・南度六〉。
〔註79〕《詩藪》〈雜編五・閏餘中・南度八〉。
〔註80〕《類稿》卷八三〈二酉山房書目序〉。
〔註81〕《類稿》卷一一五〈報陳京兆玉叔〉。

暇論。此僅記友人贈送之書，但非明人自作。

如《二酉綴遺》卷中，記載胡氏曾感慨，世得《說郛》無善本，嘗於王世貞處，得王氏改定的《說郛》本，因而惋惜明世的傳本，未經刊削。《經籍會通》卷四，記曾得朱睦㮮贈書，云：

　　　鄴下宗正灌父，最蓄書，饒著述，賓客傾四方。嘗餉余祕籍數種。

並云二人「嘗互易其所無」，惜僅記朱氏所贈之詩，而未記書名，故不知所贈之書為何。於武林時，王士騏冏伯曾贈其所彙刻的《武侯全書》〔註83〕。於詹景鳳東圖處，得周密《雲烟過眼錄》鈔本〔註84〕。由此可知，友朋贈送之書，為數亦不少；尤以明人自作為夥，惜未能獲知，所得究為何書。

綜合上述所論，胡氏藏書來源亦為廣泛，不得不贊嘆其求書的苦心。可惜後繼無人，藏書散逸不存。《婺書》卷四〈胡元瑞傳〉，記此事云：

　　　初應麟艱子，晚乃舉三丈夫。子，幼而孤，並無術業，所謂「二酉山
　　房」者，亦數易主矣，藏書俱散逸無存者〔註85〕。

按胡氏所築「二酉山房」，後歸同邑武進士唐驤擁有，改顏曰「古樸書屋」〔註86〕。

第三節　胡應麟藏書分類及二酉山房

《二酉山房書目》六卷未傳，其詳目不得而知，然王世貞撰〈二酉山房記〉、胡應麟自撰〈二酉山房記〉、〈二酉山房書目序〉及〈二酉山房歌〉等篇，可略知梗概。〈二酉山房歌序〉云汪道昆曾為「二酉山房書目」撰〈敘〉，然是篇未見，亦不知內容。關於「二酉山房」的藏書、分類、以及書樓種種，據上述資料，加以介紹，並論及胡氏對撰藏書目錄的主張。

壹、藏書目錄的分類

〈經籍會通引〉曾概述歷代書目種類：「漢有《略》，晉有《部》，唐有《錄》，宋有《目》，元有《考》，《志》則諸史共之」。藏書目編纂的目的是：薦紳雅士，鳩集以廣見聞；館閣詞臣，讎校以存故實。因此藏書目體例不可無；又因撰者所需不

〔註82〕《類稿》卷一一四〈與吳明卿〉。
〔註83〕《類稿》卷六一〈王同伯至武林以彙輯武侯全書見貽卒業賦〉。
〔註84〕《詩藪》〈雜編五·閏餘中·南度八〉。
〔註85〕明吳之器撰，明崇禎十四年刊本。
〔註86〕《光緒蘭谿縣志》卷八〈古蹟〉「二酉山房」條。

同，書目亦可加以分類。故各書目體製雖大同小異，而胡應麟在詳厥品流之後，將歷代書目分爲三類〔註87〕。

一、私家藏書目

該類藏書目，只就個人家藏之書，編成書目，因此著錄有限，故胡氏云：「吳（與）、尤（袤）諸氏，但錄一家之藏者也」。

二、史書藝文志

是類書目，係編修史書者所撰，著錄之書，大都爲內閣所藏。雖然胡氏認爲：「大率史氏精神，全寓紀傳」，故對於「經籍，尤匪所先」〔註88〕。但又認爲「作史者，當專記本朝所有，前人亡逸，則宜闕之」〔註89〕。因此中祕所藏，係「盡籠天下之書」，胡氏才有「隋、唐諸史，通志一代之有者也」之說。

由於胡氏非常重視史書《藝文志》一類，認爲是因前代留神典籍，後人才於史書置藝文一志，因而肯定史志的功用是：

> 其義例雖仍乎前史，實紀述咸本當時。往代之書，存沒非此無以考。
> 今代之蓄，多寡非此無以徵〔註90〕。

因爲具有「後人考論歷化典籍，惟賴史志」的觀念，所以對於此類書目，留意到其得失。《經籍會通》一卷，就曾對馬端臨《經籍考》「獨紀存書」一事，加以評論云：

> 番陽《通考》，以四部分門，實因舊史。而支流派別，條理井然。且
> 究極旨歸，推明得失，百代墳籍，燁如指掌。倘更因當時所有，例及亡篇，
> 咸著品題，稍存故實，則庶幾盡善矣。

胡氏是基於馬氏只錄存書，對於闕佚的著作，不加詳考存錄，爲其缺失。雖然馬氏《經籍考》，實非史書《藝文志》之類，然同是記一代之存者，故胡應麟注意到此類書目的缺失，以馬氏《經籍考》爲例，並提出自己的主張。

三、古今存佚書目

該類書目，係據歷代書目，加上自己收藏，彙編而成。所收之書不分存佚，亦非完全爲自己家藏之書。故胡氏云：「（唐毋煚）《古今書錄》、（宋鄭樵）《群書會記》，並收往籍之遺者也」。然對該類書目的編撰，胡氏已注意到此類書目的得失。在《經

〔註87〕《經籍會通》卷二。
〔註88〕《經籍會通》卷一。
〔註89〕《經籍會通》卷四。
〔註90〕《經籍會通》卷三。

籍會通》卷一，論鄭樵《藝文略》「概徵往籍」，「古今並載」的缺失，云：

> 然通志前朝，失標本代，有無多寡，混爲一途。

是認爲鄭樵不注明存、佚，使讀者在查考之際，往往會眩於名實，對於該書，在宋朝到底是存、是佚，是家藏、是據前人書目，反而不可得知。

上述三家書目，各有所長：內府藏書，大都鳩集前代收藏，以及朝廷徵集的結果，故匪一家之力可及，該書目可知一代典籍概況；而故家歷代收藏，帳中之祕，往往爲內府所無者；而根據歷代書目及自己所藏，不論存佚皆予著錄，可知典籍散佚情形。因此三種書目，可以互稽，難以偏廢。

胡氏基於上面所述的觀念，故擬會萃《通志》，《通考》，兩漢、隋、唐、宋四代《藝文志》，諸家書目，及當代存書，編成《古今存逸書目》〔註91〕，除記前代之作，兼存當時著作，藉此考知一代典籍，並備後世求書之用。

貳、二酉山房書目採四部分類

胡應麟自幼至老，四處奔走，變賣家產，忍受飢餓，所爲僅在購書。其一生購書的歷程，〈二酉山房歌〉可呈其概略：

> 胡氏髫年負書癖，壯歲偏耽窮鬼力，北走燕臺東走吳，金陵閩越窮江湖。僦居寄廡錄餘爐，負薪織履償追逋。陸則惠施水米芾，昏黑忘眠晝忘食。乍可休糧餓途路，詎肯空橐返鄉國〔註92〕。

因此窮畢生精力，購建二酉山房，藏書達四萬餘卷。因書得之不易，有「上下五千年，縱橫三萬軸」〔註93〕，「三萬六千卷，一卷供一朝。百年雙白眼，不向世人驕」〔註94〕的豪語。

由於胡氏平生獨嗜古書籍，經年往來燕、吳、閩、越之間。故所購書籍，舉凡經史子集皆有。書籍時代，自洪荒以至明代；書的版刻，自吳、越以至燕、閩皆有〔註95〕。因此對於藏書，就要加以分類編目。

胡氏以爲：「經、史、子、集，區分爲四，九流百氏，咸類附焉，爲一定之體」。而書籍依四部分類，實自晉荀勖開始，至唐大盛，宋代以下，遞相沿襲，對於作者之意，未有所明。至馬端臨《經籍考》，始倣劉向前規，論其大旨，因此書目體製駁

〔註91〕《經籍會通》卷二。
〔註92〕《類稿》卷二九〈二酉山房歌〉。
〔註93〕《類稿》卷七一〈偶題四首〉之一。
〔註94〕《類稿》卷六八〈書笥〉。
〔註95〕《類稿》卷八九〈石羊生小傳〉。

駸備矣〔註96〕。

胡氏基於上述因素，故《二酉山房書目》六卷，亦採四部分類。因其目不傳，細目不得而知，僅能略知其各部所分的類數。計：經部分十三類，收三百七十家，共三千六百六十卷；史部分十類，八百二十家，一萬一千二百四十四卷；子部二十二類，一千四百五十家，一萬二千四百卷；集部十四類，一千三百四十六家，一萬五千八十家。計四萬二千三百八十四卷〔註97〕。

對於藏書目的體例，究竟爲何，才是恰當？胡氏並未加以說明，但對藏書目卷帙的多寡，曾提出他的看法：

　　　　書目第記書名卷軸，概不能廣。唐《群書四錄》，乃至二百餘卷，何

　　以浩繁若此？蓋各書之下，必有論列，若歆、向所編者〔註98〕。

根據他對書目卷帙多寡，是因著錄的書名之下，有無論列而定，亦即有無目錄學的體制──篇目、敘錄、小序之類。因此「二酉山房書目」僅六卷，當只記書名及卷軸，並無敘錄、小序之類。

又〈二酉山房記〉一文，雖記胡應麟藏書是採四部分類，但《經籍會通》卷二之中，亦曾云陸深《江東藏書目》，「惟類書另錄最當」，與其《山房書目》同。知胡氏對於分類一事，有四部及五部二種，下文再加詳論。

參、胡應麟藏書樓命名由來及建構

一、二酉山房命名由來

胡應麟建「二酉山房」以藏書，而黎民表書其楣，王世貞爲之記。然「二酉山房」命名由來，未曾明言，僅云：

　　　　自余不佞之構山房，而二酉顏於室。夫以方丈之室，數乘之書，而竊

　　比乎崑崙、閬風、縣圃之藏，即余之亡當，弗尤甚哉〔註99〕。

似乎胡氏僅是以方丈之室，乎崑崙、閬風、縣圃而已。但據《二酉綴遺》一書，可略知命名的因緣。故略論其源於下：

〈二酉綴遺引〉對二酉名稱的由來，曾加以論述，認爲「二酉」之義，始於周穆王藏異書於大酉山、小酉山，世人率以二酉爲藏書之府，究其實，亦爲傳說而已。但因儒家者流，欲求其地而由虛轉實，故《荊州記》有小酉之穴的地名；道家者流，

〔註96〕《經籍會通》卷二。
〔註97〕《經籍會通》卷二〈二酉山房記〉語。
〔註98〕《經籍會通》卷一。
〔註99〕〈二酉綴遺引〉。

又佟其地而名之，故《洞天志》有大酉之文。因爲世上有此誤會，故胡氏據諸書，加以考訂、辨正，並尋找出誤傳、誤信的始作俑者。此事《二酉綴遺》卷一，記載頗詳，轉錄於下：

> 世率以二酉爲藏書之府，而不詳所出。按《洞天福地志》第二十六：「大酉山洞，周迴一百里，名大酉華妙之天」，而不言藏書。盛弘之《荊州記》：「小酉山下石穴中，有書千卷，秦人嘗於此學，因留之」。湘東王賦：「訪酉陽之逸典」是也。據此則大小酉皆當在楚中。《一統志》：「楚辰州有大酉山小酉山」，其說正據二書。第《洞天福地志》既不言小酉，《荊州記》又無大酉之文，且秦方燒經籍，坑儒生，桃源避世，至晉才通，安得藏書小酉之穴耶？蓋楚中或別有茲山，而好事者以藏書傳之。且地與武陵接壤，故又傳之秦人，而大酉華妙之文，則又道家者流，創撰其名，而傳於小酉云爾。《太平御覽》止錄小酉，而大酉不及，其偏瞭然矣。

據上面所述，可知二酉名稱的由來，胡氏認爲是寄託之談，如崑崙、閬風、縣圃之屬。而王世貞〈二酉山房記〉，則逕以爲黎民表所題，當是據於周穆王藏書於二酉之說，欲胡氏藏書可與周穆王等埒。

胡氏既敘述了二酉名稱的由來，在〈二酉綴遺引〉之中，亦曾略記二酉名稱的沿用，認爲「自梁湘東之聚書，而二酉徵於賦；自段太常之著書，而二酉冠於編」。是以爲《湘東王賦》的「訪酉陽之逸典」爲二酉之名最早著於前人作品之中；而唐段成式《酉陽雜俎》則是早用以爲書名的。用來作爲藏書室名稱的，卻是自胡氏構建藏書房，才開始的。

二、藏書房的建構

胡應麟在《經籍會通》一書中，曾提出書有十厄之說，所記雖皆因戰亂，而焚於火；又曾記書籍除厄於火外，尚有厄於水的記載。既然注意到書籍易燬於水火之中，似乎當對他所藏的書籍，非常珍惜，亦即在藏書房的建築之中，當注意如何防備火災的發生，以及書籍當如何保護，才能避免潮濕、蠹魚等方面的預防措施才是。

但遍閱胡氏著作，對於藏書房的構建，僅在胡氏自撰，以及王氏所撰的〈二酉山房記〉，對藏書房的構建，曾作簡單的介紹：

> 山房三楹，雙闈爲門，前施簾幙，自餘四壁周列度二十四，尺度皆一。縱橫輻輳，分寸聯合，中遍實四部書。下委于礎，上屬于椽，皆麗棟，劃然而條，奕然而整。

王世貞〈二酉山房記〉對胡氏之說，曾加以說明：

　　　屋凡三楹，上固而下隆其阯，使避濕；而四敞之，可就日。

據上述二則記載，知胡氏建構藏書房時，是注意到光線、通風及防潮等措施。但對
於如何防火、防水，則略而不談。似乎是僅重視圖書的徵集、分類，以及對所藏書
籍的運用。對於書房的構造，書籍的維護，並不是非常重視。因此胡氏自云：

　　　亭午深夜，焚香鼓琴，明燭隱几，經、史、子、集環遶相向。

在藏書房中，焚香、燃燭，可知胡氏仍本諸傳統文人的習性，對於防火的觀念，似
乎尚未十分重視。此種不重視藏書房的建築、維護，以及對水火的防患，是中國古
代藏書家的通病，因此自古以來，公私藏書燬於水、火、蟲蠹，比比可見。近人陳
登原《古今典籍聚散考》〔註100〕，特置〈人事〉一卷，敘述古今藏書遭水、火、蟲
蠹之厄的事蹟。然而對於前人不重視典藏的維護的通病，《經籍會通》中，亦有不少
記載，對一般藏書家的「束置庋閣，以飽蠹魚」的作法，痛惜不已〔註101〕。然而亦
未見其深加注意，以及當如何防患、維護書籍的記載。

<hr />

〔註100〕見陳登原《古今典籍聚散考》卷四，收入《書目類編》第九十六冊。民國 67 年成
　　　　　文出版社排印本。
〔註101〕《經籍會通》卷四。

第四章　胡應麟的圖書目錄學

　　我國的目錄學淵源於漢代劉氏向、歆父子的《別錄》、《七略》。漢成帝時劉向領校祕書，在典籍經過專家校讎整理編定後，則條舉其篇目，並撮述作者著述的旨意，撰爲敘錄，以之奏進。劉歆又根據向及其所校定的祕閣所藏圖書的目錄，依書的內容及學術流別，予以分類編排，著成《七略》七卷。凡分〈六藝〉、〈諸子〉、〈詩賦〉、〈兵書〉、〈數術〉、〈方技〉等六個大類，內含三十八個小類，另外有〈輯略〉一篇，總論各門類學術的源流及旨要〔註1〕。

　　二書既出，其後乃漸有目錄學之形成。然隨著書寫工具的改良，典籍亦隨之累增，而目錄書之體例也有衍變。於是目錄學之意義，遂歧分爲數說〔註2〕：一爲目錄學者，綱紀群籍，簿屬甲乙之學；二爲目錄學者，辨章學術，剖析源流之學；三爲目錄學者，鑑別舊槧，讎校異同之學；四爲目錄學者，提要鈎元，治學涉徑之學。

　　以上各說，皆有所偏，未能顯出目錄學全貌。但總合上述四說，則範圍甚廣，幾乎涵蓋了現今所謂的目錄學、校讎學、版本學、辨僞學四類。然若總觀四說，其目的不外：（一）在將凌亂繁雜的圖書，予以分類部次，使得井井有序；（二）要區辨各書的學派，考述各門類學術的淵源流別〔註3〕；仍不脫劉氏父子圖書目錄，亦即是章學誠所謂的「辨章學術，考鏡源流」。詳考胡氏著作，未見其對目錄學有明確的定義，但他卻在書中實踐了上述四說，可謂本諸傳統目錄學而來，故本文以圖書目錄學爲總名，乃取廣義目錄學的定義，亦即本諸劉氏父子，班氏《漢志》系統而來的圖書目錄學。

〔註1〕引自昌彼得、潘美月著《中國目錄學》語。
〔註2〕引自汪辟疆《目錄學研究》語。
〔註3〕引自昌彼得、潘美月著《中國目錄學》語。

第一節　目錄學的源流、體制及其功用

胡氏《經籍會通》一書，對於目錄學的源流、體制記載頗詳，茲分別敘述於下：

壹、敘目錄學的源流

胡氏認為：「墳籍之始，肇自羲黃」〔註4〕，然論目錄學源流，則溯自孔子，以為：

> 六經刪修尼父，授受孔門，卷軸篇章，類崇簡要。《三墳》《丘》《索》，
> 湮沒不傳，以《大易》《尚書》較之，其體制居可識也。蓋古文峻潔，迥
> 異浮靡；聖筆淵玄，亡資藻飾。故卷之不盈篋笥，而擴之函冒乾坤。春秋
> 而降，諸子百家興而道術離；楚漢以還，騷人才士作而文學盛，此其盈縮
> 之大都也……。顧世類弗傳者，良由洪荒始判，楮墨未遑，竹簡韋編，既
> 非易致；靈文祕檢，又率難窺。重以祖龍烈焰，煨燼之中，僅存如綫。漢
> 世諸儒，稍加綴拾，劉氏《七略》，遂至三萬餘卷。考班氏《藝文》，西京
> 製作，纔十二三耳〔註5〕。

是以他斷定中國目錄學，實發軔於孔子之以「詩、書、禮、樂、易、春秋」六藝傳
授弟子。而圖書分類學，實則源於劉氏父子《七略》，雖然《七略》所收卷帙，與諸
家書目記載，有所異同，究其因在：

> 緣諸家輯錄，或但紀當時，或通志一代，或因仍重複，或節略猥凡。

故劉、班接迹，纍簡頓殊；三謝並興，多寡懸絕〔註6〕。

並論歷朝史書《藝文志》，皆有所本：

> 歷朝諸史，志藝文者五家：《前漢》也、《舊唐》也、《新唐》也、《隋》
> 也、《宋》也。班氏規模《七略》，劉昫沿襲《隋書》（按據〈舊唐志〉所
> 云，知劉昫係根據毋煚《古今書錄》及《開元內外經錄》二書修撰而成，
> 非據《隋書》），《新唐》校益《舊唐》，而《宋志》所因，則《崇文》、《四
> 庫》（按據〈宋志序〉所云，《宋志》係根據《三朝國史》、《兩朝國史》、《四
> 朝國史》諸〈藝文志〉，以及《中興藝文志》，增加宋寧宗以後的著作而成，
> 胡氏所說有誤）等目也。中壘父子，奕葉青緗，紀例編摩，故應邃密。第
> 遺書絕寡，考訂靡從〔註7〕。

〔註4〕《經籍會通》卷一。
〔註5〕同上。
〔註6〕同上。
〔註7〕同上。

按《隋志》著錄大抵規仿《漢志》〔註8〕，鄭樵《通志藝文略》之「通志前朝」〔註9〕，「蓋但據《新舊唐書》，一檃纂集」〔註10〕。由上所述，足見胡氏認爲：雖各書體例不一，所收卷帙亦有異同；然總遡其源，皆出自劉氏父子。

貳、論目錄學的體制

「劉氏向歆父子之《別錄》爲後代解題提要之祖，《七略》爲分類編目之宗，班氏《漢志》爲史家目錄之準則。三家派別雖不同，同爲後世目錄學之鼻祖則一」〔註11〕。是以後世編目錄者常取法之，評論目錄書之優劣，亦不能不拿來作爲衡量標準。其體制主要有三：一爲篇目，概括一書的本末；二爲敘錄，考述作者的行事，與論析一書大旨及得失；三爲小序，敘述一家一派學術源流。其作用則在「辨章學術，考竟源流」。雖胡氏《二酉山房書目》未見傳世，不得論考其書目體制爲何？是否即依循前述體制？然《經籍會通》一書，記載了對諸家書目優劣之評論，兼及體制，能呈現其對目錄學體制的觀點，今據以爲說如下：

一、主張書目除記書名、卷軸外，當另有論列

目錄書的體制爲何？才是妥當；是否即依《別錄》、《漢志》體例，以爲法則？胡氏認爲：

> 書目第記書名卷軸，概不能廣。唐《群書四錄》，乃至二百餘卷，何以浩繁若此？蓋各書之下，必有論列，若歆、向所編者，宋王堯臣《總目》六十六卷亦然。然但經、史二部，子、集則闕如也；董逌《廣川書跋》，則又特主說經而已。自餘諸家，僅存卷數，尤氏書目，則并卷數不存；文簡在宋，頗負博洽稱，疏略乃爾。或陶氏《說郛》所節也。唐毋煚有《古今書錄》四十卷，又節略《群書四錄》而成。即體製居然可見，惜並不存。《鄭略》有劉《七略》七卷，又《七略別錄》二十卷，豈七卷者目，別錄乃論列與〔註12〕？

而〈報童子鳴〉一文，嘗與童佩論書目的條例，以爲：

> 古今書目條例，惟《隋志》最詳明，馬氏《經籍考》薈萃晁、陳諸家，

〔註8〕　《隋書經籍志》〈序〉云：遠覽《馬史》、《班書》，近觀王、阮《志》、《錄》，把其風流體制，削其浮雜鄙俚，離其疏遠，合其近密。
〔註9〕　《經籍會通》卷一。
〔註10〕　《詩藪》〈雜編二・遺逸中・載籍四〉。
〔註11〕　引自《中國目錄學》之說。
〔註12〕　《經籍會通》卷一。

－107－

　　　　　折以己意，幾於豪髮無憾〔註13〕。

除論上述諸書外，嘗論鄭氏《通志》一書：

　　　　　鄭作《通志》，《禮略》全襲《通典》，《藝文略》率本《唐書》〔註14〕。

故該書僅是「概徵往籍，而昔人著作之旨，亡所發明」〔註15〕。

　　以上諸說，雖未明確提出篇目、敘錄、小序及各書版本之流傳、異同等意見檢查胡氏所提數書的體例，可知：

1. 《隋志》的體例

　　《隋志》在著錄方面，大抵仿《漢志》，每書載其書名、卷數、再敘作者，凡書名不足以顯其書內容者，則酌注數字來說明；志首有大序，每類書目後各有小序，每部之後有總序。

2. 《崇文總目》的體例

　　《崇文總目》仿唐《開元四部錄》編撰而成，目錄計六十六卷，每種書下有敘釋，以論析一書之大旨；另有〈序錄〉二卷，有若《七略》之〈輯略〉，《七志》之九篇條例，亦即小序。

3. 《群書四部錄》的體例

　　《群書四部錄》二百卷，毋煚刪略增補為《古今書錄》四十卷，每部皆有小序，每書皆注撰人名氏，有釋，有論。其卷數比《群書四部錄》少者，殆有似如《七略》之於《別錄》，《四庫簡明目錄》之於《四庫總目提要》〔註16〕。

　　故其所謂「當有論列」，當在記書名、卷軸之數，概括一書本末之外，需另有敘錄，以論析一書之大旨；有小序，以條別學術源流與得失，如此目錄學之體制始為完備。

二、主張書目以作者時代或出現時間為次

　　歷代諸家書目，於一類書中，大體依作者的先後，編次排列，但無一定標準，若同類書中同一朝代書較多時，則先順序就得顯得紊亂。直至黃虞稷《千頃堂書目》，別集一類，以朝代科第先為排列順序，未有科第者之著作，則就其時代酌附於各朝之末。《四庫全書總目》探之，而推廣至所有各類，讓使用者檢索時，有所依據。

〔註13〕《類稿》卷一一六〈報童子鳴〉。
〔註14〕《經籍會通》卷二。
〔註15〕同上。
〔註16〕引自《中國目錄學》第四章〈古今書錄〉條。

胡氏論陸深《江東藏書目》別錄〈古書類〉一弗，以陸氏所錄古書：

> 不過《三墳》、《汲冢》之流，當析而附之經、史、子下。眞者以作之
> 時爲次，僞者以出之時爲次〔註17〕。

其論諸家書目云：

> 唐、宋《藝文志》及遂初堂尤氏，《通考》，晁陳二氏書目，凡詩文集
> 俱以世相承，不爲疆限。而宋《藝文志》顛倒錯亂，次序難憑。尤氏素稱
> 博洽，類例亦頗混淆；惟馬、鄭二家，紀律森然，燦然指掌，而《通志》
> 整齊時代，綜核篇帙，尤爲詳明〔註18〕。

胡氏以爲鄭樵與諸家時代相近，所錄書籍數倍於尤、晁、陳諸家，乃因鄭氏據《新
舊唐書》一槩纂集，而非如諸家只錄私家所藏者。因此他曾計劃鳩集諸書目，參會
異全，酌取近例，分列漢、三國、六朝、唐、五代、宋諸家詩文集、總集、詩話等
書名於後〔註19〕。

胡氏之說，雖不若黃氏以「科第先後爲順序」之明確、清楚，然贊同《通志》
整齊時代，綜核篇帙的作法，似已注意到書目當依作者時代排列，有意尋找一更好
方式處理歷代書目之缺失，惜其《二酉山房書目》不傳，未能知胡氏是否已尋得方
法，共應用於所編書目上？

又胡氏除於「論古書類」一條，提出僞書當「以出之時爲次」的觀念，在《四
部正譌》審覈僞書八法中，更有「覈之《七略》以觀其源」及「覈之群志以觀其緒」
二條方法配合。在這樣的觀念及方法運作下，他認爲若群志未收，而始見於當代的
典籍，可能是當代人所譌作。故而「依出之時排列」，縱然是僞書，仍不失其著作之
時代這種作法，較諸《四庫全書總目》〈凡例〉〔註20〕僅就舊題之時代順序排列的
作法，似更能找出僞書僞作時的上下限，便於後人檢索，惜胡氏未深入論述，後世
亦無踵繼者，致令其說不傳。

〔註17〕《經籍會通》卷二。

〔註18〕《詩藪》〈雜編二‧遺逸中‧載籍〉。

〔註19〕《詩藪》〈外編〉〈雜編〉收錄。

〔註20〕《四庫全書總目》〈凡例〉云：一《七略》所著古書，即多依託。班固《漢書藝文志》
可覆按也。遷流洎於明季，譌妄彌增，魚目混珠，狋難究詰。今一一詳核，竝斥而
存目，兼辨證其非。其本屬僞書，流傳已久，或擬拾殘剩，眞贋相參，歷代詞人已
引爲故實，未可槩爲捐棄，則姑錄存而辨別之。大抵灼爲原帙者，則題曰某代某人
撰；灼爲贋造者，則題曰舊本題某代某人撰；其踵誤傳譌，如呂本中《春秋傳》，舊
本稱呂祖謙之類，其例亦同；至於其書雖歷代著錄，而實一無可取，如《燕丹子》，
陶潛《聖賢群輔錄》之類，經聖鑒洞燭其妄者，則亦斥而存目不使濫登。

參、述目錄學的功用

目錄書乃聚書爲一帙，將之分類編次，目的在辨學術之源流本末。後人可借重作爲治學參考。胡氏亦利用目錄學作爲考證、辨僞之資。茲舉其犖犖大者敘述於下：

一、贊同記闕書書目，可知歷代書目之遺佚

胡氏認爲萬物未有聚而不散之理，而古今墳籍更有所謂的「十厄」〔註21〕，他所謂的十厄即是：

> 牛弘所論五厄，皆六代前事。隋開皇之盛極矣，未幾皆燼於廣陵；唐開元之盛極矣，俄頃悉灰於安、史；肅、代二宗洊加鳩集，黃巢之亂，復致蕩然；宋世圖史，一盛於慶曆，再盛於宣和，而女眞之禍成矣；三盛於淳熙，四盛於嘉定，而蒙古之師至矣。然則書自六朝之後，復有五厄：大業一也，天寶二也，廣明三也，靖康四也，紹定五也。通前爲十厄矣。

因此如何徵集訪購佚書，更形重要。故胡氏以爲：

> 前代懸購遺書，咸著條目：隋有闕書錄，唐有訪書錄，宋有求書錄。異時人主留意若此，陏文父子所以能致三十七萬於一時者，蓋民間獻書，無所不納也〔註22〕。

按歷代徵集遺佚書事甚多，如：西漢成帝遣謁者陳農求遺書於天下〔註23〕；李唐昭宗命監察御史韋昌範赴諸道購求〔註24〕；南宋以唐《藝文志》及《崇文總目》所缺書下諸州軍搜訪〔註25〕之類。大都依據前朝舊目，核計現存，預備闕書目搜訪遺書。

而隋牛弘之以內府典籍缺佚，特抄備書目，上表請開獻書之路，所得成效，胡氏在《經籍會通》卷四中，曾加以讚嘆云：

> 牛弘之主購書，勤矣力矣……，隋之書籍，所以盛絕古今，奇章力也。

另鄭樵《通志》據《新舊唐書》纂集《藝文略》，故亡逸書名往往具在，胡氏亦稱之爲「達士之博觀」〔註26〕，所以對牛、鄭二人的作法，給予了較高的評價。可見胡氏意在藉重闕書目錄，以知歷代典籍著作，更由此徵集圖書，並考知墳典遺佚。

〔註21〕按《經籍會通》卷一陸深〈統論〉一則，記牛弘謂孔子以後，書有五厄，及隋至宋世書之厄，而總論書之十厄。
〔註22〕《經籍會通》卷一。
〔註23〕《漢志》〈序〉。
〔註24〕《新唐志》〈序〉。
〔註25〕《宋會要輯稿》〈崇儒〉卷四，民國53年世界書局排印本。
〔註26〕《詩藪》〈雜編二・遺逸中・載籍〉。

二、利用目錄學考訂古籍真偽

　　讀書之要，首在能鑒別；而鑒別之道，則首在別真偽。自唐以降，考訂古籍真偽，浸成風氣。依據目錄考書之源流，是首要，亦是最基本之方式。胡氏《四部正譌》一書論偽書種類、形成原因、及審覆偽書八法，其中「覈之《七略》以觀其源」、「覈之群志以觀其緒」，即根據傳授統緒來考辨書籍真偽。

　　胡氏利用目錄學考訂古籍真偽，除《四部正譌》一書外，《少室山房筆叢》收錄諸書，《詩藪》、《少室山房類稿》大都有此類之利用。觀其論《鍾呂傳道集》爲施肩吾所撰偽作：

> 　　《太平廣記》，采摭累朝小說數百家，至唐人撰述，宋初存者什九，亡弗備收。如神仙一類，卷至數十，即杜子春輩之無稽，紀錄不遺。乃《鍾呂傳道集》，竟不見采。考之《總目》，亦無其名，其書雖見於《文獻通考》，而劉昫《舊唐書志》中不列，則其偽作而託名肩吾，無可疑者。自註云：《傳道錄》必宋人因呂顯著後，託名肩吾姓氏，或其人與施名姓相同，撰述此書，世人遂妄傳唐世作，《通考》後出故也。〔註27〕

及論《鬼谷子》一書云：

> 　　《鬼谷子》，《漢志》絕無其書，文體亦不類戰國。晉皇甫謐序傳之。按《漢志》縱橫家有《蘇秦三十二篇》、《張儀十篇》，隋《經籍志》已亡，蓋東漢人本二書之言薈萃附益爲此，即或玄晏手裁而託名鬼谷，若子盧亡是云耳〔註28〕。

即皆是藉用目錄，由傳授統緒，來考訂古籍真偽之例。

三、利用目錄學考訂雜學源流

　　胡氏以「藝主書、計、射、御，而博奕、繪畫諸工附之」，是而「藝雖末流，弛張游息之務存焉」〔註29〕。基於這種觀念，他曾利用目錄學來考訂雜學源流。

1. 據《通志》、《通考》二書，論古今象戲之不同

　　胡氏《莊嶽委談》以爲「今戲具，圍棋最古，當是周時遺製」，而「象戲稍爲後出，北周武帝有《象經》二十卷。」因「楊用修疑非今象戲」，故據《通志》收錄《周武象經》一卷，「王褒、何妥各有注」〔註30〕。知象戲始於北周。

〔註27〕　《玉壺遐覽》卷三。
〔註28〕　《類稿》卷一百三〈讀鬼谷子二則〉。
〔註29〕　《類稿》卷八五〈更定九流序〉。
〔註30〕　《莊嶽委談》卷上云：今戲具，圍棋最古，當是周時遺製，或以爲戰國者，徒據《弈秋》，不知仲尼已先道矣。象戲稍爲後出，北周武帝有《象經秋》，不知仲尼已先道

又馬端臨《文獻通考》《譜錄琴棋類》，錄宋晁無咎《廣象棋圖局》序，知宋代之象棋，縱橫皆十一路，而明世則爲縱十路橫九路〔註31〕。宋、明之間，僅隔一元代，而象戲之格式、玩法已有不同。是據《通志》、《通考》二書，考定象戲之源及古今之異同。

2. 利用《漢志》考房中淫邪春畫之所始

胡氏在《藝林學山》一書中，據《漢志》補楊愼所謂「宋人畫苑春宵祕戲圖，有自來矣」之說，以爲：

> 《漢書藝文志》，有《黃帝養陽方二十六卷》，《堯舜陰道二十三卷》，《容成陰道二十六卷》，《務成子陰道二十三卷》，《湯盤庚陰道二十卷》，《天老雜子陰道二十五卷》，《天一陰道二十四卷》，《三家內房有子方十七卷》。張衡〈同聲歌〉：「天老教軒皇」之說，蓋出於此；後世房中淫邪之說，其來之遠郎仁寶所云：漢成畫紂踞妲己於屏。此春畫所自始也。凡房中稱帝王，皆假託者。然足見其來之遠，秦漢已然矣。〔註32〕

以上即以目錄學考訂雜學源流的二例。至於其所著《莊嶽委談》一書，更是利用目錄學考訂雜學源流之成果。

四、利用目錄學考訂古書篇章及作者

書籍因傳世久遠，時有缺葉脫簡的產生；而後人亦往往就殘存部份加以摭拾，重行編次，甚或有雜揉他書的情形出現，如此則造成後人無法定書之眞僞。依賴目錄，考覈古書篇章分合，及其作者爲誰，乃是面對這種情況時，所能採用的最佳方法。胡氏《四部正譌》一書中，此法之運用最爲廣泛。以下試舉一例，以見其運用步驟。如論《春秋繁露》一書云〔註33〕：

矣。象戲稍爲後出，北周武帝有《象經》二十卷。楊用修疑非今象戲，謂其卷數太多。然今《金鵬》等譜，往往有數十卷者，何足異也。第其序見《御覽》，絕不與今同，而唐以後殊無可考，惟《玄怪錄》岑順一事可據，戲錄之……。然唐人象戲之製，賴此可考。馬斜行三路，卒橫行一路，正與今同，獨車直進不迴，則類於今之卒，恐其他不盡合也。又不云有象，案司馬溫公《七國棋圖》亦無象，云象不可用於中國，故名有實無也。續考《通志》《周武象經》止一卷，王褒何妥各有注，則云二十卷者，又《丹鉛錄》之誤也。

〔註31〕《莊嶽委談》卷上云：象戲亦有十九路者：宋晁無咎《廣象棋圖局》十九路，子九十八，今溫公《七國譜》傳，《晁譜》鮮知，因錄其序……。其序載馬端臨《文獻通考》《譜錄琴棋類》。據晁則宋時象棋，縱橫皆十一路，而今縱十路橫九路，與宋時頗不合。

〔註32〕《藝林學山》卷四〈春宵祕戲圖〉。

〔註33〕《九流緒論》卷中。

《春秋繁露》十七卷，稱漢董仲舒撰。自宋以來，讀者咸以為疑，而莫能定其真偽。案劉氏《七略》《春秋類》，惟《公羊治獄十六篇》稱仲舒，而絕無《繁露》之目。《隋經籍志》始有之，或以即《公羊治獄十六篇》，非也。余讀《漢藝文志》，儒家有《仲舒百二十三篇》，而《東漢志》不可考，《隋志》西京諸子，凡賈誼、桓寬、揚雄、劉向，篇帙往往具存，獨仲舒百二十三篇，略不著錄。而《春秋類》特出《繁露》一十七篇。今讀其書，為春秋發者，僅僅十之四五，自餘王道、天道、天容、天辯等章，率泛論性術治體，至其他陰陽、五行、沴勝、生克之談尤眾，皆與春秋大不相蒙。蓋不特繁露冠篇為可疑，併所命春秋之名，亦匪實錄也。余意此八十二篇之文，即《漢志》儒家百二十篇者。仲舒之學，究極天人，且好明災異，據諸篇見解，其為董氏居然，必東京而後，章次殘缺，好事因以《公羊治獄十六篇》，合於此書。又妄取班氏所記繁露之稱繫之，而儒家之《董子》，世遂無知者。後人既不察百二十篇所以亡，又不深究八十二篇所從出，徒紛紛聚訟篇目間，故咸失之。當析其論春秋者，復其名曰《董子》可也。

此乃胡氏據《七略》、《漢志》、《隋志》論該書當為好事者合編，而妄題《春秋繁露》之名，因而自宋以來，讀者多疑其真偽。是書在胡氏所提「偽書性質」中，近似「本有撰人，後人因亡逸而偽題者」及「本非偽，人託之而偽者」之說。實亦可解為「本非偽，因亡逸，後人好意綴拾他作為一，而真偽莫定」。

又胡氏欲析出《春秋繁露》中，所論《春秋》的那一部份，恢復其名曰《董子》的意見，與時代略後的祁承㸁，針對書籍分類編目原則，而提出「互」、「通」〔註34〕的觀念相類似，亦即清章學誠所云「互助」、「別裁」〔註35〕的觀念。但是，胡應麟這一方面的意見，在他的著作中，僅此一例而已，孤證不足以為說，特於此拈出，備為一說。

五、利用目錄學考核書名同異

中國典籍浩瀚，書名相同者不乏其數；亦有一書多名者；或書名同，而作者異；或同一書，為其作注者多；是此諸類，常造成後人索書、讀書不易。若能運用目錄學著作，考核這些問題，則能撥雲見日。胡氏著述中，頗多據歷代書目以考核書名同異，而得釐清的實例。試舉數例於下。如論白居易《六帖》一書云：

白氏書見《唐藝文志》，止名《經史事類》，而不名《六帖》。于立政

〔註34〕祁承㸁〈整書例略四則〉，據昌彼得編《中國目錄學資料選輯》頁460收錄引之，民國73年文史哲出版社影印本。
〔註35〕章學誠《校讎通義》內篇〈別裁第四〉，引錄《中國目錄學資料選輯》頁565。

乃有《六帖》三十卷，而世不復傳。孔氏書《通志》所無，今合白刻，然精不若徐、歐，備不如《合璧》也。自註：《孔帖》見馬氏《通考》〔註36〕。

此指同名《六帖》，同爲類書，今傳《白孔六帖》，實爲二書，且作者亦不相同。又論揚雄《太玄》一書，後人作注之事，云：

> 揚子雲撰《太玄》，惟桓譚以絕倫必傳。爾後玄學中微，儒者動資笑嚛。然晉唐間注此書者，殆至數十家，故不甚落莫也。今據諸家書目備錄此：宋衷《太玄經注》九卷，陸績《太玄經注》十二卷，虞翻《太玄經注》十四卷，范望《太玄經注》十二卷，章察《太玄經講》四十六卷，又《太玄經發隱》三卷，王涯《說玄》一卷，又《太玄經注》六卷，宋維翰《太玄經注》十卷，林瑀《太玄經注》十卷，又《太玄經釋文》一卷，徐庸《玄頤》一卷，又《太玄經解》十卷，杜元穎《太玄經傳》三卷，郭元亨《太玄經疏》十八卷，陳漸《演玄》十卷，范諤昌《補正太玄經》十卷，程貫《太玄經手音》一卷，馮元《太玄音訓》一卷，林共《太玄圖》一，孫胄《太玄正義》一卷，又《太玄叩鍵》一卷，王長文《通玄》十卷，張揆《太玄淵旨》一卷，吳祕《太玄釋文》一卷，許翰《玄解》四卷，《玄歷》一卷，司馬光《太玄經集注》十卷，晁氏《星紀圖》一卷，又陸凱《太玄經注》，王肅《太玄經注》，並見《隋志》中，又邵雍《太玄准易圖》，見《通考》〈晁氏論〉中，今傳者尚十餘家。凡玄之得失，自前人論之已詳。第此書本名《太玄》，其稱經者，班氏文致之詞，後氏因遂尊之，非實也〔註37〕。

是同爲一書作注，而據諸家書目，不僅可以得知歷來注者多寡，並可辨其作者，不致因書名相同而產生混淆現象。

六、利用目錄學辨證前人考證之誤

胡氏除善於利用目錄學考訂典籍外，更賡續前人，如柳宗元、高似孫、楊愼、陳耀文等人考訂成果，是則是之，並據以證之；誤則辨之。如辨《鬼谷子》云〔註38〕：

> 《鬼谷》縱橫之書也，余讀之淺而陋矣。即儀秦之師其術，宜不至猥下如是。柳宗元謂：劉氏《七略》所無，蓋後世僞爲之者，學者宜其不道。而高似孫輩輒取而尊信之。近世之耽好之者又往往而是也。甚矣！邪說之

〔註36〕《九流緒論》卷下。
〔註37〕《九流緒論》卷中。
〔註38〕四庫本《類稿》卷一百三〈讀鬼谷子二則〉之一。

易于入人也。宋景濂氏曰：鬼谷所言，捭闔鉤箝，揣摩等術，皆小夫蛇鼠之智，家用之則家亡，國用之則國僨，天下用之則失天下。其中雖有知性寡累等語，亦庸言耳。學士大夫悉宜唾去，而宋人愛且慕之，何也？其論甚卓，足破千古之僞。

即據柳宗元、宋濂之說而駁高似孫之誤。論《越絕書》云〔註39〕：

按《漢書藝文志》雜家有《伍子胥八篇》，今詳《越絕》一書，于子胥始末特詳，且稱贊其賢者不容口，而子胥之列雜家者，本書竟不復傳。觀此跋首言子胥之述吳越，終言述暢子胥以諭來今，豈東漢越中文士因子胥雜家之舊而附益以句踐種蠡行事，會爲此編，易名爲《越絕》乎？不然此書所載吳越事相半，何得獨云述暢子胥，且首言子胥之述吳越又何也！用修據以去爲姓等語而得袁康吳平名姓，可謂異代賞音，至子胥撰述之縣明記始末而不復詳證，亦得其一而不得其二者與！

除據《漢志》、《隋志》外，另據楊愼的考訂，來辨訂《越絕書》。

胡氏曾云：「楊子用修拮据墳典，摘抉隱微，白首丹鉛，厥功偉矣」，足見其「於楊子，業忻慕爲執鞭」〔註40〕。縱然他是如此的欽佩楊氏，卻仍本其治學精神，用目錄來辨訂楊愼考訂的失誤。《丹鉛新錄》及《藝林學山》二書即是專辨楊愼之失。如《丹鉛新錄》錄楊氏云：

「《連山》藏於蘭臺，《歸藏》藏於太卜」，此語見於桓譚《新論》。則後漢時《連山》、《歸藏》猶存，不可以《藝文志》不列其目而疑之。至隋世之《連山》、《歸藏》，則僞作取賞者耳〔註41〕！

然胡氏據《隋志》論《歸藏》云：

考《隋志》有《歸藏二卷》，稱子夏傳，或以爲杜鄴子夏，非卜商也。案鄴西漢末人，與杜欽同時，俱字子夏。君山所謂《歸藏》，必鄴所撰。東京收合新莽燼餘，誤其字爲卜商，故太卜藏之，而桓不考耳，第《連山》終不可知也〔註42〕。

〔註39〕四庫本《類稿》卷一百三〈讀越絕書二則〉之一。
〔註40〕〈丹鉛新錄引〉。
〔註41〕《丹鉛新錄》卷一「連山」條。
〔註42〕《丹鉛新錄》卷一「連山」條。按《四部正譌》卷上，「連山易十卷」條云：「《連山易十卷》，見《唐藝文志》。按班氏六經首《周易》，凡夏商之《易》絕不聞。隋牛弘購求宇內遺書，至三十七萬卷，魏玄成等修《隋史》，晉梁以降，亡逸篇名，無不具載，皆不聞所謂《連山者》。又「歸藏易」條云：「《歸藏易》十三卷，晉太尉參軍薛貞、唐司馬膺各有注。案《七略》無《歸藏》，《晉中經傳》始有此書，《隋志》因之，至宋僅存。」

是皆據諸家書目來考訂楊慎之誤。

由上述看來，與其說胡氏之目錄學功用，不如說是他對目錄學之利用。此乃因其雜學多識，故雖仍受正統思想之束縛，然而勇於發議論，同時因其忻慕楊慎之學「靡不該綜」，故而勇於辨偽。顧頡剛所謂「胡應麟生於晚明，在地域上受了他的鄉先達宋濂和王禕的影響；在時代上受了他的前輩楊慎和王世貞的影響」〔註43〕。是以能善用目錄學作爲考訂、辨偽之資。

第二節　胡應麟的圖書分類學

壹、類例主張

類例，即現代所習稱的圖書分類，始見載於《隋書》〈許善心傳〉：

> 善心放阮孝緒《七錄》，更製《七林》，各爲總序，冠於篇首。又於部錄之下，明作者之意，區分其類例焉。

此類例乃指條敘區類的義例，只是如王儉《七志》所稱的條例而已。胡氏以爲：

> 屢朝書目，若謝客、王亮、謝朓、任昉諸人，史但言纂修，而不錄其類例，其大數尚存也。至李充、殷鈞、祖暅、蕭繹輩，則并其卷數皆不得而知矣。惟劉氏《七略》，大概存《漢書》中。荀勗、王儉、阮孝緒類例，並載諸史，差可考焉。觀其類例，而四部之盛衰始末，亦可以概見矣〔註44〕。

則已指圖書分類學。分類學爲圖書編目的首務，歷代典籍，若不能群分類聚，則學術的源流不顯，貯藏檢點亦顯得困難。故鄭樵嘗云〔註45〕：

> 學之不專者，爲書之不明也。書之不明者，爲類例之不分也。有專門之書，則有專門之學；有專門之學，則有世守之能。人守其學，學守其書，書守其類。人有存沒，而學不息；世有變故，而書不亡。以今之書，校古之書，百無一存，其何故哉？士卒之亡者，由部伍之法不明也；書籍之亡者，由類例之不分也。類例分，則百家九流各有條理，雖亡而不能亡也。

基於是說，胡氏於《經籍會通》一書中，略論四部淵源及分合，以爲：在夏、商之前，經書即是史書；於周、秦之際，子書即是個人作品集。而史書析出別立於經部

〔註43〕樸社刊行顧頡剛點校《四部正譌》〈序〉。
〔註44〕《經籍會通》卷二。
〔註45〕《通志校讎略》〈編次必謹類例論〉。

之外，則在魏、晉時期；子部、集部明顯劃分，則在唐、宋詩文集興盛時期。

　　然又鑒於典籍流傳，後代著作盛於前代；學術愈分愈加細密，因此認爲：典籍依經、史、子、集，分爲四部，九流百氏，隨其體制類歸，是爲一定之體。典籍隨時代盛衰，製作繁簡有別，故分門建例，往往各殊。自唐朝修《隋書經籍志》，以經、史、子、集四部分類，才統一自《晉中經新簿》以降，七略、四部分類上的不同〔註46〕。因而在《經籍會通》卷二中，「稍掇拾諸家，撮其大略」的分述諸家類例，總結的歸納，亦依傳統的四部分類觀念。

一、主張採四部分類

　　胡氏在《華陽博議》卷上云：

　　　經、史、子、集四部，爲學問之綱。

於《經籍會通》卷二則云：

　　　　經、史、子、集，區分爲四，九流百氏，咸類附焉，一定之體。第時
　　　代盛衰，製作繁簡，分門建例，往往各殊。唐宋以還，始定於一。

又於同書詳論各家分類，認爲：

　　　　書之分四部也，實魏荀勗（按荀勗爲晉人，非魏人）始之：一曰甲部，
　　　紀六藝、小學等書；一曰乙部，紀諸子、兵術等書；一曰丙部，紀史記、
　　　皇覽等書；一曰丁部，紀詩賦、圖讚等書。此時史、集二部尚希，故王、
　　　阮二目，更從劉氏分七類（按劉歆《七略》實僅六類，王儉《七志》則爲
　　　九類，而阮孝緒《七錄》則爲七類，三書分類已有不同）。至唐大盛，於
　　　是史居子上，次經，佛、老附子；次史，而終之以集。定爲四部，宋氏以
　　　還，遞相沿襲，而作者之意，未有所明。馬氏始傲劉向前規，論其大旨，
　　　體製駁駁備矣。

即使在他贊賞鄭樵《通志藝文略》分十二大類「頗極苦心」的同時，卻仍言需依「經、史、子、集而分之，乃爲得體」。足見胡氏覺得四部分類，始能解決中國典籍歸類問題。而〈二酉山房記〉記胡氏藏書目，共分四部，計五十九類，當是實踐他所認爲：四部分類始得體理論的實例。

二、主張別立僞書類附四部末

　　除四部分類外，胡應麟尙提一種特殊的說法——別立僞書類。至於類中書籍排列，則以僞作出現的時代爲次。

　　　　《陰符》之文高簡，非先秦、漢人莫能爲也；《三墳》之文淺陋，非

〔註46〕據《經籍會通》卷二爲說。

> 晚唐、宋人莫能爲也。鄭氏以《三墳》列六籍之首，固大可笑；諸家以《陰符》李筌出之，而列於唐，則亦不詳其體。況《陰符》言：或類兵，或類道；《三墳》體。或體易，或類書，尤難定例〔註47〕。

典籍歸類困難，是分類中常有的事。而胡氏採取的態度是：既知爲僞書，即析爲一類。因此取《陰符》、《三墳》等及緯候等書，《亢倉》、《鶡冠》等子，總爲僞書一類，另附四部之末。

別立僞書一類，附四部之末的理論，可說是胡氏的創見。不過詳論之，或可尋得蛛絲馬跡。中國辨僞學，自《漢志》以降，經唐劉知幾、柳宗元，宋朱熹，明宋濂等人，已漸成系統，胡應麟並提出理論及方法，在辨僞方面，有極深入的研究（詳第四節）。另外配合其目錄學素養，仿王儉《七志》，阮孝緒《七錄》，《隋志》等道、佛二經爲附錄之例，以收秦漢以來，四部書之僞者，明其眞僞之際。

如此，則使託而傳者，其名得以顯之；且託者亡以沒其實，所託者亦亡受其疑，亦得以明學術源流。眞如胡氏所言之「千古經籍家一快」。惜胡氏僅著《四部正譌》一書，而未眞正實踐於其藏書目錄。

眞正於藏書目中別立僞書類者，當歸於清錢謙益《絳雲樓書目》。錢氏書目分七十二類，雖不明標經、史、子、集之名，依其順序，分類亦依四部，其僞書類當爲子部之一，是亦在四部之中，非胡氏所說附四部之末，實爲五部之說。

按胡氏別立僞書一類的觀念，在分類學上，是否眞正可行？此一先決條件，當在能提出眞與僞的定義，以及甄辨的理論與依據，經客觀的考辨，再定書的眞僞。當然或許個人的認定會有偏差，如梁啓超《古書眞僞及其年代》附錄的〈宋（濂）胡（應麟）姚（際恆）三家所論列古書對照表〉，對於書的眞僞認定，是有不同。然而後人根據胡應麟以降，對於辨僞理論、方法的精研，依張心澂《僞書通考》、鄭良樹《續僞書通考》二書例，似乎是有意別立所謂僞書爲一部的作法；祇是上述二書的分類，亦採四部分法，而非有如胡應麟所提：依僞書出世的時化爲次。因此胡氏之說，尚是可行。

三、主張別立二藏及贋古書及類書為一部，附四大部之末

胡氏除提出別立僞書一類外，亦曾在《九流緒論》一書中，提出來另一個主張：

> 別立二藏及贋古書及類書爲一部，附四大部之末〔註48〕。

但這種說法，在著作中並未解釋，茲就他對道釋二藏、類書、及僞書的看法，作一

〔註47〕《經籍會通》卷二。
〔註48〕《九流緒論》卷下。

查核，以明其何以有此說。

1. 胡應麟對二藏歸類的看法

前人對道釋二藏，大都視為「方外之教，聖人之遠致也。俗士為之，不通其指，多離以迂怪，假託變幻亂於世，斯所以為弊也。故中庸之教，是所罕言」〔註49〕。胡氏於《經籍會通》卷二，早已注意到道、釋二家典籍的興衰，以及歷代書目對二藏歸類的問題。首先略述道、釋二家興衰：

> 凡道家之書，始於周，盛於漢，極於晉、唐；凡釋氏之書，始於漢，盛於梁，極於隋、唐，而皆少殺於宋之南渡。而釋氏之教，復極盛於元，道亦庶焉。至明又皆左次矣。

次記歷代書目著錄二藏典籍，及歸類：

> 劉歆《七略》，無所謂釋氏；王儉、任昉，釋典皆自為類；阮孝緒《七錄》，亦另錄釋、道二家；《隋志》略同；惟《新唐志》附子家末（按《新唐志》承《舊唐志》例，將釋家典籍附於道家之末，胡氏所謂子家末，當指道家）；《通考》因之。

胡氏認為《通考》因《新唐志》之例，將道、釋二藏附子部之末的原因是：

> 蓋以道家本列九流，釋典不宜更出。

亦即至宋鄭樵，尚視二藏之書為「方外之教」的傳統觀念。

按《晉中經新簿》首先著錄佛家經典，不歸於四部之中；《宋元嘉八年祕閣四部目錄》因之。《七志》已開始著錄佛、道二家典籍，雖是別立二部，然亦視為附錄；《七錄》、《隋志》等書，亦是另錄二家之書為附錄；至《舊唐志》，因前代四部分類，並無佛家一類，因而將《法苑》、《歷代三寶記》等二十一種釋家典籍附於子部道家；《崇文總目》雖將道、釋二家分列，然尚歸於子部〔註50〕。

綜上所述，可知除《七略》以外，歷代目錄學家若非將道、釋二家視為附錄，附於四部之末，即是視為子部中的二小類而已，尚未將二藏視為獨立部類，與四部相抗頡。

胡氏不僅注意到前人對道、釋二藏的歸類問題，也留意到二藏數量的增減。《經籍會通》卷二，曾作過概略的統計。如記唐、宋二代，道藏的數量，云：

> 唐開元中，道藏共三千七百四十四卷，其後殘缺，宋王欽若等，刊補《洞真部》六百二十卷，《洞元部》一千一十三卷，《洞神部》一百七十二

〔註49〕《隋書經籍志》〈後序〉。
〔註50〕前人對道、釋二藏歸類一說，據昌彼得、潘美月著《中國目錄學》為說。

卷,《太眞部》一千四百七卷,《太平部》一百九十二卷,《太清部》五百七十六卷,《正一部》三百七十卷,凡四千三百五十九卷六部三百一十一帙。

記釋藏數量,云:

> 唐開元中,五千四十八卷,嗣後屢增,幾千餘卷。陸子淵謂今藏不應尚仍舊數。蓋其間或有所衰益也。然以《西天經目》較之,才千百之一耳。第《隋志》六千餘卷,今反數減於前,足徵釋教盛於六朝,至唐宋間,禪說勝而經典稍左次矣。

由上引二則,可略知二藏數量,至明代已漸衰減,不若唐、宋二代興盛。因此胡氏雖曾自云:「二藏,余所無,僅單行釋、道書數千卷」〔註51〕。卻認爲:

> 二藏篇帙既多,且本方外之說,分門另錄,似無不可。第如《唐志》、《通考》例,亦未爲不宜（胡氏原註:《舊唐書》釋典不錄。筆者按《舊唐志》非不錄釋典,而是將《法苑》、《歷代三寶記》等二十一種釋家典籍附於道家）。

似乎尚徘徊在——分門另錄或依附四部之末——二者之間。但是《二酉山房書目》因道、釋二藏書,僅擁有單行書數千卷,故仍依《通考》之例,附子家末〔註52〕。

2. 胡應麟對類書歸類的看法

胡氏對於類書的發展始末、書的性質及類書的功用,皆曾作過探討。《九流緒論》卷下,略論類書發展概況:

> 今世傳大類書,如《太平御覽》、《冊府元龜》皆千卷,可謂富矣。然貞觀中編《文思博要》一千二百卷,金輪朝編《三教珠英》一千三百卷,簡帙皆多於宋。又許敬宗編《瑤山玉彩》五百卷,張太素編《冊府》五百八十二卷,視今傳《合璧》、《事類》等書,亦皆過之。其始蓋昉於六朝,何承天《皇覽》一百二十二卷,劉孝標《類苑》一百二十卷,徐勉《華林要略》六百卷,祖珽《修文御覽》三百六十卷。然諸書惟孝標一二出自獨創,自餘皆聚集一時文學之士,奉詔編輯者,非一人手裁也。今《博要》、《珠英》等書,俱久廢不傳。惟唐人《初學記》三十卷,《藝文類聚》一百卷行世。二書采摭頗精,第不備耳。中收錄詩文事迹,往往出今史傳文集外。使諸大部傳,必各有可觀,惜哉。

按類書雖始於六朝,然類書之名,《崇文總目》子部始見著錄,而《舊唐志》已增錄

〔註51〕《經籍會通》卷二。
〔註52〕同上。

事類一類，尙附四部之中；至《通志藝文略》分十二大類，始別立類書，與子部相抗衡；但《文獻通考》又遵守前人分法，乃歸子部。胡氏則已發現到，類書「收錄詩文事迹，往往出今史傳文集外」。

　　既然類書「收錄詩文事迹，往往出今史傳文集外」，一方面注意到類書所收包含詩、文及事迹，具有複雜性；一方面所載超出史傳、文集之外，肯定其功用。因此論類書內容複雜，概括經、史、子、集四部，不能列入子部的理由，《九流緒論》卷下亦曾論及：

> 類書有數種：如《初學》、《藝文》，兼載詩詞，則近於集；《御覽》、《元龜》，事實咸備，則鄰於史；《通典》、《通志》，聲韻、禮儀之屬，又一二間涉於經。專以屬之子部，恐亦未安。

馬氏《通考》乃將類書列子部，胡氏認爲其原因是：「蓋不欲四部之外，別立門戶」。然類書既不能專屬子部，又無法列入其他三部，對於類書的歸類已感困難。《經籍會通》卷二，曾舉唐杜佑《通典》一書爲例云：

> 《通典》，鄭（樵）以入類書，馬（端臨）入典故，陳（振孫）同。

對於杜佑《通典》、鄭樵《通志》、馬端臨《通考》三書，胡氏曾概略論述云：

> 爲典章經制之學者，唐杜氏、宋鄭氏、元馬氏，三書皆與經史相出入，非他類書比也。

又以爲歷代書目視：

> 杜、鄭、馬三書，或以列典故類，然音韻、經籍等，皆類書也。

注意到類書歸類的困難，同時對類書所具的功用，亦有了深刻的了解：

> 古今故實，載籍具存，歷世類書，咸可校讎，或間有漏遺，決非懸絕。
>
> 余斯議自謂老吏斷獄，博洽君子，幸更詳焉〔註53〕。

一方面肯定類書的功用，一方面明白典籍日增，絕非舊制所能束縛。因此，該類亦不能輕易廢棄不言，而併入子部中。

　　胡氏雖以四部分類爲正體，尙能因學術演變，典籍日增的因素下，因書置宜，不局限於舊例，而獨立類書爲一類，是其卓見。

　　按將類書獨立一類，胡氏在歷代書目中，找到偶合的情況。《經籍會通》卷二，曾論陸氏《江東書目》分十二類，「亦以經、史、子、集爲次」，其分類固不當之處，然又評陸氏的「類書另錄最當，與余《山房書目》同」。《二酉山房書目》將類書獨立成類，與時代稍早的《江東書目》偶合的情形，是否直接承繼陸氏的觀念，未有

〔註53〕《華陽博議》卷下。

證據顯示，不得而知。

　　然據胡氏此說，知其書目雖以四部為主，實當為五部分類，類書特立一類，與四部相頡頏。而王世貞所撰〈二酉山房記〉云胡氏「所藏之書為部四」，似乎是王氏撰之於前，而胡氏改變於後（按《經籍會通》成於萬曆十七年，〈二酉山房記〉成於萬曆十四年），故王氏未見胡氏已將類書獨立為一類。陸氏雖已將類書獨立為類，然依胡氏所論，是已突破四部分法。而胡氏則在經、史、子、集，區分為四，為「一定之體」的觀念下，別立類書為一類。固可說前有所因，亦不得不贊其能不拘舊制，因書置類。

　　對於偽書歸類的困難，前已論及，不再贅述。二藏、贋古書與類書三類，則各為不相隸屬的類種。然綜上所論，可知胡氏頗具開創性觀念：一為欲另立偽書為一類，然尚未實現。二為獨立類書，以抗四部，已見於其藏書目；三為道、釋二藏，篇帙俱多，分門另立，亦無不妥，當依《唐志》、《通考》例，別錄成類；但以自己所擁有的書，數量嫌寡，故暫附子部末。

　　基於上述三項因素，胡氏似乎是兼顧到理想與實際，故有「欲別錄二藏及贋古書及類書為一部，附四大部之末」〔註54〕，以與四部相頡頏的見解。但是他的觀念與作法前後矛盾，雖然鑒於前人分類時，將不能分類的書籍，全歸入雜家，因而提出將難以歸類的道釋二藏、類書及偽書歸為一類的主張，然尚未能尋出一個合理，而且能徹底解決自古以來中國典籍分類困難的情況，仍不自覺地走上前人老路：將不能歸類者，入於子部雜家；也與今人將之歸入總類一般。

貳、部類去取的主張

　　胡氏於圖書分類，除主張四部分法，對類書、偽書，及道、釋二藏之歸類，論之於前以外；對於前人分類去取，或論其分類之不當，或循名失實，或古今定義不同之類，亦皆有論述。茲據其著作所見，分論於下：

一、贊同《江東藏書目》別立制書類

　　陸深《江東書目》別立制書類，以「聖作物覩，一代彰矣，宣聖從周，遵一統故也。特為一錄，以次宸章令甲，示不敢瀆云，目曰制書」〔註55〕。

　　按明楊士奇《文淵閣書目》之分類，首為國朝，專收明初諸帝王御製、敕撰，以及政書、實錄之作；張萱《內閣藏書目錄》卷一為聖制部及典制部；是為陸氏立

〔註54〕《九流緒論》卷下。
〔註55〕《經籍會通》卷二。

制書類之源。二人已有這樣的作法，然胡氏卻僅提到：

> 子淵（陸深）之目，亦以經、史、子、集爲次，而特尊本朝聖製，分
> 門另敍，亦似合宜。

似未覩《文淵閣書目》、《內閣藏書目錄》二書，或以私家藏書目，而尊本朝聖製，
故特拈出，並贊同其置類合宜。

二、論古今小說家與雜家之異同

《九流緒論》卷下，論及《漢志》〈小說家〉一類所收諸書云：

> 所列《伊尹二十七篇》，《黃帝四十篇》，《成湯三篇》，立義命名，動
> 依聖哲，豈後世所謂小說乎？又《務成子一篇》，注稱堯問；《宋子十八篇》，
> 注言黃老；《臣饒二十五篇》，注言心術；《臣成一篇》，注言養生，皆非後
> 世所謂小說也。則今傳《鬻子》，爲小說而非道家，尚奚疑哉。又《青史
> 子五十七篇》，楊用修所引數條，皆雜論治道，殊不類今小說。

此則提出二個訊息：一爲所謂「小說家」已有古今的不同，二爲古之所謂小說家與
雜家相混，亦即古小說家與雜家有異同之處。茲據此二點論述於下：

1. 古今小說的不同

《七略》〈諸子略〉收十家，班固以「諸子十家，其可觀者九家而已」〔註56〕，
摒棄小說一家，不予入流，而認爲小說是：「街談巷語，道聽塗說者之所造也」〔註
57〕，此是小說原始的定義。

按小說一詞，早已見於《莊子》書中，〈外物篇〉：「飾小說以干縣令」。至漢張
衡〈西京賦〉所稱「小說九百，本自虞初」〔註58〕，似乎漢代才有小說之作；漢桓
譚《新論》認爲：

> 小說家合殘叢小語，近取譬喻，以作短書，治家理事，有可觀之辭〔註59〕。

上述二則，可知我國最早所謂的小說，只是記「街談巷語」之類而已，與今日所謂
的傳統小說，似乎有不同。對於傳統小說的發展，葉慶炳《中國文學史》一書，曾
將畫分爲四個階段，錄之於下，以明傳統小說的發展及其歷代名稱的不同：

> 就現存古代小說觀察，我國小說之發展，大到可畫分爲四個階段：一、
> 魏晉南北朝志怪及志人小說，二、唐代傳奇小說，三、宋代話本小說，四、
> 明、清章回小說。就篇幅言，一、二階段爲短篇，第三階段有長有短，第

〔註56〕《漢志》〈諸子略序〉。
〔註57〕《漢志》〈小說家序〉。
〔註58〕《增補六臣註文選》卷二，民國69年漢京文化事業公司據《古迂書院刊本》影印。
〔註59〕《增補六臣註文選》卷卅一，〈江淹擬李都尉從軍詩李善注引〉。

四階段全爲長篇。其中志怪及志人小說，爲我國古代最正宗小說；傳奇小
說雖已有所轉變，但去志怪及志人小說未遠〔註60〕。

由葉氏之說，可知傳統小說當始於魏晉南北朝時期，而《漢志》所謂的小說，惟有
《虞初周說九百四十三篇》一書，所載與今世小說同，《九流緒論》卷下載是說，云：

> 案《漢志》，虞初河南人，武帝時方士，號黃車使者。蓋《七略》所
> 稱小說，惟此當與後世同。方士務爲迂怪，以惑主心，《神異》、《十洲》
> 之祖襲，有自來矣。

雖未明言古今小說不同在於何處？然同卷中，注意到古今諸多著述中，以小說家特
盛；而古今書籍流傳，惟小說家獨傳，故略述小說興盛及其流傳的原因：

> 怪力亂神，俗流喜道，而亦博物所珍也。玄虛廣莫，好事偏攻，而亦
> 洽聞所昵也。談虎者矜誇以示劇，而雕龍者閒掇之以爲奇，辯鼠者證據以
> 成名，而捫蝨者類資之以送日。至於大雅君子，心知其妄，而口競傳之；
> 旦斥其非，而暮引用之。猶之淫聲麗色，惡之而弗能弗好也。夫好者彌多，
> 傳者彌眾。傳者日眾，則作者日繁。

綜合上述所錄可知，《漢志》所謂小說──街談巷語，道聽塗說者之所造──爲古代
對小說的定案；而胡氏所說──「方士務爲迂怪，以惑主心」，「怪力亂神」、「玄虛
廣莫」──是對今世所謂小說的看法，似乎重點擺在志怪一類，因此才有另一說：

> 《漢藝文志》所謂小說，雖曰街談巷語，實與後世博物、志怪等書迥
> 別，蓋亦雜家者流，稍錯以事耳。

2. 古小說家與雜家的異同

雖然胡氏已留意到，隨著學術的演變，古今小說定義已有不同，但尚未加以定
義，何謂小說？不過他卻曾嘗試爲小說分類，認爲小說可細分爲六類：

> 一曰志怪，《搜神》、《述異》、《宣室》、《酉陽》之類是也；一曰傳奇，
> 《飛燕》、《太眞》、《崔鶯》、《霍玉》之類是也；一曰雜錄，《世說》、《語
> 林》、《瑣言》、《因話》之類是也；一曰叢談，《容齋》、《夢溪》、《東谷》、
> 《道山》之類是也；一曰辨訂，《鼠璞》、《雞肋》、《資暇》、《辨疑》之類
> 是也；一曰箴規，《家訓》、《世範》、《勸善》、《省心》之類是也。談叢、
> 雜錄二類，最易相紊，又往兼有四家。而四家類多獨行，不可攙入二類者。
> 至於志怪，傳奇，尤易出入。或一書之中，二書並載；一事之內，兩端具

〔註60〕葉慶炳《中國文學史》頁218，〈第十四講魏晉南朝小說〉，民國72年臺灣學生書局
排印本。

存，姑舉其重而已。

雖然鄭樵在《校讎略》中，曾謂古今書家所不能分有五〔註61〕，照胡氏所說，實以小說最易混淆，尤與「兼儒墨，合名法，知國體」之雜家，更易相出入。因此胡氏對編撰小說的作者，提出他意見：

> 小說者流，或騷人墨客，游戲筆端；或奇人洽士，蒐羅宇外，紀述見聞，無所迴忌，覃研理道，務極幽深。

並略論小說的利弊云：

> 其善者，足以備經解之異同，存史官之討覈。總之有補於世，無害於時。乃若私懷不逞，假手鉛槧，如《周秦行紀》、《東軒筆錄》之類，同於武夫之刃、讒人之舌者，此大弊也。

因此小說雖為子書之流，但其善者，可「備經解之異同，存史官之討覈」，是肯定小說的功用。同時也留意小說內容的複雜性：

> 談說理道，或近於經，又有類注疏者；紀述事迹，或通於史，又有類志傳者；他如孟棨《本事》，盧瓌《抒情》，例以詩話文評，附見集類，究其體製，實小說者流也。

既然小說或近於經，或類注疏，或通於史，或類志傳，或附見集部，橫跨經、史、子、集四部，故將小說細分為六類。而對《漢志》「所謂小說，雖曰街談巷語，實與後世博物、志怪等書迥別，蓋亦雜家者流，稍錯以事耳」的說法，胡氏亦曾舉《漢志》〈小說家〉所載諸書為例，論《鬻子》云：

> 其書概舉修身治國之術，實雜家言也。

論《伊尹二十七篇》、《黃帝四十篇》、《成湯三篇》云：

> 立義命名，動依聖哲，豈後世所謂小說乎？

按《漢志》〈雜家序〉云：

> 雜家者流，蓋出於議官，兼儒、墨，合名、法，知國體之有此，見王治之無不貫，此其所長也。

可看出胡氏認為古小說家，實與雜家相出入，最難區分，似乎是——凡概舉修身治國之術，或立義命名，動依聖哲之類，與其說是小說家，不如說是雜家，才不會與今之小說家相混。

據上述所論，可以明瞭胡氏認為《漢志》所謂的小說，「與後世之博物志怪等書

〔註61〕鄭樵《通志校讎略》〈編次之訛論〉云：「古今編書所不能分者五：一曰傳記，二曰雜家，三曰小說，四曰雜史，五曰故事。凡此五類之書，足相紊亂。又如文史與詩話，亦能相濫。」

迴別，蓋亦雜家者流」所指——在古今小說定義不同，及古小說與雜家的異同。而其所細分的類別——志怪、傳奇二類，亦當爲今世的小說範例。

三、論譜牒學

胡氏在《華陽博議》卷下，提出「譜系之學，昉於漢」的看法。按《七略》〈數術略〉置「歷譜類」，〈小序〉云：

> 歷譜者，序四時之位，正分至之節，會日月五星之辰，以考寒暑殺生之實。

是類共十八家，已有《帝王諸侯世譜》、《古來帝王年譜》之類書籍。《七錄》〈記傳錄〉置「譜狀類」，《隋志》史部始名「譜系」，《舊唐志》始作「譜牒」之名。

胡氏所謂譜牒之學：「衍於晉，盛於齊，而極於梁」的說法，曾舉例加以說明：

> 若王弘日對千賓，不犯一諱；梁武書成千卷，僅紀數朝；至唐李守、林寶，皆擅業專門，老師宿儒，莫敢與抗。五代以還，不崇門閥，譜牒之學，遂絕不傳。宋惟鄭樵、羅沁，號能究心，然率蒐羅遼邈，增益見聞而已。

按宋代以降諸書目，皆著錄譜牒或譜系一類，惟鄭樵《通志藝文略》譜系類細分爲：帝系、皇族、總譜、韻譜、郡譜、家譜六目。胡氏以爲馬端臨《文獻通考》所載，存者不過數家，才有：「五代以還，不崇門閥，故自元朝以後，譜牒之學遂絕而不傳」的說法。

然譜牒中絕之說，似有未當。因明代諸家書目〈史部〉，大都設置「譜牒」一目：如高儒《百川書志》尙收：姓譜、譜牒二類；徐𤊶《紅雨樓家藏書目》收：人物傳、姓氏、族譜、年譜四目；焦竑《國史經籍志》收與鄭氏同；祁承𤋏《淡生堂藏書目錄》譜錄類收；統譜、族譜、年譜、世家、試錄、姓名、書目七目，是併譜系與簿錄爲一。知是學尙存於明朝。胡氏所謂「譜牒不傳」，或許是指《帝王諸侯世譜》、《古來帝王年譜》之類，帝王、世族的譜牒，不包括平民的族譜、家譜之類，因而才有「五代以還，不崇門閥，譜牒之學，遂絕不傳」的說法。

四、贊同神仙自道家析出，以養氣服餌與談理不同

胡氏在《玉壺遐覽》卷一，曾錄馬端臨《經籍考》，論道家本支得失。馬氏認爲道家包括：清淨、煉養、服食、符籙及經典科教五類，而煉養、服食、符籙及經典科教四類，皆自清淨無爲之說敷衍出來，其說於下：

> 黃帝、老子、列禦寇、莊周之書，所言者清淨無爲而已，而略及煉養之事，服食以下，所不道也。至赤松子、魏伯陽之徒，則言煉養而不言清淨；盧生、李少君、欒大之徒，則言服食而不言煉養；張道陵、寇謙之之

徒，則言符籙而俱不言煉養服食；至杜光庭而下，以及近世黃冠師之徒，
則專言經典科教，所謂符籙者，特其教中一事，於是不惟清淨無爲之說，
略不能知其旨趣雖所謂煉養服食之書，亦未嘗過而問焉矣。

馬氏因有此種體認，故《經籍考》將道家與神仙家分開並列。

按歷代書目，自《七略》開始，即將談理之道家，與養氣、服餌的神仙家分開
著錄以來，至《隋志》，道家皆與經戒、服餌、房中、符籙之道經分別，不相混淆。

《舊唐志》始將先秦以來談理之道家，與辟穀導引、符籙齋醮之神仙家相次爲
類。鄭樵《通志藝文略》諸子類道家、《宋史藝文志》因之；間惟《崇文總目》、《郡
齋讀書志》、《直齋書錄解題》、馬端臨《文獻通考》等書，尚將二類分別著錄。

胡氏對於道家與神仙家是否應分開並列一事，未直接說明其看法，只在《經籍
會通》卷二提到：

> 神仙本道家，似不應別出，然《老》、《關》、《莊》、《列》，皆譚理之
> 書。自張道陵、寇謙之、杜光庭輩，盛演其教，欲與釋藏相抗，故以柱下
> 爲道君，又創立元始天尊，而姓之曰樂，名之曰靜信，亡論太始以前，即
> 漢、秦間姓名，絕少此類。蓋魏、晉、六朝假託宛然。今讀《度人》、《大
> 洞》、《靈寶》、《太清》等經，大概規模釋氏之形骸，以誕詭流俗，玄旨眇
> 論邈如也。《道德》、《沖虛》、《南華》而外，言煉養服食，《黃庭》、《參同》，
> 足充案組。他如稚川、貞白，尚難盡信，況謙之、光庭輩邪？

依上面所引，可知他的說法，仍與馬端臨所說相似，皆是鑒於當時道家，已混雜神
仙、道教、養氣、服餌之類。因此，胡應麟雖然提出「神仙本道家，似不應別出」
的看法，但又認清先秦的道家，如《黃帝》、《老子》、《莊子》、《列子》等子書，皆
爲譚玄說理之作。是與自張道陵以下，所有託名於「老子」煉養、服食的道教不同。
因而認爲：

> 蓋後世神仙之說，雖原本道家，實與道家異。至於服食、章醮，老子
> 之道亡也久矣[註62]。

如上所述，胡應麟已將後世神仙家，爲何須自先秦以降，純爲譚玄說理的道家系統
中析出，另立一家的原因，全在於養氣、服餌與談理不同，因而作了概略的說明。

參、論前人著錄循名失實，重訂正前人配隸乖宜

書的分類，應依其內容記載爲主，不可僅由書名即加以部次。若僅依書名分類，

〔註62〕《玉壺遐覽》卷一，又關於道家之說，參閱《玉壺遐覽》。

對於中國古籍，會有分類與內容不相符合者，故宜細心檢閱、審定，以免錯誤發生。鄭樵《校讎略》，曾論前人著錄循名失實一事〔註63〕：

> 編書之家多是苟且：有見名不見書者，有看前不看後者。《尉繚子》兵書也，班固以爲諸子類，置於雜家，此之謂見名不見書；隋唐因之，至《崇文目》，始入兵書類。顏師古作《刊謬正俗》，乃雜記經史，惟第一篇〈說論語〉，而《崇文目》以爲論語類，此之謂看前不看後。

胡氏對於鄭樵稱贊不已，尤其對《校讎略》一書，更爲贊賞：

> （鄭樵）於文史考核最精，《經籍略》後，別著《校讎略》一卷，皆前人未發，後學當熟參者。

但胡氏不是盲目的跟從、贊賞，對鄭樵缺失，亦一一加以指正，如：

> 段成式《酉陽雜俎》有玉格一卷，所記爲鬼神祥異，而類之〈譜錄〉之中，蓋以爲品玉之書。元撰《樹萱錄》一卷，入草木類，蓋以爲種樹之書〔註64〕。

鄭氏雖然注意到前人分類常有「循名失實」的缺失，然所著的《藝文略》，還有歸類不當的事情發生，胡氏認爲：蓋爲著錄前志，而非家藏，於原文引錄，亦不加以精核審定，因而蹈其所謂「見名不見書」、「看前不看後」的弊病。故胡氏曾評論鄭氏學術「深于探索，而短于會通；密于典章，而疏于故實」，結果是「知得而不知有失；知己而不知有人」〔註65〕。

綜合上述可知，胡氏「論前人著錄循名失實」的觀念，及「重訂正前人分類不當」的作法，皆是本諸於鄭樵〈見名不見書論〉的論調，而加以運用、考辨。對於某書當入何類爲宜，於前人分類不妥，或今傳之書，已非前代書目所載之書，而改隸他類，亦據歷代書目所載考訂、歸入適當類部。《少室山房筆叢》十二種著作，橫跨四部。胡氏以目錄學家的眼光，對前人著作加以考據、論辨。而四部之中，最爲混雜，糾纏不清的，則是子部諸書的分類。因此，在《四部正譌》、《九流諸論》二書，所考訂之書，大都是子部書籍，而重訂前人歸類不當，也都在子部諸類中。茲據《九流諸論》所論，分述於下：

1. 論《晏嬰八篇》當入墨家

《漢志》列《晏嬰八篇》入儒家，胡氏認爲「柳儀曹以爲墨家，《通考》亦列墨家」爲當。其理由如下：

〔註63〕《通志校讎略》〈見名不見書論〉。
〔註64〕見《經籍會通》卷二，按《二酉綴遺》卷上對鄭樵歸類之誤亦曾論及，可參看。
〔註65〕《類稿》卷一百四〈讀通志略〉。

（晏）嬰謂仲尼之學，累世不能窮，當年莫能究。其意趣迥異可知，
而偓然儒首，非也。劉、班蓋仍太史之誤。

2. 論《管子》當入兵家

《管子八十六篇》，《漢志》入道家，胡氏云「與道家言不類，考兵家亦有管子，班氏省之，豈今所傳而道家者不存與？」認為古今道家定義有所變化，故今傳《管子》當入兵家，理由是：

> 蓋秦漢所謂道家，大率翕張取予之術，非近世長生虛靜之謂。故凡兵謀祕計悉附之。

3. 論《司馬法》班固入禮類為當

任宏所錄兵書四種：權謀、形勢、陰陽、伎巧，胡氏認為「皆後世行兵者流」。而《司馬法》班固入禮類，鄭樵則大議班固之誤，但胡氏以為：

> 凡《司馬法》之言，率據道依德，本仁祖義，將置之權謀乎？形勢乎？陰陽伎巧乎？夫吉、凶、軍、賓、嘉固五禮之一，而《司馬法》之言，壹與《周官》相出入，是書弗置諸禮類，將奚置焉？

4. 論《尉繚子》當入兵家

《尉繚子》一書，《漢志》兩見，一見〈雜家〉，一見〈兵形勢家〉。胡氏以為今傳《尉繚子》當入兵家，其說云：

> 《尉繚子》，兵書也，自漢至隋，咸列雜家。鄭漁仲以為見名不見書，馬端臨大善其論。以《漢志》兵家，收有《尉繚三十一篇》，蓋即今所傳者。而雜家之《尉繚》，非此書也。今雜家亡而兵家獨傳，故鄭以為孟堅之誤，舛矣。

5. 論魏牟、田駢當入縱橫家

胡氏認為魏牟、田駢二人「著書非名實，則當列縱橫，《漢志》列道家，不可曉。蓋戰國所謂道家言甚雜，二子雖以辯雄於時，必自託於大道」，故《漢志》從二人之說，而列入道家。

按胡氏「重訂前人歸類不當」，雖大都僅針對子部之書，然尚可明其觀念，乃源自鄭樵的理論。時代稍前的焦竑，撰〈糾繆〉一卷，亦訂正歷代書目歸類的失當。《四庫全書總目》〈凡例〉，清章學誠《校讎通義》〈鄭樵誤校漢志〉、〈焦竑誤校漢志〉二篇，皆是訂正前人分類不妥的論著。至於章學誠以降，是直接承襲鄭樵理論，或是透過胡應麟去發揮鄭樵之說，無證據顯示；同時，《校讎通義》亦皆未提及胡應麟，似乎二者並無直接關係。但是我們也可以知道，胡應麟運用此種方法，皆是考校原書內

容，再參酌前人書目所記，詳加釐定，一一審覈，務必作到循名覈實，不至貽誤後學。

第三節　胡應麟的版本學

圖書形制，原為簡牘，故以冊計。至劉向《別錄》云：「一人讀書，校其上下，得謬誤，為校；一人持本，一人讀書，若怨家相對，為讎。」始稱書為「本」。「其後竹簡既廢，人但就書卷互相傳錄，于是『本』之名遂由竹移之紙，而一切書皆可稱『本』矣」〔註66〕。而後雕版盛行，書又有版本之名。

起初「版」「本」二字，各有所指稱，但後來二者的界限，漸漸泯滅，由葉夢得、葉德輝二氏所言，可知大概。《石林燕語》云：

> 版本初不是正，不無訛誤。世既一以版本為正，而藏本日亡，其訛謬者遂不可正〔註67〕。

《書林清話》云：

> 雕版謂之版，藏本謂之本。藏本者，官私所藏未雕之善本也。自雕版盛行，於是版本二字合為一名〔註68〕。

雖然《顏氏家訓》〈書證篇〉中分述江南書本，與江北書本，顯示顏之推已注意書籍傳鈔造成的差異；但是書目記明版本，就今傳所見，乃始於南宋尤袤《遂初堂書目》。《書林清話》卷一〈古今藏書家紀版本〉曾云：

> 自鏤版興，於是兼言版本，其例創於宋尤袤《遂初堂書目》。目中所錄，一書多至數本，有成都石經本、祕閣本、舊監本、京本、江西本、吉州本、杭本、舊杭本、嚴州本、越州本、湖北本、川本、川大本字、川小字本、高麗本。

南宋以降，公私家編輯藏書目，依仿尤氏之例，尚屬罕見，明代唯嘉靖間晁瑮《寶文堂書目》，於書名下偶註明所藏書是何刻本。而明末以來，因藏書家特重宋元版，故清初諸家書目，對所藏之宋元本書，始加以標注，如《汲古閣宋元版書目》、《絳雲樓書目》、《季滄葦藏書目》之類皆是。至錢曾《述古堂書目》，除記明宋元版外，特別註明抄本；至於推廣尤氏之例——備註所藏各書的版本，為嘉慶間秦恩復《石研齋書目》〔註69〕，遂漸形成所謂版本之學。

〔註66〕錄自《古籍版本鑒定叢談》北齊樊遜所說。
〔註67〕葉夢得《石林燕語》卷八。
〔註68〕據文史哲出版社影印觀古堂刊本。
〔註69〕參酌昌彼得、潘美月著《中國目錄學》第五章〈目錄學的體制〉頁58。

版本之學所涉廣泛，舉凡寫本、刊本，每一書之雕版源流、傳抄源流，善本、劣本之判斷，原刻、翻刻之分析，以至紙張、墨色、刻工、諱字、字體刀法、藏書印記、版式行款、裝潢式樣諸類皆是。胡氏《經籍會通》一書中，論及版本之學的記載頗多，所涉範圍亦廣，只是未能蔚成一系統，實令人歎惋。茲據書中所論，試加以歸納，分點敘述，以見其版本學之意見：

壹、論雕版源流

雕版印書起源，眾說紛紜：莫伯驥據《勿齋集》以爲刻書始於漢〔註70〕；日本島田翰以爲隋以前即有墨版〔註71〕；孫毓修以爲雕版肇自隋時，行於唐世〔註72〕。《圖書版本學要略》〔註73〕已一一駁斥，認爲雕版印刷術萌芽於初唐，始於盛唐，盛行於中唐。胡應麟則提出「唐代以前書無刻本」，以及「雕本當肇自隋世」兩種矛盾的說法。

胡氏認爲：唐代以前書無刻本〔註74〕，乃是據葉夢得所云「唐以前，及書籍皆寫本，未有模印之法」〔註75〕的見解。又錄葉氏之說：

> 世言雕版始自馮道，此不然。但監本始馮道耳。柳玭《訓序》：言其在蜀時，嘗閱書肆所鬻字書小學率雕本。則唐固有之。陸子淵《豫章漫鈔》，引《揮麈錄》云：毋昭裔貧時，嘗借文選不得，發憤云：異日若貴當版鏤之，以遺學者。後至宰相，遂踐其言。子淵以爲與馮道不知孰先。要之皆出柳玭後也。載閱陸《河汾燕閒錄》云云：隋文帝開皇十三年十二月八日，敕廢像遺經，悉令雕版。此印書之始。

並云：

> 據斯說則印書實自隋朝始。又在柳玭先。不特先馮道、毋昭裔也。第尚有可疑者，隋世既有雕本矣，唐文皇胡不擴其遺制，廣刻諸書，復盡選五品以上子弟，入弘文館鈔書，何邪？余意隋世所雕，特浮屠經像。蓋六朝崇奉釋教致然，未及概雕他籍也。唐至中葉以後，始漸以其法，雕刻諸書，至五代而行，至宋而盛，於今而極矣。

似乎他認爲「雕本肇自隋時，行於唐世，擴於五代，精於宋人」。「然宋盛時，

〔註70〕《五十萬卷樓藏書目錄初編》卷二〈明會通館活字銅板校正音釋春秋跋〉。
〔註71〕《古文舊書考》卷二〈雕板源流考〉。
〔註72〕《中國雕板源流考》〈雕板之始〉。
〔註73〕屈萬里、昌彼得著，潘美月增訂，中國文化大學出版。
〔註74〕《玉壺遐覽》卷三。
〔註75〕《經籍會通》卷四。

刻本尚希」〔註76〕。

胡氏雖然認爲「雕本肇於隋代」，但論「古今制度創革，誠有大不同者，如書籍之雕版，婦人之纏足。皆唐末五代始之，盛於宋，極於元，而又極盛於今（按指明代），二事顚末絕相類」〔註77〕。

前云「雕本肇自隋時」，此云「皆唐末五代始之」，看似極爲矛盾，有待釐清。事實上，胡氏雖本葉氏「雕本肇自隋時」之說，然亦提出「隋世既有雕本」，何以唐玄宗尚命人「入弘文館鈔書」的疑問。而認爲隋代承「六朝崇拜釋教」遺習，僅開雕佛經，而未及「開雕他籍」。

按胡氏之說，是因尚未注意到陸深《河汾燕閒錄》所說「廢像遺經，悉令雕版」，實爲「廢像遺經，悉令雕撰」之說，才有錯誤的判斷。據胡氏之說，疑其所謂開雕「浮屠經像」，即雕於版上，有如刻印方式，以鈐蓋之法，就像今日印章的使用而已。而此種方法，僅是雕版印刷觀念的萌芽時期。

胡氏博學雜識，「於書聚而讀之幾盡」〔註78〕，而「酷有考訂之癖」〔註79〕。雖然已注意到，雕本印刷肇於隋代，實自唐代始使用；但只能籠統的說「唐末五代始之」——唐中葉以後始漸以其法雕刻諸書，未能明確指明，雕本究竟肇自何代？以何書爲證？亦即尚宥於見聞，未能博徵典籍，運用史料，解決其疑問。故只能作如此的推論：雕版肇自隋時，始於唐末五代（行於唐世，擴於五代），精於宋，極於元、明二朝。

貳、圖書形制之演變

胡氏嘗云其校書結果，往往是「漢多於周，唐多於漢，而宋多於唐」。歸納其原因是「周尚韋編，漢始側理，唐猶傳錄，宋則印摹」〔註80〕。故後世書籍，因雕印、裝訂及收藏等方面，皆便於昔人，而能後勝於前。基於此一觀念，而概述圖書形制之演變，以爲：

> 三代漆文竹簡，冗重艱難，不可名狀。秦漢以還，浸知鈔錄，楮墨之功，簡約輕省，數倍前矣。前自漢至唐，猶用卷軸，卷必重裝；一紙表裏，常兼數番。且每讀一卷，或每檢一事，紬閱展舒，甚爲煩數。收集整比，

〔註76〕葉氏及胡氏之說，見《經籍會通》卷四。
〔註77〕《丹鉛新錄》卷八〈禺山戲語〉條。
〔註78〕王世貞〈二酉山房記〉語。
〔註79〕《華陽博議》卷下。
〔註80〕《經籍會通》卷一。

彌費辛勤。至唐末宋初，鈔錄一變而爲印摹。卷軸一變而爲書冊，易成難

毀，節費便藏，四善具焉〔註81〕。

就圖書形制之演變，可分兩點敘述：

一、卷、軸、帙之別

胡應麟認爲「凡書，在唐以前皆爲卷軸；蓋今所謂一卷，即古之一軸；至裝輯

成帙，疑皆出於雕版之後」。阮孝緒《七錄》收錄，以爲六朝時，已有卷帙之別：

大抵五卷以上爲一帙，前代書帙之製，僅此足徵〔註82〕。是認爲帙大

於卷，而今之卷與古之軸相等。

二、篇卷不同

胡氏在《九流諸論》一書中，論《虞初周說九百四十三篇》卷帙繁重原因，

云：

小說卷帙繁重者：《太平廣記》之五百，《夷堅志》之四百極矣。而不

知虞初之九百也。秦漢之篇，即唐宋之卷，《太史公書》一百三十卷，《漢

志》作百三十篇。然三代之書，至繁不過百卷，不應虞初卷多乃爾。余恐

虞初之篇，即《尚書》百篇之篇，則九百篇者，不過九百事。計以後世之

卷，不過數十餘耳。今其說一不存。案《漢志》，虞初河南人，武帝時方

士，號黃車使者。蓋《七略》所稱小說，惟此當與後世同。方士務爲迂怪，

以惑主心，《神異》、《十洲》之祖襲，有自來矣。〔註83〕

是說有兩個問題，尚待釐清——既云「秦漢之篇，即唐末之卷」；又云「九百篇者，

不過九百事」。二事頗爲矛盾，茲分別論述於下：

1. 秦漢之篇即唐宋之卷

秦漢之篇即唐宋之卷之說，胡氏是以「《太史公書》一百三十卷，《漢志》作百

三十篇」爲證；而駁楊愼〈周書後序〉云《汲冢書目》無《周書》之說爲誤，以爲：

今《周書》名七十篇，實十卷耳。晉以前所謂篇，多如後世之所謂卷，

則今周書十卷，不過當時十篇。

又引衛恆〈四體序〉云《汲冢書》：「其一卷論楚事者最工」，而佐以「〈晳傳〉止言

篇，而此云楚事」一事，有「益證篇與卷文義相通」之說〔註84〕。

〔註81〕《經籍會通》卷四。

〔註82〕上說皆見《經籍會通》卷一。

〔註83〕《九流緒論》卷下。

〔註84〕二事皆見《三墳補逸》卷下。

2. 三代以前之篇，與今之卷不同，蓋篇統於卷

篇卷不同，篇統於卷之說，引「《尚書》四十六卷，實五十七篇」〔註85〕為證；又論《孫武十三篇》一書云：

> 考《漢藝文志》有八十二篇，杜牧以曹公芟其繁蕪，筆其精粹，以此作書。然《太史武傳》，固有十三篇之目，而其文章之妙，絕出古今，非魏晉所能潤削。意十三篇者，如後世所稱卷軸，而八十二者，則其卷中之篇，即〈始計〉、〈用閒〉之類也，後人不解太史所云。或《武書》漢末篇次失亡，故止存十三，以合於太史，而八十二篇之舊，遂湮沒不可復覯。
>
> 抑曹公因太史所云，止存十三之目，餘盡芟輯以入新書與〔註86〕。

是說疑《史記》所云「十三篇」，即十三卷；而《漢志》之「八十二篇」為今所謂之篇，即篇統於卷者。

胡氏之所以有看似矛盾的說法，亦本於其「酷有考訂之癖」。歷考典籍，漢代《史記》百三十卷，已為鉅作；至宋《太平廣記》五百卷，《夷堅志》四百卷，以為小說卷帙繁重之極至。以書籍的流傳與制作，不當前代書的卷帙大於後世。故本著懷疑精神，參酌《尚書》、《孫武十三篇》諸書，而判斷虞初之九百篇，僅九百事，蓋如後世之數十卷而已。

參、論明代刻書、鈔本及用紙

《經籍會通》卷四，亦提及明代印本與鈔本之別、各地刻本優劣，及印書用紙等問題，分述如下：

一、明代印本與鈔本之別及各地刻本之優劣

1. 印本與鈔本之別

宋葉夢得嘗論宋之刻本，以為「版本初不是正，不無譌誤。世既一以版本為正，而藏本日亡，其譌謬者，遂不可正」。乃是因其所見宋本譌者不少，不過葉氏之論，在宋世誠然，但在明代，胡氏所見情形則正相反。雖然明人藏「書貴宋本，以無譌字」緣故，然胡氏「所見宋本譌者不少」。因此解釋其中原因：

> 當代版本盛行，刻者工直重鉅，必精加讎校，始付梓人，即未必皆善，尚得十之六七；而鈔錄之本，往往非讀者所急，好事家以備多聞，束之高閣而已。以故謬誤相仍，大非刻本之比。凡書市之中，無刻本則鈔本價十

〔註85〕《三墳補逸》卷下。
〔註86〕《九流緒論》〈九流緒論上〉。

倍，刻本一出，則鈔本咸廢不售矣。

2. 刻本優劣之分

　　葉氏又云：「天下印書，以杭爲上，蜀次之，閩最下。」而胡氏復就其所見，論明代刻本之優劣，及雕版用木云：

> 蘇、常爲上，金陵次之，杭又次之。近湖刻、歙刻驟精，遂與蘇、常爭價。蜀本行世甚寡，閩本最下。諸方與宋世同。葉以閩本多用柔木，故易就而不精，今杭本雕刻時義，亦用白楊木，他方或以烏柏版，皆易就之故也〔註87〕。

二則所言，與葉氏所云「天下印書，以杭爲上，蜀次之，閩最下」的說法有所差異，顯示至明代，書刻之優劣〔註88〕，和宋代時已有不同。

二、明代印書用紙

　　胡氏記印書用紙，曾說：

> 凡印書，永豐綿紙爲上，常山柬紙次之，順昌書紙又次之，福建竹紙爲下。綿貴其白且堅，柬貴其潤且厚；順昌堅不如綿，厚不如柬，直以價廉取稱；閩中紙短窄黧脆，刻又舛譌，品最下而直最廉。

因此其「筐篋所收，什九此物（按指閩刻），即稍有力者弗屑也」〔註89〕。

　　據此說，當爲明代印書用紙的實錄，但由胡氏論各地紙質情況，可知上述所記印書用紙，當是明代以前的事，至明代則已有改變。他論各地紙質的情況，轉錄於下〔註90〕：

> 近閩中則不然，以素所造法，演而精之，其厚不異於常，而其堅數倍於昔；其邊幅寬廣，亦遠勝之。價直既廉，而卷帙輕省，海內利之，順昌廢不售矣。

〔註87〕　本段所論之引文，全錄自《經籍會通》卷四，該篇又引葉夢得之說：唐以前，凡書籍皆本，未有摸印之法，人以藏書爲貴；人不多有，而藏書者精於讎對，故往往皆有善本。學者以傳錄之艱，故其誦讀亦精詳。五代時，馮道始奏請官鏤板印行。國朝淳化中，復以史記、前後漢，付有司摹印，自是書籍刊鏤者益多，士大夫不復以藏書爲意；學者易於得書，其誦讀亦因減裂。然板本初不是正，不無譌誤。世既一以板本爲正，而藏本日亡，其譌謬者，遂不可正，甚可惜也。

〔註88〕　明謝肇淛《五雜俎》卷十三，亦記載明代與宋代各地刻本優劣之變遷，云：宋時刻本以杭州爲上，蜀本次之，福建最下。今杭刻不足稱矣，金陵、新安、吳興三地，剞劂之精者，不下宋板。楚、蜀之刻皆尋常耳。閩建陽有書坊，出書最多，而板、紙俱最濫惡，蓋徒爲射利計，非傳世也。

〔註89〕　本段據《經籍會通》卷四爲說。

〔註90〕　下列引文，皆錄自《經籍會通》卷四。

> 餘他省各有產紙，余弗能備知。大率閩、越、燕、吳，所用刷書，不
> 出此數者。燕中自有一種紙，理粗龐、質擁腫而最弱，久則魚爛，尤在順
> 昌下，惟燕中刷書則用之。

> 惟滇中紙最堅，家君（按指胡僖）宦滇時，得張愈光、楊用修等集，
> 其堅乃與絹素敵；而色理疏慢蒼雜，遠不如越中；高麗璽絕佳；純白滑膩，
> 如舒雪，如勻粉，如鋪玉，惟印記用之。

上述記載，知明代印書用紙，已不拘限於歷代所謂「綿紙為上，束紙次之，順昌書
紙、福建竹紙又次之」的觀念。顯示明代造紙技術已經有所改良，故印書用紙產地
已有改變。

　　胡氏除對明代刻書，及印書用紙留下記錄外，亦曾云「活版始宋畢昇，以藥泥
為之」，並錄宋沈括《夢溪筆談》所載為證，而說明代已「無以藥泥為之者，惟用木
稱活字」〔註91〕。雖然未能記下木活字的作法，及他所知明代使用木活字刷印書籍
的詳情，但這些記載，為我們研究明代刻書，提供重要資料。

肆、論版本差異及其價值

　　歸納胡氏《經籍會通》卷四所論，可知他甄定的價值、等級，有下列數點：

一、鈔本、刻本以其謁正、精粗為判斷依據

　　判斷鈔本、刻本的價值，提出「本視其鈔刻，鈔視其謁正，刻視其精粗」的看
法，而有：

> 凡本，刻者十不當鈔一，鈔者十不當宋一。三者之中，自相較是說基
> 於明人素喜宋版，且宋版謁誤較少，而明刻本謁誤多於鈔本因素〔註92〕。

二、依用紙之質地判斷

　　紙之質地是「視其美惡」。而明代之紙，以滇紙最堅，燕紙最弱，閩紙最廣。

三、依書之裝潢工拙判斷

　　世人有時受先入為主觀念左右，判斷書的價值，容易以其外表裝潢工拙而定。
因此胡氏論書外表裝潢時，說：

> 凡裝，有綾者，有錦者，有絹者，有護以函者，有標以號者。

各地書之裝潢，以「吳裝最善，他處無及焉，閩多不裝」。

〔註91〕上述引自《經籍會通》卷四。
〔註92〕說見前論「印本與刻本之別」條，又《經籍會通》卷四云：或今之刻本當又謁於宋
　　　　邪？余所見宋本謁者不少，以非所習，不論。

四、視印本先後及墨色

胡氏認爲印本「視其初終」，「凡版漶滅，則以初印之本爲優」。而印書所用的墨色，則「有朱者，有墨者，有靛者，有雙印者，有單印者。雙印與朱，必貴重用之。」疑其所謂「雙印」，即「套印」，惜胡氏未加以詳述，不得而知。

五、依書是否適用判斷

胡氏認爲書「緩急視其時，又視其用」，是說爲其經驗之談。因其平生好鳩集經子，而限於財力，故收殘綴軼，藏書頗多漶滅。同時他終生主張「書之用爲貴」，故論書之值，亦以適用與否而定：

> 有裝印紙刻絕精，而十不當凡本一者，則不適於用；或用而不適於時也。有摧殘斷裂，而直倍於全者；有模糊漶滅，而價增於善者。必代之所無，與地之遠也。夫不適於時者遇，遇則重；不適於用而精焉，亦遇也。

亦即善用上列數說，能「參伍而錯綜之」，則「天下之書之直之等定矣」。

伍、論明代書肆

胡氏九歲即隨父入燕，遍遊諸省，往來吳越，曾至齊、趙、魯、衛之墟。嘗得閩、楚、滇、黔諸地刻本；加上屢訪秦、晉、川、洛諸地友人，旁諏歷閱，故於各地書肆概況，所知頗詳；於賈人世業者，亦往往識其姓名〔註93〕。今據《經籍會通》卷四所記載，略述於後：

一、記燕中書肆

1. 記燕中書肆興盛原因及各地刻本在燕中之價值

首先載明燕中書肆，雖然當地刻本甚少，然能爲當時書肆最多的區域，及此地書價高於他地的因素，略作敘述：

> 燕中刻本自希，然海內舟車輻輳，筐篚走趨，巨賈所攜，故家之蓄，錯出其間，故特盛於他處。第其直至重，諸方所集者，每一當吳中二，道遠故也；輦下所雕者，每一當越中三，紙貴故也。

胡氏並將各地刻本，運至燕中的數量及價格，略作比較：

> 凡刻，閩中十不當越中七，越中七不當吳中五，吳中五不當燕中三（自註：「此以地論，即吳、越、閩書之至燕者，非燕中刻也」），燕中三不當內府一。五者之中，自相較，則又以其紙、其印、其裝爲差。

〔註93〕本文皆據《經籍會通》卷四爲說。

又就書的質、量等，不同的角度，論明代刻書：

> 凡刻之地有三：吳也、越也、閩也。蜀本，宋最稱善，近世甚希。燕、
> 粵、秦、楚諸地，今皆有刻，類自可觀，而不若三方之盛。其精，吳爲最；
> 其多，閩爲最，越皆次之；其直重，吳爲最；其直輕，閩爲最，越皆次之。

由上所述，不僅明瞭明代刻書之地，亦知吳、閩、越三地刻書的優劣外，並得知
明隆慶、萬曆間，書籍以集於燕中最多，故燕中書肆特盛於他處。而該地書價至
重的原因有二：一因道遠，故諸方所集之書，每一本的售價，均等於吳中書肆所
售二本的價錢；一因紙貴，故輦下所雕之書，每一本的成本，約等於越中所刻三
本的成本。

2. 記燕中書肆遷徙

就胡氏所記，明代書肆似乎不完全固定於一地營業，而是以類似趕集的方式，
在特定時間，出現於某些場所。當然，有利可圖及人潮聚集，是先決條件。這在以
下的記載中，描寫得更爲詳細：

記書肆之遷徙情形：

> 凡徙，非徙其肆也。輦肆中所有：稅地張幕，列架而書置焉。若蔡繡
> 錯也。日昃復輦歸肆中。惟會試則稅民舍於場前，月餘，試畢賈歸，地可
> 羅雀矣。

記燕中書肆設置地點：

> 凡燕中書肆，多在大明門之右，及禮部門之外，及拱宸門之西。每會
> 試舉子，則書肆列於場前；每花朝後三日，則移於燈市；每朔望并下澣五
> 日，則徙於城隍廟中。燈市極東，城隍廟極西，皆日中貿易所也。燈市歲
> 三日，城隍廟月三日，至期百貨萃焉，書其一也。

二、記越中書肆

胡氏記越中書肆，雖然該地刻本亦希，但因地適其會，故書肆非常興盛，並對
於越中書肆所以興盛的原因，以及書肆集散的情形，加以說明：

1. 記越中書肆興盛原因

> 越中刻本亦希，而其地適東南之會，文獻之衰，三吳七閩，典籍萃
> 焉。諸賈多武林龍丘，巧於壟斷，每睸故家有儲蓄，而子姓不才者，以
> 術鉤致，或就其家獵取之——此蓋海內皆然，楚、蜀、交、廣，便道所
> 攜，間得新異；關、洛、燕、秦，仕宦蠹裝所挾，往往寄鬻市中，省試
> 之歲，甚可觀也。

2. 記書肆集散之地及原因

> 凡武林書肆，多在鎮海樓之外，及湧金門之內，及弼教坊，及清河坊，
> 皆四達衢也。省試則間徙於貢院前；花朝後數日，則徙於天竺，大士誕辰
> 也；上巳後月餘，則徙於岳墳，遊人漸眾也。梵書多鬻於昭慶寺，書賈皆
> 價也。自餘委巷之中，奇書祕簡，往往遇之，然不常有也。

三、記金陵及他處書肆

同樣的，對於其他幾處書肆，胡氏亦將他所聞見，一一載錄。如記吳會、金陵
書肆所販皆當地自刻，外地書罕見：

> 吳會、金陵，擅名文獻，刻本至多，鉅帙類書，咸會萃焉。海內商賈
> 所資，二方十七，閩中十三，燕、越弗與也。然自本方所梓外，他省至者
> 絕寡，雖連楹麗棟，蒐其奇祕，百不二三。蓋書之所出，而非所聚也。至
> 薦紳博雅，勝士韻流，好古之稱，藉藉海內，其藏蓄當甲諸方矣。

記各地書肆設置云：

1. 金陵書肆，多在三山街及太學前。
2. 姑蘇書肆，多在閶門內外及吳縣前。

二地之書「多精整，然率其地梓也。余二方皆未嘗久寓，故不能舉其詳。他如
廣陵、晉陵、延陵、檇李、吳興，皆間值一二」。

從以上敘述，不僅可知明代書肆興衰原因，各地書肆的集散情形，書價概況，
更可說是保存許多珍貴的史料，供後世參考。

第四節　胡應麟的辨偽學

辨偽，是指辨別一書的眞偽。辨偽學，則是能提出一套辨別書籍眞偽的理論、
方法，而形成一門學問。所謂的「眞」、「偽」，鄭良樹《古籍辨偽學》〈自序〉做過
如下的說明：

> 所謂眞，是指古籍與作者或成書時代相符；所謂偽，是指其傳聞者和
> 它確實的作者、成書時代相乖，甚至有附益的篇章和文字〔註94〕。

春秋戰國諸子學說並起，秦統一六國，焚書坑儒，典籍皆化爲灰燼；至漢惠帝求書，
武帝尊儒，偽作於是產生。關於此種情形，《四部正譌》曾敘及：

> 贋書之昉，昉於西京乎！六籍既禁，眾言淆亂。懸疣附贅，假託實繁。

〔註94〕鄭良樹《古籍辨偽學》〈自序〉頁1，民國75年臺灣學生書局排印本。

今其目存於劉氏《七略》、班氏〈九流〉者，亡慮什之六七。嘻其甚矣！
然率弗傳於世，世故莫得名之。唐宋以還，贗書代作，作者日傳，大方之
家，第以揮之一笑；乃衒奇之夫，往往驟揭而深信之。至或點聖經、廁賢
撰，矯前哲，溺後流，厥係非眇淺也〔註95〕。

可說偽作遍及四部，而胡應麟素有考訂之癖，引宋王銍〈鶯鶯傳跋〉所說：「僕性喜
討論，合同異。每聞一事隱而未見，及可見而不同，如瓦礫之在懷，必欲討閱歸於一
說而後已」。而云：「余酷有考訂之癖，視所稱瓦礫在懷等語，不啻過之」〔註96〕。又
懼偽書遺誤後學，而取其「彰明較著，抉誣摘偽」〔註97〕，故其著作中，相關論述頗
多，尤以《九流諸論》、《四部正譌》二書為夥。以下即分點敘述胡氏提出的觀點，以
見其辨偽之學。

壹、偽書的類別

對於偽書分部情況，胡氏根據他所考辨經驗，發現徧佈於四部書中，歸納出下
列情形：

凡四部書之偽者：子為盛，經次之，史又次之，集差寡。凡經之偽：
易為盛，緯候次之。凡史之偽：雜傳記為盛，璅說次之。凡子之偽：道為
盛，兵及諸家次之。凡集，全偽者寡，而單篇列什，借名竄匿甚眾〔註98〕。

因此，《四部正譌》一書，即以四部之序，辨別書的真偽，並列出偽書的性質，及偽
作的原因、動機，作個說明。

一、論偽書之性質

胡氏曾就書偽作的成分，將偽書分成：全偽、真錯以偽、偽錯以真、真偽錯者、
真偽疑者、其名譌而其書非偽、其出晚而其書非偽等八種。舉秦漢以降的書，為例：

1. 三易——《連山》、《歸藏》、《子夏》，三墳、六韜、七緯、《關尹》、《子華》、
《素書》、《洞極》、《李靖問答》、《麻衣心法》、《武侯諸策》、王氏諸經，全偽者也。
2. 《列禦寇》、《司馬法》、《通玄經》，真錯以偽者也。
3. 《黃石公》、《鶡冠子》、《燕丹子》，偽錯以真者也。
4. 《管仲》、《晏嬰》、《文中》，真偽錯者也。

〔註95〕〈四部正譌引〉。
〔註96〕《華陽博議》卷下，王性之〈鶯鶯傳跋〉條。
〔註97〕〈四部正譌引〉。
〔註98〕見《四部正譌》卷下，本節所用資料，大都根據《四部正譌》一書，除另有引用，
再加附註外，不再一一註明。

5. 《元包》、《孔叢》、《潛虛》，眞僞疑者也。

6. 《鶡熊》殘也，《亢倉》補也，《繁露》譌也，皆不得言僞也。

7. 《素問》、《握奇》、《陰符》、《山海》，其名也，其書非僞也。

8. 《穆天子傳》、《周書紀年》，其出晚也，其書非僞也。即以僞乎？非戰國後也，餘亡足辯矣。

上述八類，即是就書僞的成份來分，亦即是根據僞書的性質來分。因此，胡氏舉《黃石》、《鶡冠》、《燕丹》三書，論云「蓋後人雜取戰國他書之文，易其名號爲此，非謂眞三子作也」。說明僞書中所謂「僞錯以眞者」，即是如此。

二、僞書產生原因

《四部正譌》除依性質，將贗書分類外，亦嘗歸納出僞書情狀，計有二十一類之多。其中尚可就其作僞的原因、動機，及後人對僞書所瞭解程度，分別討論。

胡氏論僞書產生的原因，可歸納爲下列數條，而梁啓超《古書眞僞及其年代》及張心澂《僞書通考》二書，則嘗據其說再予闡釋、分類，茲依胡氏舉例、論證，並參酌二書，論之於下：

1. 有掇古人之事而僞者：仲尼傾蓋而有《子華》，柱史出關而有《尹喜》

按此類即是本無其書，撰者強合古人之事，而僞作該書，託之其人所撰，而成僞書。胡氏論《子華子》一書云：

> 《子華子》稱程本，而前代絕無其目，蓋宋人假託玩世。

梁氏對「仲尼傾蓋而有《子華》」之說，加以解釋云：

> 因《家語》有孔子遇程子傾蓋之事，《莊子》亦載子華子見昭僖侯，
> 後人從此附會出來。

而「柱史出關而有《尹喜》」之說，亦是因撰者附會古人事蹟，而僞作。

2. 有挾古人之文而僞者：伍員著書而有《越絕》，賈誼賦鵬而有《鶡冠》

是類在梁氏書中，以「本有主名，不察而妄題」名之。按胡氏列出此類，當是認爲該書非全僞，撰者因古人有是文傳下，故摻雜他文以成書，而成爲僞書。胡氏提出《越絕書》一書，舊以爲子貢或子胥之作，加以辨證云：

> 《伍子胥》兩見《漢志》，一雜家八篇，一兵家十篇，今皆不傳。而
> 《越絕書》中稱子胥撰，蓋東漢人據二書潤飾爲此。其遺言逸事，大率本
> 之。

又駁楊愼《升菴文集》論「越絕當作越紐跋」〔註99〕云：

〔註99〕《藝林學山》卷六「越絕當作越紐跋」條。

按《漢書藝文志》〈雜家〉，有《伍子胥八篇》，今詳《越絕》一書，於子胥始末特詳，且稱贊其賢者不容口。而《子胥》之列〈雜家〉者，本書竟不復傳。觀此跋首言子胥之述吳越，終言述暢子胥以諭來今，豈東漢越中文士，因子胥雜家之舊，而附益以句踐、種、蠡行事，會為此編，易名《越絕》。

由上述論證，提出「伍員著書而有《越絕》」之說，「賈誼賦鵬而有《鶡冠》」之說，亦是如此。

3. 有傳古人之名而偽者：尹負鼎而《湯液》聞，戚飯牛而《相經》著

按此類與「掇古人之事而偽者」，頗為相似，亦本無其書，撰者因傅會古書記載，古代某人嘗有某事，而為該人著書，遂成偽書。《孟子》〈萬章篇上〉有「伊尹以割烹要湯」之言，後人據而敷衍，偽撰成《湯液》一書。胡氏「尹負鼎而《湯液》聞」，所指即為此事，而「戚飯牛而《相經》著」亦歸於此類。

4. 有蹈古書之名而偽者：汲冢發而《師春》補，《檮杌》紀而《楚史》傳

凡是本曾有是書，後因其書已亡佚，撰者著書，襲用其原名的，都是偽書。胡氏《三墳補逸》以《晉書》〈束皙傳〉所載為例，說明「汲冢發而《師春》補」一事，先引其文，云〔註100〕：

太康二年，汲郡人不準盜發魏襄王墓，或言安釐王冢，得竹書數十車……。《師春》一篇，書《左傳》諸卜筮，師春似是造書者姓名。

又據黃伯思〈跋汲冢師春〉及馬端臨《文獻通考》考訂，《汲冢師春》為偽，引《通考》所錄云〔註101〕：

今此書首敘周國世系，又論分野律呂為圖，又雜錄諡法卦變，與杜預所言純集卜筮者不同，似非當時本書也。

而「《檮杌》紀而楚史傳」之說，亦屬此類。

5. 有書本偽，人補之而益偽者：《乾坤鑿度》及諸緯書之類

此類可說是偽上加偽。此類偽書以讖緯一項最多，而《漢志》不見收錄，至《隋志》才見記載。胡氏認為：讖緯之說，起於河洛圖書，當西漢末年時，符命盛行，說者恐後人不信，遂偽託為孔子刪定群經之後所作。如今傳《乾坤鑿度》，即「說者咸以好事掇拾類書，補綴而成，非漢、魏之舊」。才有「《乾坤鑿度》及諸緯書之類」的偽書。

〔註100〕 《三墳補逸》卷上。
〔註101〕 《三墳補逸》卷下。

6. 有偽而非偽者

此類書舊以爲贗書，事實上並非偽書。亦即該書的內容，及其書名本不偽，後人誤以爲他名，而被認爲是偽書。如《四部正譌》卷中，舉《亢倉子》一書爲例云：

> 《亢倉子》贗書也，世無弗知，然而非贗也。《漢志》無《亢倉子》，唐號《亢倉子洞靈眞經》，求弗獲。而王士元取〈庚桑楚篇〉，雜引道家以補之，士元襄陽人，見〈孟浩然集序〉，及晁公武論甚悉，河東之駁允矣，失不考其實事，今猶紛紛以爲贗書。

又云：

> 夫畏壘虛，太史明謂空言，兼《隋志》弗載，則唐前固絕不聞此書，曷從而號之而訪之。豈士元既補之後，明皇好道，特取而寵異其名，世遂相沿爲實。

據其考訂辨認，故云「《洞靈眞經》本王士元所補，而以偽《亢倉》」。又「《西京雜記》，本葛稚川所傳，而以偽劉歆之類」，亦是依此方式辨別出來。

7. 有非偽而曰偽者

按是類與「有偽而非偽者」相似，不同之處在：一是就後世所記載書名、作者來論該書，則是偽書，實際上不是偽書；一是本眞有其書，而作者也不誤，後人卻誤以爲他人之作，而斷以爲偽作。胡氏以《文子》一書爲例云：

> 《文子九篇》，元魏李暹注，稱老氏弟子，姓莘，葵丘濮上人。自柳子厚以爲駁書，而黃東發直以注者唐人徐靈府所撰，余以柳謂駁書是也，黃謂徐靈府撰，則失於深考。案《班史藝文志》，〈道家〉有《文子九篇》，注云「老子弟子，與孔子同時，而稱周平王問，似依託者」，則漢世固已疑之。及考《梁目》、《隋志》，皆有此書，則自漢歷隋至唐，固未嘗亡而奚待於徐氏之偽？惟中有漢後字面，而篇數屢增，則或李暹輩潤益於散亂之後與。案《文子》《漢書》不注姓名。而馬總《意林》有《范子計然十三卷》，云計然姓辛，字文子，李暹所注，蓋實因之。然《意林》別出《文子十二卷》，其語政與今傳本同。則計然之書，非此明甚，而暹輩直以名字偶合當之，故歷世承其譌。

據其考辨得知，故有「《文子》載於劉歆《七略》，歷梁隋皆有其目而黃東發以爲徐靈府」之說；又「《抱朴》紀于〈句漏本傳〉，歷唐宋皆志其書，而黃東發以非葛稚川之類」亦是。

8. 有非偽而實偽者：

該類亦即是「襲取於人而偽者」，與梁氏所云「盜襲割裂舊書而偽者」，大略相同。是將古人或時人所作之書，據爲己作，後人考知原作者，而判爲偽書。如《化書六卷》，稱宋齊丘撰。宋濂考訂是終南山隱者譚峭所作，齊丘奪爲己有，而傳於後，世人皆以齊丘所撰。因此，胡氏據宋濂的考訂，駁斥《張文潛、黃東發俱以爲齊丘撰》之誤。故有「《化書》本譚峭所著，而宋齊丘竊而序傳之」之說；而《莊注》本向秀所作，而郭子玄取而點定之」，亦可歸爲此類。

9. 有本無撰人，後人因近似而偽託者：

古書大都不著撰人名姓，或本無撰人，後人因該書的內容，與某人事蹟有關，而偽託其名。《四部正譌》卷下，以《山海經》一書爲例，云：

> 《山海經》本書不言禹、益撰，劉歆校定，以爲禹任土作貢，而益等類物善惡，著《山海經》。蓋億度疑似之言，……案經稱夏后啓事者三，又言殷王子亥，又言文王墓，凡商周之事，不一而足。晁氏但疑長沙、桂陵數郡名，及鯀湮息壤等文，夫鯀事固禹益所覩，商周曷從知之哉？此書蓋周末文人，因禹鑄九鼎，圖象百物，使民入山林川澤，備知神姦之說，故所記多魑魅魍魎之類，而於禹爲特詳。

因此，胡氏才有「《山海》稱大禹之類」的說法。

按梁氏所謂「不得主名而臆推妄題」，即指此類。亦以《山海經》爲例，以爲《史記》一書，嘗引其名；而《列子》曾說「大禹行而見之，伯益知而名之，夷堅聞而志之」。後人因爲太史公都看見過，相信確有其書，列子又有這番話，遂編派爲大禹伯益所作。梁氏解釋足以補充胡氏之說，故錄其大概於上。

10. 有本有撰人，後人因亡逸而偽題者：

此類因該書原有撰人名氏，因人名亡佚而不知撰人，後人遂另題撰人姓名，而被定爲偽書。按胡氏對此類，僅云「《正訓》稱陸機之類」一說，其著作中並無實例可證，當因家藏之書，亦有此類，而有是說。

以上所述，是偽書形成種種原因，世人或以非偽而信之，或概以偽而疑之，皆是未加深考的緣故，因此胡氏特別拈出加以說明。

三、偽作之動機

偽作書籍的動機，不外乎好古、貪賞、爭強、炫名，及用來陷害他人諸作。胡氏所歸納偽書情狀諸條，亦嘗明言此類情狀，茲據其說論述於下：

1. 有本非偽，人託之而偽者：《陰符》不言三皇，而李筌稱黃帝之類

古人著書，大都不著名姓，後人得見是書，喜而好之，故託以古之名人所作，而判爲僞書。此類僞書，亦即所謂「託古之作」。胡氏舉《陰符經》爲例云：

> 《陰符經》稱黃帝，唐李筌之僞也。筌嗜道好著述，得《陰符》注之，而託於驪山老母以神其說。……余案《國策》，蘇秦干諸侯不遂，因讀《陰符》至刺股。則此書自戰國之前即有之，而《漢藝文志》不載，蓋燬於兵火，故《隋志》有《太公陰符鈐錄》一卷，又《周書陰符》九卷，未知孰是，當居一於斯。

據此而有「《陰符》不言三皇，而李筌稱黃帝之類」的說法。

2. 有憚於自名而僞者：魏泰《筆錄》之類

所謂憚於自名，原因頗眾，或是懼怕惹禍上身、或是恐懼所著之書不傳、或僅抒發自身憤悶而作。如論《碧雲騢》一書，舊題梅堯臣，實魏泰之作，《四部正譌》卷下，引王銍之說：

> 魏泰場屋不得志，喜僞作他人著書，如《志怪集》、《括異志》、《倦游錄》，盡假名武人張師正。又不能自抑，出姓名作《東軒筆錄》，皆私喜怒，誣衊前人。最後作《碧雲騢》，議及范仲淹，而天下駭然不服矣。

又如《子華子》一書，胡氏以爲宋人假託玩世之作，而參酌諸家，定爲元豐間越中舉子程本，因不得志場屋而思以自見，又慮不能傳，而傅於春秋同而字相近者。此類皆是「憚於自名而僞者」的實證。

3. 有恥於自名而僞者：和氏《香奩》之類

此類僞書的寫作動機，與「憚於自名者」相類似，均是不書自己姓名，而又不願自沒。兩者不同在：此類是以昔時確有著作，後因年長或名成位尊的緣故，而後悔從前之作，辱及目前的身份地位，但又不願埋沒其作，故託名他人以行世。胡氏舉例云：

> 《香奩集》，沈純中、尤延之並以爲和凝作，凝少日爲此詩，後貴盛，故嫁名韓偓。又不欲自沒，故於他文中見之。今其詞與韓不類，蓋或然也。

據此而有「和氏《香奩》之類」的說法。

4. 有襲取於人而僞者：法盛《晉書》之類

是類與「非僞而實僞者」同，只是一言其原因，一言其動機。均竊他人之作，據以爲己作，因其好名，故有掠名心態，而產生此一動機。胡氏所云「法盛《晉書》之類」即是此說。

5. 有假重於人而僞者：子瞻「杜解」之類

此亦類似於「有本非偽，人託之而偽者」的「託古」心理——託名於古之名人。不同者，則在於假重之人實有其人，而欲藉世人重視名人著作的心理，使所撰之書，能廣為流傳，甚至能傳於後世。如《四部正譌》卷下，論《龍城錄》一書云：

> 《龍城錄》，宋王銍性之撰，嫁名柳宗元。銍本意假重行其書耳，今其書竟行，而子厚受誣千載。

即是此類。又「《杜解》子瞻之類」亦是相同。

6. 有惡其人偽以禍之者：僧孺《行紀》之類

此類乃有心偽造，用以嫁禍於特定對象，大都為黨派爭鬥、或政權爭奪時所運用。如胡氏書中所列舉之《周秦行紀》，即唐李德裕門人偽撰，以構牛僧孺；而《牛羊日歷》，諸家悉以劉軻撰書記牛僧孺、楊虞卿等事，故以此命名。即是此類之例，故概以「僧孺《行紀》之類」為說。

7. 有惡其人偽以誣之者：

自偽作的動機來看，此類與「惡其人偽以禍之」當屬同類，皆偽撰書籍，以嫁禍於特定對象。如《白猿傳》一書，是唐人撰以謗歐陽詢；《碧雲騢》為魏泰偽作，議及范仲淹，而稱梅堯臣撰者。就胡氏所舉論證而言，此類與前類的差別，或因個人恩怨，或因憤懣欲發洩，或厭惡其人，而偽作以謗譭、或誣蔑、或醜化其人。故概以「桯俞《碧雲》之類」為說。

四、後人對偽書之瞭解

〈晏子敘錄〉云《晏子》「六篇皆忠諫其君，文章可觀，義理可法，皆合六經之義；又有復重，文辭頗異，不敢遺失，復列以為一篇；又有頗不合經術，似非晏子言，疑後世辯士所為者，故亦不敢失，復以為一篇。凡八篇。」知劉向撰《別錄》，已留意辨別偽書。後人對於偽書已有相當程度的瞭解，但亦有部份書籍，或因流傳時代久遠、或因世人好古，反而誤偽為真，因此世人對偽書的瞭解，亦可歸納出數類：

1. 有偽作於前代，而世率知之者：風后之《握奇》，岐伯之《素問》

此類偽書，自《漢志》時，已知為依託古人之作，又加以辨認、記錄，因此世人大都瞭解，不再加以論辨，但也不惑於該類偽書所依託的古人，而相信為古人之作。

如《神農二十篇》，《漢志》云「六國時諸子疾時怠於農業，道耕農事，託之神農」；《天乙三篇》云「天乙謂湯，其言非殷時，皆依託也」；《封胡五篇》、《風后十三篇》、《力牧十五篇》皆云「黃帝臣，依託也」。均是偽書，自漢以來，世人都知其偽。而胡氏所說「風后之《握奇》，岐伯之《素問》」亦是如此。

2. 有偽作於近代，而世反惑之者：卜商之《易傳》，毛漸之《連山》

好古之心，自古即然，故借重古人之說，以證己見，企圖博取他人信任的作法，到處可見。如《孟子》〈滕文公上〉云：「有爲神農之言者許行」，「孟子道性善，言必稱堯舜」；《韓非子》〈顯學篇〉云：「孔子墨子俱道堯舜。」等諸種情況皆屬此類。在這種好古心態下，才有偽作於近代，託名古人，世人因好古而信之不疑的現象。《四部正譌》卷上，以《連山易》爲例云：

> 《連山易十卷》，見《唐藝文志》。按班氏六經首《周易》，凡夏商之易絕不聞；隋牛弘購求宇內遺書，至三十七萬卷，魏玄成等修《隋史》，晉梁以降，它逸篇名，無不具載，皆不聞所謂《連山》者，而至唐始出，可乎？

即說明「偽作於近化，而世反惑之」的好古心態。又《子夏易二卷》亦是偽作於近代，而錄者惑之，以爲是眞而收錄。

3. 有當時知其偽，而後世弗傳者：劉炫《魯史》之類

此類偽書，在偽造當時，世人已知是偽書，後代失傳，未能見到該書，無法判斷眞偽。胡氏以隋劉炫爲例云：

> 《北史》〈劉炫傳〉，隋文蒐訪圖籍，炫因偽造《連山》及《魯史記》上之。馬端臨據此以爲炫作，或有然者。蓋炫後事發除名，故《隋志》不錄，而其書尚傳於後，開元中盛集群書，仍入禁中耳。鄭漁仲謂此書當時不存，已無可考，今亦未能必其炫也。《歸藏》今亦不傳，故二書惟論其大概，不能致詳。

按是類偽書失傳，除劉炫《魯史》外，以讖緯之書最多。《隋志》〈緯類序〉曾記其因云：

> 王莽好符命，光武以圖讖興，遂行於世。漢時又詔東平王蒼，正五經章句，皆命從讖，俗儒趨時，益爲其學，篇卷第目，轉加增廣，言五經者皆憑讖爲說……至宋大明中始禁圖讖，梁天監已後，又重其制。及高祖受禪，禁之踰切。煬帝即位，乃發使四出，搜天下書籍與讖緯相涉者，皆焚之。

據上所述，知人主因讖諱之書，競言符命、邪說，懼其惑人，又以其書偽而禁絕，故後世弗傳，疑胡氏即本此爲說。

4. 有當時記其偽，而後人弗悟者：司馬《潛虛》之類

《四部正譌》卷上，論《潛虛》一書云：

《潛虛》，司馬公屬草未成，後人贗補行世，見朱紫陽《語錄》，黃東發《日鈔》。世以數學，無辯其非是者。

據此所說，可知胡氏所謂「有當時記其偽，而後人弗悟者」，當是與「挾古人之文而偽者」相類似。不同處在於此說是前人有此著作，然尚未完成，而後人贗補行世。但與原作者時代相同而稍後之人，已知書是偽作，對該書事件始末，也有記載。後人卻未能了悟該書為偽。

貳、辨偽之道

辨偽的目的在明書之真偽，使「託者固以亡其實，所託者亦以亡受其疑」〔註102〕，得以辨史料，正史實，知時代思想，明學術源流始末（鄭良樹《古籍辨偽學》語）。而欲達此一目的，則需有成系統的辨偽方法。然方法之運用，端在人心，因而辨偽時所持的心態，也就更形重要，態度客觀才能得其當，下就胡氏辨偽態度及方法，一一論述於下：

一、辨偽態度

張心澂《偽書通考》〈總論〉嘗提出六條辨偽的態度，轉錄於下，以明張氏認為辨偽所當具有的態度：

一、不可和其他目的相混淆，二、不可有主觀的感情的成見，三、不可以一般來概括全體，四、不可和書的價值問題相混淆，五、不可和書中所說的真偽問題相混淆，六、不可和書的存廢問題相混淆。

若總括一句而言，即當合於客觀事實。然此種客觀的態度，在胡氏評楊慎考證一事，早就從這些觀點切入。首先贊揚楊氏考證之功，云：

拮据墳典，摘抉隱微，白首丹鉛，厥功偉矣。今所撰諸書，盛行海內：大而穹宇，細入肖翹，耳目八埏，靡不該綜。即惠施、黃繚之辯，未足侈也。然而世之學士，咸有異同，若以得失瑜瑕，僅足相補，何以故哉？

但因後人對楊氏之說，頗有異同，而以為楊氏考證之弊有二：

一曰命意太高，一曰持論太果：太高則迂之情合，故有於前人之說，淺也鑿而深之，明也汩而晦之；太果則滅裂之釁開，故有於前人之說，疑也驟而信之，是也驟而非之〔註103〕。

亦即認定楊氏論評前人，態度未能客觀。對於辨偽的態度，應當如何，才是恰當。

〔註102〕《四部正譌》卷下「讀諸子辯」條。
〔註103〕〈丹鉛新錄引〉。

胡氏著作中，並無明確提出，但嘗論「好詆訶昔人，為讀書大患」，其說：

> 讀書大患，在好詆訶昔人。夫智者千慮，必有一失。昔人所見，豈必皆長。第文字烟埃，紀籍淵藪，引用出處，時或參商；意義重輕，各有權度。加以魯魚亥豕，譌謬萬端。凡遇此類，當博稽典故，細繹旨歸，統會殊文，釐正脫簡，務成攘美，毋薄前修，力求弗合，各申己見可也。今偶覩一斑，便為奇貨，恐後視今，猶今視昔矣〔註104〕。

《丹鉛新錄》又云：

> 凡讀古人文字，熟參上下語脈，得其立言本意乃可〔註105〕。

上述二說，皆是針對讀書態度而言，而對於昔人論說，則提出「毋先入為主」的觀念：

> 昔人之說，有當於吾心，務著其出處而韙之；亡當於吾心，務客其是非而駁之。毋先入，毋遷怒，毋作好，毋徇名。此稱物之衡，而尚論之極也。今明知其得，而掩為己有，未竟其失，而輒恣譏彈。壯夫不為，大雅當爾耶〔註106〕。

基於以上的觀念——勿詆訶前人及先入為主，《經籍會通》書中，提出著述最怕成心作祟，因為成心會矇蔽人心，其說如下：

> 著述最忌成心，成心著於胸中，則顛倒是非。雖丘山之鉅，目睫之近，有蔽不自知者〔註107〕。

按「博稽典故，細繹旨歸，統會殊文，釐正脫簡」，「平心靜氣」，「不著成心」，乃為力求客觀的主要因素，亦是胡氏欲盡力追求的目標，然尚未能擺脫世人爭奇鬥勝的習氣。在糾駁楊慎考證失當一事，偶有因小失而大譏的毛病，故《巵林》〔註108〕論其失云：

> 蓋徒見用修之論，輒思所以勝之，不知其自陷於挂漏而乖僻也〔註109〕。

又譏其：

> 每於用修遺言，輒疏剔小疵，乖謬大美，以《丹鉛》當奇貨，以《伐山》資遷怒，《博議》云云，豈慮後人之攘後人也〔註110〕。

〔註104〕　《華陽博議》卷下。
〔註105〕　《丹鉛新錄》卷六，「笨字義」條。
〔註106〕　《華陽博議》卷下。
〔註107〕　《經籍會通》卷二。
〔註108〕　《巵林》卷十，明周嬰撰，世界書局收入《讀書箚記叢刊》第二集，與《少室山房筆叢》合為一集。
〔註109〕　見《巵林》卷八〈諗胡〉〈薛仁貴〉條。
〔註110〕　《巵林》卷八〈諗胡〉〈萬城〉條。

上引二條，皆是糾正胡氏評論前人時，態度不夠客觀，然據上述所說可知，基本上，胡氏還是以客觀態度，來作辨偽工作。

二、審覈偽書之道

《四部正譌》提出，覈偽書之道有八，梁氏《古書真偽及其年代》曾歸納爲二大系統，張氏《偽書通考》及張舜徽《中國古籍校讀指導》二書，亦嘗爲之闡釋，茲據三書論述於下：

1. 覈之《七略》以觀其源

班固《漢志》，爲我國現存最早之目錄書，然是書亦有所依傍，梁阮孝緒〈七錄序〉云：

歆總括群籍，奏其《七略》。及後漢蘭臺，猶爲書部。又於東觀及仁壽閣撰集《新記》，校書郎班固、傅毅並典祕籍。固乃因《七略》之辭，爲《漢書藝文志》。

由阮氏之說，可知《七略》乃是我國最早之目錄書，其書雖今已亡佚，《漢志》尚可見其大概。胡氏辨《歸藏易十三卷》一書云：

《歸藏易十三卷》，晉太尉參軍薛貞，唐司馬膺各有注。案《七略》無《歸藏》，《晉中經簿》始有此書，《隋志》因之，至宋僅存〈初經〉、〈齊母〉、〈本注〉三篇。

即是根據《七略》未收，始見於《晉中經簿》，而疑該書後出，進而辨出真偽。所以「覈之《七略》」，即是指覈審最早的目錄書，觀其書是否收錄，以知其源：究竟是來自遠古，或是後出之作。

2. 覈之群志以觀其緒

胡氏認爲書目可分三種：但錄一家之藏，通志一代之有，及並收往籍之遺者〔註111〕，而「群志」乃泛指歷代的《藝文志》、《經籍志》，及私家藏書目。《經籍會通》曾論史書《藝文志》的價值，云：

藝文之爲志也，雖義例仍乎前史，實紀述咸本當時。往代之書，存沒非此無以考。今代之蓄，多寡非此無以徵〔註112〕

史書《藝文志》，大都據內府所藏編修而成，天下之書，可謂盡籠於中祕，故可藉以知古今書籍的存佚。而故家上世之傳，帳中之祕，亦往往爲內府所無。因此私家藏

〔註111〕《經籍會通》卷二。
〔註112〕《經籍會通》卷三。

書目與公藏書目，可以互稽有無〔註113〕，不可偏廢。

　　故「覈群志」者，指審覈歷代諸公私書目，可知是書始見於何代，是否曾失傳，或已亡佚，或爲晚出。胡氏論《關尹子》一書云：

　　　　《關尹子九篇》，以即老聃弟子而莊周稱之者。案《七略》〈道家〉有
　　其目，自《隋志》絕不載，則是書之亡久矣。今所傳云徐藏子禮得於永嘉
　　孫定者，陳振孫疑（孫）定所受不知何人，宋景濂以即（孫）定撰。

三人即是覈之群志，考訂該書載於《七略》，《隋志》已不收，知該書亡佚已久，卻突然出現於後世，也不能交待出傳授淵源，因而疑爲僞書。上述二類，梁氏歸納爲「從傳授統緒上辨別」。

3. 覈之並世之言以觀其稱

　　《古書眞僞及其年代》、《僞書通考》及《中國古籍校讀指導》三書，對於是說，有歧異。張心澂云：

　　　　某部書是某個時代撰的，看和它同一時代的書上所說的話，話內對於
　　人名、地名和一切名稱，和這書內是否相同，若不相同，這書就可能有僞
　　的疑問了。

張舜徽云：

　　　　從作者同時人的寫作中，檢查有無談到或稱引這部書的地方。

梁氏則云與「從文義內容上辨別」的方法相近，亦即：從人的稱謂上辨別，或是書中引用的人名、地名、朝代名，以及所用的事實或法制，與作者時代爲晚的。而與張心澂所說相似。究其癥結，則在對「稱」字解釋不同：

　　　　一釋爲稱引，即從與該書所標示之作者，時代相同的人，所作的書籍
　　中，檢閱是否曾談到此人撰過是書，或是否知道同世有此一著作，甚而曾
　　引用是書的內容、文句之類。

　　一釋爲用詞之稱謂上，即是否該朝代不用此詞彙、無此稱呼、甚至論及同一時代之人，而其所用之稱謂，則屬於後代才有之名稱。

　　上述二說，皆可作爲辨別是否爲僞書的佐證。觀胡氏所云：「覈之《七略》以觀其源」，又云「劉氏《七略》，大概存《漢書》中」、「《七略》原書二十卷，班氏《藝文》僅一卷者，固但存其目耳……惜今漫無所考」。所提《七略》一詞，似因《七略》大概存於《漢志》中，故連及之，非僅指漫無可考之《七略》一書。

　　胡氏辨《山海經》一書，固然「敘述高簡，詞義淳質，名號侜詭，紉自成家」。

〔註113〕《經籍會通》卷二。

但亦經由書中所稱引、稱謂之朝代爲後世之名，而定其僞，其說：

> 《山海經》……，而不據其本書。案經稱夏后啓事者三，又言殷王子亥，又言文王墓。凡商周之事，不一而足。晁氏但疑長沙、桂陵數郡名，及鯀湮息壤等文。夫鯀事固禹益所覩，商周曷從知之哉（《四部正譌》卷下）。

是據啓稱夏后，且記及夏代以後的商、周朝代名，所記地名亦爲後世才有，根據上述證據，而定其書爲僞。以此說推知，其所謂「稱」，當亦有「稱引」及「用詞稱謂」二義。即就同一時代之人著作中，檢閱是否嘗及是人、是書，或嘗引用其文，兼觀其用詞是否與同時代用法稱謂之異同。

4. 覈之異世之言以觀其述

《僞書通考》及《中國古籍校讀指導》二書，對於此說，亦有歧異，張心澂云：

> 某部書是某個時代撰的，看和它不同一個時代的書上所說的話和它所說的怎樣。例如在唐代的書，因爲避諱唐太宗李世民的名字，世字用代字，民字用人代替；若唐以前的書內也有這樣，這書有唐代僞造的嫌疑了。

張舜徽云：

> 從後世的書籍中，檢查有無發揮或引申這部書的言論。

二者不同在於：一是就避諱字審覈，一是就該書的言論，檢閱後人是否曾引用或據以申論發揮。

《四部正譌》卷上，論《王氏元經十五卷》，即據書中避諱字，而定該書僞作，其說：

> 《王氏元經十五卷》稱王通撰，薛收注。……據《通考》晁、陳所論，經傳皆阮逸也。……陳振孫謂：唐神堯諱淵，其祖景皇諱虎。故《晉書》戴淵、石虎，皆以字行。薛收唐人，於傳稱戴若思、石龍宜也。《元經》作於隋世，乃亦云若思，逸之心勞日拙，蓋不能自掩矣。

論《周易乾坤鑿度二卷》，稱黃帝撰，但該書錄孔子所云「太易、太初、太始、太素」一事，胡氏認爲「實全寫《列子》〈天瑞〉一節，稍增損數字」。故定書是僞作，因爲書既爲黃帝所作，何以用孔子之說？

據上述二說，知胡氏所謂「覈之異世」，蓋指檢閱與該書不同時代之書，若其論述、發揮之說前有所承，當然不需討論；若後世之書籍，不見引述、論說，就值得注意；或後其世之人所用、所論，幾與是書相同，亦需留意。而據諱字考訂眞僞，當爲該方法之運用，而胡氏乃先有考證之實例，才歸納出理論，故總以「覈之異世之言以觀其述」爲說。張心澂之說，當是就其運用而言。

5. 覈之文以觀其體

是從文章上來辨別。一代有一代之文體，包含文法上之句型、用詞習慣，文章氣勢、風格諸類。時代相同之著作，其文體往往相近。《九流緒論》論《孔叢子》一書云：

> 《孔叢子》稱孔鮒撰，非也。孔氏子孫，雜記先世言行，其文詞類東
> 京，及間有魏晉手筆，如孔臧與安國書是已（《九流緒論》卷中）。

即是由文體、詞氣上考量。可知由文體的異同，亦可爲辨別眞僞的佐助。

6. 覈之事以觀其詩

此類由其內容來論斷，據該書所論述的事件時代，可推知該書成書最遲之年代。因爲人不可能預知身後之事，若所述之事，顯然在該書作者以後才發生的；或所論之人較其晚出，則該書值得懷疑。胡氏論《關尹子》一書，爲五代間方外士，掇拾柱下之餘文，傅合竺乾之章旨，以成此書。錄一則胡氏據以爲僞書之證據爲說：

> 〈七七篇〉云：人之力有可奪天地者，如冬起雷，夏造冰，豆中攝鬼，
> 杯中釣魚，枯木能華，士鬼可語，皆純氣所爲故能化萬物。（胡氏案語）
> 此附會《列》語，而事皆漢、唐後，蓋撰《關尹》者，非讀書之士。

即是據《關尹子》書中所用之事，係在漢、唐之後，因而定是書當爲唐代以後所撰。

7. 覈撰者以觀其託

是類首要之務，是就書所題的作者來論定。如果該人爲子虛、烏有先生，當然不辨即知是僞作；若實有其人，且嘗有是作，則觀其書中所呈現之思想、主張，與該人素昔所言是否符合。此乃因一人所著之書，在表達其思想、學識，發揮其經國濟世之志，故其著作中，往往有體系可循。若有矛盾之處，即值得注意懷疑。《四部正譌》卷下，論《列仙傳》一書云：

> 《列仙傳三卷》，陳振孫云：傳凡七十二人，每傳有贊，似非向撰，
> 西漢人文章不爾也。余案《漢書藝文志》，劉向所敘六十七篇，止《新序》、
> 《說苑》、《世說》、《列女傳》，而無此書。《七略》劉歆所定，果向有此書，
> 班氏決弗遺，蓋僞撰也。當是六朝間人，因向傳《列女》，又好神仙家言，
> 遂僞撰託之。

即是據其所題作者加以論斷，雖歷史上確有劉向一人，且好神仙家言，似乎相符合，可斷爲劉向之作。但其子劉歆所訂《七略》，及據《七略》增刪所成的《漢志》，不當皆未記載。胡氏又以書中記及孫綽、郭元祖，且各有贊，定若非六朝人之作，則爲三國人所撰。

8. 覈之傳者以觀其人

此類是指該書首先由何人之手傳出。自古學術傳授，出於學官。秦漢以來，私人傳授，有其師法，亦即因其注重家法，故授受源流大都可考，而書籍都有其來源。若該書前無所承，世人皆不知有是書；或某書雖前人已見，然已失傳數代；而忽於某地出現，傳者無法證其來源，或其傳授源流不明者，即值得留意。

「覈之傳者以觀其人」一說，乃是胡氏歸納前人諸多論辨，所得到的心得，故曾提出他的看法：

> 《元經》出阮逸，世以即阮逸也。《孔叢》出宋咸，人以即宋咸也。
>
> 朱紫陽以《麻衣》出戴師愈，黃東發以《文子》出徐靈府，宋景濂以《關尹子》出孫定，王元美以《元命包》出張昇（《四部正譌》卷下）。

上述諸人，惟獨《三墳》一書，沒有人說是出自毛漸偽撰的。胡氏跟隨前人用法，據毛漸所作〈三墳序〉的文詞「實淺陋與書合」，定為毛漸所偽撰。故有「覈偽書者，覈所出之人，思過半矣」論調。

三、辨偽之依據及運用

《四部正譌》所提出的辨偽理論，非僅空談，實為歸納其辨偽方法運用的結果。曾自云其辨偽「率本前人遺議，稍加詳密，間折其衷耳」〔註114〕。

由其著作中，可歸納出他所謂的前人遺議，蓋指：柳宗元《文集》、晁公武《郡齋讀書志》、洪邁《容齋隨筆》、朱熹《朱子文集》、《朱子語錄》、陳振孫《直齋書錄解題》、黃震《黃氏日抄》、宋濂《諸子辨》、楊慎《丹鉛總錄》及王世貞、鄭樵等人辨偽的方法及成果。而析以己意，並參酌歷代書目，從傳授統緒辨之。

就《別錄》、《七略》以降，目錄學體製之「序錄」，已包含辨偽，故廣義之目錄學，即含辨偽之學。而胡氏依據目錄學來辨偽，所運用最廣，收穫亦最多。茲據其著作運用之方法論述於下：

1. 就諸家書目著錄與否，以定其真偽：此類即是從傳授統緒來論辨

（1）舊志著錄已言其偽，或前人已辨識出偽者，則依其說

如胡氏論《文子九篇》，即因舊志已疑其為偽作，而從其說；論《開元天寶遺事》、《子夏易十卷》二書，則分別依洪邁《容齋隨筆》及陳振孫《直齋書錄解題》所考辨是為偽書，而從二人之說。茲舉《四部正譌》卷中所載《文子九篇》一說為證：

> 案《班史藝文志》，道家有《文子九篇》，注云：老子弟子，與孔子同時。而稱周平王問，似依託者。則漢世固已疑之。

〔註114〕《四部正譌》卷下「讀諸子辯」條。

（2）前志未見著錄，後志始收錄之，則疑其偽而辨之

《四部正譌》卷上，論《歸藏易十三卷》一書，即是因前志未收，而後志始見，因懷疑該書的眞偽，而辨出實是僞書，其說於下：

> 《歸藏易十三卷》，晉太尉參軍薛貞，唐司馬膺各有注。案《七略》
> 無《歸藏》，《晉中經簿》始有此書，《隋志》因之，至宋僅存〈初經〉、〈齊
> 母〉、〈本注〉三篇。鄭漁仲以其文質，其義古，後學以其不文，則疑而棄
> 之。……《隋志》稱此書惟載卜筮，不類聖人之旨，蓋唐世固疑其譌。

胡氏辨訂結果，與鄭樵認定是實有其書的看法不同。

（3）舊志著錄之篇卷與今傳本不同，而疑其偽

胡氏辨《鶡冠子》一書，以《漢藝文志》所載有二：一在道家，一在兵家。兵家之書爲任宏所錄，班氏省去。則今所傳《鶡冠子》蓋僞託道家者所作。但因今傳本篇卷與舊志著錄不符，因懷疑而參酌諸家書目云：

> 道家所列《鶡冠子》僅一篇，而唐韓愈所讀有十九篇，《宋四庫書目》
> 乃三十六篇，晁氏《讀書志》則稱八卷。

與《漢志》所俱不合，且唐、宋所見，又自相矛盾。認爲《鶡冠子》「戰國有其書，而後人據《漢志》補之」〔註115〕。即就今傳與舊志著錄不符，且前人所見又有不同的觀點，提出懷疑並加以考辨。

（4）前志著錄，後志不見收錄，然突現於某代，而疑其偽

如《關尹子九篇》一書，《七略》道家有其目，然《隋志》已未載，至宋代出現傳本，說者云乃徐藏（子禮）得於永嘉孫定者，陳振孫疑孫定所受不知何人，宋濂以爲即是孫定所撰。而胡氏對於是書之傳本，則論曰：

> 《隋志》既不載，《新舊唐志》亦夐無聞，而特顯於宋，又頗與齊丘
> 化書有相似處，故吾嘗疑五代間方外士，掇拾柱下之餘文，傅合竺乾之章
> 旨，以成此書（《四部正譌》卷中）。

此法亦即「覈之傳者，以觀其人」的運用實例。所以胡氏才有「論覈僞書者覈所出之人，思過半矣」的說法〔註116〕，也是由傳授統緒著手。

2. 就其文義內容上辨偽

是類用梁氏之詞，即指就諱字、用詞、事實，甚且文體、氣勢之類，均可爲辨偽佐證。

〔註115〕　本段據《四部正譌》卷中，胡氏論《鶡冠子》一條而成。
〔註116〕　《四部正譌》卷下，本文〈二、審覈僞書之道〉「覈之傳者以觀其人」一條已論述。

（1）就書中所用避諱字，疑其偽

目錄學家據避諱字來辨別刊本朝代，亦常用來判斷書之眞偽。如《九流緒論》以諱字辨論，而定出《太元經十四卷》爲晉楊泉撰〔註 117〕：

> 《太元經十四卷》晉楊泉撰，鄭氏《通志略》作《太玄》，蓋泉以子雲同姓，故此書亦疑《太玄》而作。今第馬氏《意林》所鈔百餘言存。馬氏注云：望國楊泉字德淵。而不言何時。鄭《藝文略》及《隋藝文志》俱云晉人。惟《舊唐書》作唐人。然唐人諱淵，泉字德淵，其爲人無疑。《舊唐書》字誤也。

不過胡亦注意到「書固有因避諱而改，亦有古書本不諱，後人避本朝之諱而改」的情形，特別警惕世人，使用此方法，「不可執泥一端」〔註 118〕。

（2）就書中文句氣法疑其偽

此類亦即「覈之文以觀其體」的運用實例。如他說「《鬼谷》，縱橫之書也，余讀之，淺而陋矣，即儀秦之師，其術宜不至猥下如是」。又論《伍子胥》云：

> 《伍子胥》兩見《漢志》，一雜家八篇，一兵家十篇，今皆不傳。而《越絕書》稱子胥撰。蓋東漢人據二書潤飾爲此。其遺言逸事，其文詞氣法，出東漢人手裁，故與戰國異。凡《班志》所無，而驟見六朝後者，往往多因戰國子書殘軼者，補綴之而易其名。以爲眞則僞莫掩，以爲僞則眞間存，尤難辯。

此外，論《關尹子》「篇中字句體法，全倣釋典成文」，而定是書爲五代間方士，掇拾柱下之餘文，傅合竺乾之章旨以成。書中運用此法可謂比比可是。

（3）就書中所列事實疑其偽

此類即「覈之事以觀其時」，乃就書中所記之事，或所用之地名、朝代名、人名，或者某人的諡號等，皆可作辨偽的佐證。與「覈之並世之言以觀其稱，覈之異世之言以觀其述」二說，亦有相通之處。如《四部正譌》卷上，論《鍾呂傳道

〔註 117〕 見《九流緒論》卷中，又《四部正譌》卷上云：《王氏元經十五卷》，稱王通撰，薛收注。宋世已艱得其本意，今藏家書不復有之。據《通考》、晁、陳所論，經傳皆阮逸也。其書始晉太熙，終陳亡。陳振孫謂唐神堯諱淵，其祖景皇諱虎，故《晉書》戴淵、石虎，皆以字行。薛收唐人，於傳稱戴若思、石季龍宜也。《元經》作於隋世，乃亦云若思，逸之心勞日拙，蓋不能自掩矣。右陳氏論甚精，然不特經不當稱，即傳稱季龍、若思，亦足占其偽也。何以故？薛收河汾高弟，文皇并天下，收與天策之選，不數歲而卒，當時偕諸學士運籌帷幄，固無暇於著述。藉令果傳《元經》，當在河汾、授受之際，此時唐尚未興，何緣預知其諱而改之耶？

〔註 118〕 《四部正譌》卷上。

集》云：

> 《鍾呂傳道集》稱唐施肩吾撰。案肩吾唐中晚間詩人，而純陽呂渭之
> 孫，視肩吾爲晚出，不應預其事。

論《山海經》云：

> 《山海經》本書不言禹、益撰，劉歆校定，以爲禹任土作貢，而益等
> 類物善惡，著《山海經》。蓋億度疑似之言，……案經稱夏后啓事者三，
> 又言殷王子亥，又言文王墓，凡商周之事，不一而足。晁氏但疑長沙、桂
> 陵數郡名，及鯀湮息壤等文，夫鯀事固禹益所覩，商周曷從知之哉？

二則均是鑒於書中所記之事蹟、地名、人名，出現的年代可能晚於該書的作者，故
疑其僞而加以辨別。

3. 就思想體系辨別

胡氏〈重定九流序〉〔註119〕一文，認爲九流之名，統曰諸子，用來別於六經，
並說明原因：

> 所以別於六經，亦以六經所述，古先哲皇大道，歷世咸備，學業源流，
> 揆諸一孔，非一偏之見，一曲之書。周室既衰，橫義塞路。春秋戰國，諸
> 子各負雋才，過絕於人，而弗獲自試。於是紛紛著書，人以其言顯暴於世，
> 而九流之術興焉。其言雖歧趣殊尚，推原本始，各有所承。

可知能成一家之言者，各家思想皆有其體系可追索。因此從思想體系上，可以辨別
該書，是否有摻雜他作，或後人僞作。如《四部正譌》卷下，論《牟子論三十七篇》，
即從思統體系上論考：

> 《弘明集》有《牟子論三十七篇》，題漢末年牟融撰。案《隋志》儒
> 家有《牟子二卷》，稱漢太尉牟融。考《後漢書》有〈融傳〉，在漢明前，
> 其時佛法固未入中國。今其書已亡。而《弘明》〈牟子論序〉稱靈帝時遭
> 世亂離，著書不止，精研佛道，撰《理惑論三十七篇》，其非儒家《牟子》
> 明甚。且隋唐諸志，並無此書，嘗疑六朝、晉、宋間文士，因儒家有《牟
> 子》，僞撰此論，以佐右浮屠。

藉由該書所呈現思想與佛教有關，而與《隋志》列入儒家的思想不同，因疑其僞而
辨別。

除上所述辨僞方法的運用外，胡氏曾論諸緯書，《漢志》未見記載，至《隋志》
才著錄，而且宋代晁、陳二人，早已斥爲僞書。胡氏又據《乾鑿度》的書中數語，《後

〔註119〕《九流緒論》卷上。

漢書》〈黃琬傳注〉中已見，而定是書若非宋人僞撰，亦爲魏、晉時所撰。是亦取後世書籍嘗引用或論述爲證，而定其最晚出世之時代，爲「覈異世之言以觀其述」之用，因是類運用尙少，故附論於此，不另爲論列。

綜上所論，可歸納出胡氏辨僞之學，是建立在目錄學的基礎上，不論從傳授統語，或從文義內容上，或從思想體系上，全都有賴《七略》《漢志》以降，諸家書目記載與否，藉以知其淵源、流傳，才能定其眞僞。

第五節　胡應麟的輯佚與校勘

胡應麟曾以類書種類繁多，涉及經、史、子、集四部，歸類稍嫌困難，並列出類書的種類：

> 類書有數種，如《初學》、《藝文》，兼載詩詞，則近於集；《御覽》、《元龜》，事實咸備，則鄰於史；《通典》、《通志》，聲韻、禮儀之屬，又一二間涉於經。專以屬之子部，恐亦未安〔註120〕。

評鄭樵謂「古今編書所不能分者五：一曰傳記；二曰雜家；三曰小說；四曰雜史；五曰故事」，是不知最易混淆的，實爲小說〔註121〕，認爲：

> 小說，子書流也，然談說理道，或近於經，又有類注疏者；紀述事迹，或通於史，又有類志傳者；他如孟啓《本事》、盧瓌《抒情》，例以詩話文評，附見集類，究其體製，實小說者流也；至於子類雜家，尤相出入〔註122〕。

雖然「小說者流，或騷人墨客，游戲筆端；或奇士洽人，蒐羅宇外，紀述見聞，無所迴忌，覃研理道，務極幽深。」然而亦肯定小說所具有的價值。

> 其善者，足以備經解之異同，存史官之討覈，總之有補於世，無害於時〔註123〕

肯定類書功能是：

> 古今故實，載籍具存。歷世類書，咸可校覈，或間有漏遺，決非懸絕〔註124〕。

胡氏既肯定類書及小說的價值，而類書、小說二類，間涉四部，且存「古今故

〔註120〕　《九流緒論》卷下。
〔註121〕　《校讎略》〈編次之訛論〉，按《九流緒論》卷下云「古今書家所不能分有九」。
〔註122〕　《九流緒論》卷下。
〔註123〕　同上。
〔註124〕　《華陽博議》卷下。

實，可供校讎」，故善用所藏之類書、小說諸書，作爲輯佚及校之資。茲據其著作所嘗論及，敘述於下：

壹、胡應麟的輯佚

古書輯佚之工作，吳楓《中國古典文獻學》以爲晉梅賾所輯之僞《古文尚書》，爲輯佚之始〔註125〕。章學誠《校讎通義》以爲始於宋王應麟之《周易注》、《尚書注》、《三家詩》〔註126〕；葉德輝《書林清話》，以爲始於宋黃伯恩《東觀餘論》所載〈跋愼漢公所藏相鶴經〉之《相鶴經》〔註127〕。眾說紛紜，然而明代士人，已開始注意輯佚工作〔註128〕；輯佚古書的成就，以清代爲最高，則爲不爭之事實。以下就胡氏著作中，關於輯佚之記載，分別論述。

一、輯佚之成因

書因傳世久遠，幾度聚散，頗有殘編斷簡，甚而遺佚之事。胡氏《經籍會通》書中，曾云：

> 古今書籍，盛聚之時，大厄之會，各有八焉。

又云：

> 古今書籍，人知其厄於火，而不知其厄於水者二焉。

據隋牛弘及明陸深所記，歷代典籍興廢，總計歷代典籍，共有十厄〔註129〕。

鑒於「古書歷世，兵革洊更」，故「間有殘編裂簡，僅以空名，寓於載籍」〔註

〔註125〕《中國古典文獻學》第五章第三節〈輯佚書〉頁 153 云：「早在晉代，梅賾就輯過僞《古文尚書》」。民國 72 年木鐸出版社排印本。

〔註126〕《校讎通義》〈補鄭篇〉云：昔王應麟以《易》學獨傳王弼，《尚書》止存《僞孔傳》，及采鄭玄《易注》、《書注》之見於群書者，爲《鄭氏周易》、《鄭氏尚書注》。又以四家之詩，獨《毛傳》不亡，乃采三家詩說之見於群書者，爲《三家詩考》。嗣後好古之士，蹱其成法，往往綴輯逸文，搜羅略遍。

〔註127〕《書林清話》卷八〈輯刻古書不始於王應麟〉條云：古書散佚，復從他書所引，搜輯成書，世以爲自宋末王應麟輯《三家詩》始，不知其前即已有之。宋黃伯思《東觀餘論》中，有〈跋愼漢公所藏相鶴經後〉：「按《隋經籍志》、《唐藝文志》，《相鶴經》皆一卷。今完書逸矣，特馬總《意林》及李善《文選注》、鮑照《舞鶴武》鈔出大略，今眞靜陳尊師所書即此也。而流俗誤錄著故相國舒王集中，且多舛午。今此本既精善，又筆勢婉雅，有昔賢風概，殊可珍也。據此，則輯佚之書，當以此經爲鼻祖。」

〔註128〕《經籍會通》卷三云：余近得《顏子》三卷，亦國朝人裒集，雖謂有功聖門可也。可證明人已留意輯佚古書。

〔註129〕皆見《經籍會通》卷一。

〔註130〕《經籍會通》卷三。

130〕。前人對於此事，甚爲留意：

> 甚矣前代之留神典籍也，華嶠《漢書》軼矣，然隋得一十七卷存焉，
> 唐得三十一卷存焉。即殘闕僻緩之書，弗忍棄也。隋十七卷，蓋重購所致。
> 唐顧倍之，則承平日久，屋壁之下，巖石之中，有時而出也。蕭子雲《晉
> 書》一百二卷，至唐僅得九卷。王智深《宋書》六十一卷，至唐僅三十卷。
> 干寶《晉書》止二十卷，朱鳳《晉書》止十四卷，皆不知原數。寶則散逸
> 亡緒，鳳則編輯未成，亦錄之弗忍棄也。前代于典籍如此，後世非直殘缺
> 者不可得見，即全帙以飽蠹魚，可勝歎哉〔註131〕！

因前人對典籍所採態度，即使是「殘闕僻緩」，或「散逸亡緒」，或「編輯未成」，皆
「錄之弗忍棄」，心歎之餘，而有輯佚之志。

加以「性嗜古書籍」〔註132〕，故「生平好鳩集經子」〔註133〕，其藏書達四萬
二千三百八十四卷。然所收藏之書，除「大率窮蒐委巷，廣乞名流，錄之故家，求
諸絕域」外，因限於財力，雖「補綴拮据，垂三十載」〔註134〕，僅能做到「收殘綴
軼」〔註135〕。

二、輯佚之資助

胡氏收殘綴軼工作，大都有賴類書及小說之類書籍中，所收錄之故實；部份則
爲後世典籍所摘錄之文，或注釋之引文，分論於下：

1. 類書、小說所收

胡氏一向肯定類書及小說之功能價值，以其能保存前代文獻，令古書常能藉此
而能「名亡實存」，嘗云：

> 漢、唐、六代諸小說，幾於無不傳者。今單行別梓雖寡，《太平廣記》
> 之中，一目可盡。《御覽》諸書，往往概見。鄭漁仲所謂名亡實存者也。
>
> 宋人諸說，雖間載《百川學海》諸家彙刻，及單行《夷堅》、《桯史》之類，
> 盛於唐前。然曾氏、陶氏二書，輯類各近千家，今所存十不二三矣！

此二類之書，不僅如鄭氏所云「書有名亡實不亡」〔註136〕，即使是「名存實亡」之
書，或殘闕之書，亦可藉以見其概略，故云：

〔註131〕同上。
〔註132〕〈二酉山房記〉語，見《經籍會通》卷二。
〔註133〕《經籍會通》卷二。
〔註134〕《經籍會通》卷四。
〔註135〕《經籍會通》卷二，以陸深藏書大都殘本，親自搜殘補軼，而有此嘆。
〔註136〕《校讎略》〈書有名亡實不亡論〉。

唐人《酉陽雜俎》、《玄怪》等編，今皆行世，而《太平廣記》所載，
往往有諸刻所無者。蓋諸書皆自《廣記》錄出，而鈔集者鹵莽脫略致然
〔註137〕。

又云：

《博異志》稱谷神子纂，……，今刻本纔十事……，後讀《廣記》、《御
覽》諸書，迺知刻本鈔集，所遺甚眾，僅得此書之半耳〔註138〕。

胡氏在《甲乙剩言》，又記載與嘉禾姚士燐論《干寶搜神記》一書：

姚見余家藏書目中，有《干寶搜神記》，大駭曰：「果有是書乎？」余
應之曰：「此不過從《法苑》、《御覽》、《藝文》、《初學》、《書抄》諸書中錄
出耳，豈從金函石篋幽岩土窟握得邪！大都後出異書皆此類也」〔註139〕。

據上所述，可知胡氏的輯佚工作，大都建立在此一基本觀念上。

2. 後世典籍之引文

除以類書、小說為其輯佚之資外，亦據後世典籍中，嘗引用之文為輯佚對像，
即「哀其語之逸於本書，而存於他籍者」，或「本書全逸，而他籍僅存者」〔註140〕，
例如胡氏曾欲輯《鶡子》一書，云：

楊用修云：「鶡能著書二十二篇，子書莫先焉。今其存者十四篇，皆
無可取，似後人贋本無疑也。案賈誼《新書》所引云：又《文選》注引《鶡
子》……。今本無之，知為偽書矣。」右楊氏《丹鉛錄》所載，可補《鶡
子》之缺，因錄此。余考誼〈大政篇〉，所引尚有六條，暇當總輯，合今
傳十四篇，稍次先後為一編〔註141〕。

即欲依楊氏《丹鉛錄》所收錄之文，加上賈誼《新書》引用之文，輯為一編。

《汲冢璅語》遺文，除類書可見收錄，如《太平御覽》第三百七十七卷形體類，
曾引用外，劉知幾《史通》〈疑古篇〉亦曾引用〔註142〕。因而胡氏云「《汲冢璅語》
十一篇，當在莊、列前」，然書已不傳。

《三國注》〈鍾繇傳〉注中引《陸氏異林》所記鍾繇遇鬼婦之事；〈蔣濟傳〉注
引《列異傳》記蔣濟婦夢亡子之事。胡氏云《陸氏異林》諸家不見記載，《列異傳》
見《通志》，而《通考》及《宋志》書目皆無，宋世已亡佚。故特著錄於《二酉綴遺》

〔註137〕二條皆錄自《九流緒論》卷下。
〔註138〕《二酉綴遺》卷中。
〔註139〕見《甲乙剩言》〈知己條〉。
〔註140〕《三墳補逸》卷上語。
〔註141〕《九流緒論》卷下。
〔註142〕據《二酉綴遺》卷中語。

書中〔註143〕。亦可見胡氏對古書已殘篇斷簡現象，所要拾掇補殘所留意的範圍，不僅僅局限在類書而已。

三、輯佚之作

胡氏數十種著作中，部分亦為輯佚之作，如：《百家異苑》、《駱侍御忠孝辯》、《酉陽續俎》、《唐詩名氏補亡》、《元人詩集》五書，胡氏自撰的〈石羊生小傳〉，曾明言有「蒐輯諸書」、「類萃諸書」的著作。他如：《諸子彙編六十卷》、《虞初統集五百卷》二書，當亦為輯佚之作〔註144〕。吳楓《中國古典文獻學》論清代之輯佚，可歸納為三種：

> 清代輯佚古書，可分為三派：一是輯佚，如馬國翰的《玉函山房輯佚書》，與黃奭的《漢學堂叢書》；二是輯佚之外另加評議，如邵瑛的《春秋左傳校注規過》，從《左傳》注疏中輯出；三是輯佚之外另加引申，如陳壽祺的《尚書大傳》輯本，與《駁五經異義》輯本，李貽德的《左傳賈服注》輯本〔註145〕。

胡氏雖有輯佚之作，然今皆失傳，是否即有如吳氏所說：僅輯佚，或者另有論述，則不得與聞其詳。

四、輯佚方法

胡氏的輯佚工作，雖然未能有如他在辨偽學作法，能形成有系統的輯佚理　論及方法，建立出輯佚之學。然而曾有古書概存於類書、小說二類書中，故古書「名亡實存」之說，此說乃本鄭樵〈書有名亡實不亡論〉之觀點。同時也注意到古書亦存於他籍引用或注文之中，須細心留意與比對。

因為胡氏已瞭解亡佚之古書，概見於後世他書中，故由其散見在著作中的論述，可略見他在輯佚工作上的見解。如《四部正譌》書中，辨《三墳》乃後人偽作，其〈天皇氏策辭〉一章，全剿〈舜典〉。論緯書一事云：

> 《太平御覽》所引用亦甚希，而諸史〈藝文志〉，馬、鄭〈經籍略〉，並其名皆無之，蓋自唐已亡。高士廉等編《文思博要》，或掇拾於宋、齊諸類書中；《御覽》又得之《博要》諸書中，決非宋初所有也〔註146〕。

又論汲冢三書之注，皆極闊略，故：

〔註143〕二事見《二酉綴遺》卷中。
〔註144〕上述諸書，見第二章〈胡應麟的著述考〉第一節〈胡應麟著作考〉「散佚作品考」。
〔註145〕本段引自吳楓《中國古典文獻學》第五章第三節〈輯佚書〉頁153。
〔註146〕二事皆見《四部正譌》卷上。

嘗欲爲之薈萃箋解，并裒其語之逸於本書而存於他籍者，及《璅語》
諸篇，本書全逸而他籍僅存者，合爲一編〔註147〕。

論宋計有功《唐詩紀事》一書，尚有遺漏，而：

嘗欲遍蒐唐三百年史傳、文集、小說冗談，以及碑誌箴銘，雜出宋元之後
者，本計氏書稍益其未詳，而盡補其所闕〔註148〕。

可以瞭解胡氏在輯佚工作所使用的方法，與祁承㸁所云：

書有著于三代而亡於漢者，然漢人之引經多據之；書有著于漢而亡於
唐者，然唐人之著述尚有之；書有著于唐而亡於宋者，然宋人之纂集多存
之。每至檢閱，凡正文之所引用，註解之所證據，有涉前代之書，而今失
其傳者，即另從其書，各爲錄出。……，諸如此類，悉爲裒集。又如漢唐
以前殘文斷簡，皆當收羅。此不但吉光片毛，自足珍重；所謂舉馬之一體，
而馬未嘗不立於前也，是亦一道也〔註149〕。

有異曲同工之趣。兩人時代約略相同，祁氏稍後；胡氏以著作中之實際運作爲說，
祁氏書諸於文字來說明不同而已。二人之說亦皆本諸鄭樵「書有名亡實不亡」論點，
而加以運用到輯佚之工作上。

貳、胡應麟的校勘

我國的校讎工作，具有規模、有目的的進行校書事業，同時，又有成績留傳後
世的，以劉向《別錄》爲最早。劉向校書以訂正譌謬爲主，如〈戰國策書錄〉云：

本字多誤脫爲半字，以趙爲肖，以齊爲立。

〈晏子敘錄〉云：

所校中書《晏子》十一篇，臣向謹與長社尉臣參，校讎太史書五篇，
臣向書一篇，參書十三篇，凡中外書三十篇，爲八百三十八章。除復重二
十二篇，六百三十八章，定著八篇，二百一十五章。外書無有三十六章，
中書無有七十一章，中外皆有以相定。中書以夭爲芳，又爲備，先爲牛，
章爲長，如此類者多〔註150〕。

然《漢志》〈六藝略易序〉云：

〔註147〕《三墳補逸》卷上。
〔註148〕《詩藪》〈外編三・唐上〉。
〔註149〕《澹生堂藏書約》，引自嚴倚帆《祁承㸁及澹生堂藏書研究》第四章第三節〈圖書
　　　　的採訪〉頁184。
〔註150〕二事見《中國目錄學資料選輯》頁17及23。

劉向以中古文《易經》校施、孟、梁丘經，或脫去「無咎悔亡」，唯
費氏經與古文同。

又〈書序〉云：

劉向以中古文校歐陽、大小夏侯三家經文，〈酒誥〉脫簡一，〈召誥〉
脫簡二。率二十五字者，脫亦二十五字；簡二十二字者，脫亦二十二字。

由上述記載，可知劉氏校書，以正訛謬、補闕佚為重點。校書時則以中外諸書相互校
定，是亦知古書因傳鈔而有不同，需合眾本校定，始能求得最接近原本。胡氏曾云：

余夙嗜藝文，至於拮据唐業，頗極苦心。購募殘編，鈔謄祕錄之外，
凡散見諸書，附載群集，稍堪卷軸，靡不窮蒐。……，據三史〈藝文〉，
五家〈經籍〉，以及〈列傳〉野記之中，凡遇編名，輒加揞拾，芟除複襍，
融會有無，具列兼收〔註151〕

細索其意，雖僅為輯佚而說，然參合眾書，芟除複襍，融會有無之說，亦遠承劉向
遺意，而加以利用。故據其著作之說，分點論述於下。

一、校勘成因

前云胡氏因典籍流傳久遠，間經浩劫，殘編斷簡；加以財力有限，藏書大都需
搜殘補佚。書之流傳，「秦漢以還，浸知鈔錄」；唐宋以降，雕版盛行；至明世，胡
氏以為：

當代版本盛行，刻者工直重鉅，必精加讎校，始付梓人；即未必皆善，
尚得十之六七。而鈔錄之本，往往非讀者所需，好事家以備多聞，束之高
閣而已，以故謬誤相仍，大非刻本之比〔註152〕。

書因傳鈔者不經心，而魯魚亥豕，訛謬萬端。其平生「酷有考訂之癖」〔註153〕，故
常於「亭午深夜，坐榻隱几，焚香展卷，就筆於研，取丹鉛而讎之」〔註154〕。因此
凡遇書有訛謬處，則：

當博稽典故，細繹旨歸，統會殊文，釐正脫簡，務成裒美〔註155〕。

基於此念，沈涵於「校讎者二十年」〔註156〕。然其校勘工作，亦未能如《四部正訛》
之辨偽，有成系統之理論、方法出現。

〔註151〕《詩藪》〈雜編二‧遺逸中〉。
〔註152〕二說皆見《經籍會通》卷四。
〔註153〕《華陽博議》卷下。
〔註154〕《經籍會通》卷二〈二酉山房記〉語。
〔註155〕《華陽博議》卷下。
〔註156〕《類稿》卷九十〈二酉山房記〉語。

二、校勘目的

　　胡氏遠承劉向校書遺意，校勘重點仍在正譌謬、補闕漏。〈報李景穎司理〉書云：

　　　　《郡志》辱明公下委，……，僅舉正大綱，及刊定紕誤數則〔註157〕。

受託校《郡志》，僅是刊定紕誤，然論《太平廣記》一書云：

　　　　近迺有刻本，出晉陵談氏，讎校頗精。今六代唐人小説雜記存者，悉
　　　　賴此書。第中間數卷全缺，僅目存首帙。吾暇當與足下（按指祝鶴）參互
　　　　訂補，俾此書復稱完璧，亦異代子雲也」〔註158〕。

雖然談氏校讎《太平廣記》頗精，但因殘闕，而欲與祝鶴參互訂補，已有補闕漏之意。論《酉陽雜俎》云：

　　　　段氏書近多雕本，而魯亥殊眾，師儒老宿弗易徵，又軼漏幾過半。余
　　　　谷居孔暇，稍稍據《廣記》校定之〔註159〕。

而《詩藪》錄〈寶玄妻別夫書〉）云：

　　　　右詩（按指〈寶玄妻別夫書〉）載《藝文類聚》：「仰呼蒼旻」下有「悲
　　　　哉寶生」四字，而缺「縈縈白兔」二句。今據〈古怨歌〉增入，則仕篇完
　　　　整，首尾較然〔註160〕。

正是其補闕之佳證。可知其正譌謬、補闕漏之校書，目的在「採摭異同，參伍今昨，劃剔誣偽，泝遡本眞」〔註161〕，是遠承劉向之意，同時也提出以類書——《太平廣記》爲校勘的依據。

三、校勘之依據

　　劉向匯集眾本作爲依據而校書，是爲後世校書之準則。胡氏校勘所依據可分數點論述：

1. 匯集眾本校書

　　「採摭異同，參伍今昨，劃剔誣偽，泝遡本眞」，爲匯集眾本來校書之主要目的。胡氏亦遠承劉向遺意，且深明此意，而加以運用，卻未能有如劉向記出他所用的書名，亦即所用版本爲何。如《藝林學山》訂楊慎《詩話》之誤，其中「十樣蠻箋」條云：

　　　　「蠻」諸書悉作「鸞」，此蓋傳錄之誤。

〔註157〕《類稿》卷百十六。
〔註158〕《類稿》卷百十六〈燕中與祝生雜柬八通〉之三。
〔註159〕《類稿》卷八三〈增校酉陽雜俎序〉語。
〔註160〕《詩藪》〈外編一・周漢〉。
〔註161〕〈莊嶽委談引〉。

「社南社北」條云：

> 按杜「舍南舍北皆春水」，蓋在蜀草堂詩也。……考杜集他本，絕無
> 「社」字之訛。

訂楊氏《詞品》之誤，其中「鬧裝」條云：

> 按樂天〈寄翰林學士詩〉：貴主冠浮動，親王彎鬧裝。白集及《文獻
> 通考》俱同。自註：《通考》〈翰林院類〉引此詩。非帶也。〔註162〕。

上述所引，為胡氏考訂之作，非專為校書之用，然已運用不同版本來訂正楊氏引文之誤，除「鬧裝」條，明言以《白居易集》及《文獻通考》引文，來考訂楊氏之誤，前兩條則僅言「諸書」、「他本」而已。

2. 依據類書

類書除可作輯佚之資外，尚可作為校書之依據。胡氏論唐人所編諸類書，蓋亦鈔合《太平廣記》一書，云：

> 唐人《酉陽雜俎》、《玄怪》等編，今皆行世，而《太平廣記》所載，
> 往往有諸刻所無者。蓋諸書皆自《廣記》錄出，而鈔集者鹵莽脫略致然
> 〔註163〕。

知歷代類書之編修，亦往往鈔合前朝類書，然因鈔集者鹵莽脫略，故可依一事見二書之因，互為校勘。如《丹鉛新錄》訂正楊慎所謂「小說，唐宰相有櫻笋廚，食之精者櫻桃什畢羅」條云：

> 《酉陽雜俎》：「衣冠食之精者，蕭家餛飩，庚子稷子，韓約櫻桃畢羅。」
> 不云「宰相櫻笋廚」也。今《雜俎》刻多誤，《韻語陽秋》十九卷引之，
> 可證〔註164〕。

是亦據類書校定、辨正刻書之誤。

3. 根據史書記載

胡氏「少而好史」，「有概於心，輒書片楮投篋中」〔註165〕，因而於史傳頗究於心，認為：

> 史之不易也，寸管之蒐羅，宇宙備焉，非以萬人之識為一人之識不可
> 也。隻詞之褒貶，天壤流焉，非以萬人之衷為一人之衷不可也〔註166〕。

〔註162〕 本條見《藝林學山》卷三，前二條則皆見《藝林學山》卷二。
〔註163〕 《九流緒論》卷下。
〔註164〕 《丹鉛新錄》卷四。
〔註165〕 〈史書佔畢引〉。
〔註166〕 《史書佔畢》卷一。

有此體認，而認爲：

> 才、學、識三長，足盡史乎？未也，有公心焉，直筆焉，五者兼之，
> 仲尼是也〔註167〕

因此亦以史書作爲校書之依據，如訂楊愼謂「《茶經》，陳季庇撰，庇即陸羽也。羽字鴻漸，季庇或其別字」云：

> 羽一名疾，字季疵，非季庇也，見本傳，又見皮日休文〔註168〕。

論唐「盧鴻一」一人云：

> 盧鴻一見《舊唐書》，《新唐書》作盧鴻，誤也。《通鑑》采摘，止據
> 《新唐書》，故亦作盧鴻；《綱目》本《通鑑》之誤，而《通鑑》又本《新
> 唐書》之誤〔註169〕。

因其深明史學，能據《舊唐書》校諸書之誤記，是皆史書爲校書之依據。

四、校書的方法

因胡氏藏書，大都爲殘編斷簡，故拾綴補闕，「就筆於硯，取丹鉛而讎之」〔註170〕爲常事，雖是：

> 採摭異同，參伍今昨，剗別誣僞，泝遡本眞〔註171〕。

匯集眾本以正誤謬、補闕漏，然未能如後人校勘，明言所據諸版本，並以何書爲底本？胡氏嘗據本書原文、用字，判斷二書之先後，如論《列子》〈周穆王篇〉引自《穆天子傳》，云：

> 《穆天子傳》與《列子》，體制不同，各極古雅，此篇奇字，皆《列
> 本》所無，信知《列子》引《穆傳》，非《穆傳》本《列子》也〔註172〕。

書之用詞、字句，皆有其時代性及習慣性，因此可據以概略知書之時代、作者。亦即可因書之用字，考訂二書同用一文時其時代之先後。

又論《乾坤鑿度》書中，孔子所云「太易、太初、太始、太素」之說，而判斷乃抄《列子》，而略作修改，其說：

> 實全寫《列子》〈天瑞〉一節，稍增損數字，遂不成語言。又《列子》
> 「重濁者下爲地」之後，有「冲和氣者爲人，故天地含精，萬物化生」三

〔註167〕同上。
〔註168〕《丹鉛新錄》卷二。
〔註169〕《丹鉛新錄》卷三。
〔註170〕《經籍會通》卷二。
〔註171〕〈莊嶽委談引〉。
〔註172〕《四部正譌》卷下。

語，意乃完足。今劃去後三語，而以「物有始有壯有究，故三畫成乾」接
之，文義頓斷缺可笑〔註173〕。

是根據《乾坤鑿度》引用《列子》〈天瑞篇〉一文，故以《列子》原文爲說。又辨楊
愼《升菴文集》「越絕當作越紐跋」爲誤，云：

> 《越絕》書名解，今在篇旨，其文字灼然。東漢末人，與著書者相去
> 不遠，蓋其書東漢人本《伍子胥》而潤色之者也。即所解「絕」字未暢，
> 不得以爲「紐」字之誤。嗣是隋、唐、宋《藝文志》，馬、鄭諸家書目，
> 並無作「紐」字者，況「紐」字文義曲迂，又甚於「絕」乎〔註174〕。

判斷《越絕書》乃根據《伍子胥》一書，潤色而成，並根據字義，書名當爲《越絕》，
不作《越紐》。

由上所述，胡氏校勘所使用的方法，似可歸納出下列幾點：

1. 以他書引用本書之文，與本書相校

因《列子》〈周穆王篇〉乃引錄《穆天子傳》之文，故可據《列子》來校《穆天
子傳》。

2. 本書引用他書之文，用他書與原書相校

因《乾坤鑿度》孔子所說一段，乃引用《列子》〈天瑞篇〉一文，故可據《乾坤
鑿度》之引文，來校定《列子》〈天瑞篇〉。

根據胡應麟散見於著作的論述及實例，雖可明瞭他頗重視校勘工作，亦可歸納
出他校勘之目的、依據及方法；但是校勘工作，往往與考據相混，原本就很難明確
地分辨出來。因此就校勘而言，胡氏尚未提出成系統的方法與理論。

〔註173〕《四部正譌》卷上。
〔註174〕《藝林學山》卷六。

第五章　胡應麟在圖書目錄學史上的成就

在上一章，對於胡應麟在圖書目錄學的意見，已加以論述；這一章，就嘗試爲他的觀念及研究，加以定位。所謂定位，一是就中國圖書目錄學史，這個縱切面，看他的承先啓後；二是就明代圖書目錄學這一橫切面，看他在這一時代的地位。分兩節論述，第一節論胡應麟在圖書目錄學上的成就，爲討論方便，歸納爲目錄、辨僞、考據三方面；第二節論胡應麟的著作，在圖書目錄學上的價值，專論胡氏眾多著作中，與圖書目錄學關係密切的，試加以定位。

第一節　胡應麟在圖書目錄學史上的成就

壹、目錄學的觀念

胡應麟少即愛好史學〔註1〕，對於「史」的觀念，非常重視。就目錄學方面，他相當重視目錄學的源流，《經籍會通》開卷即言：

> 墳籍之始，肇自義黃，盛於周漢，衍於梁晉，極於隋唐。一燼於秦，再厄於莽，三災於繹，四蕩於巢。宋氏徵求，力倍功半，元人裔夷，事軼言湮。聚散廢興，概可觀矣〔註2〕。

以標明其敘述源流的目的。因此胡氏的目錄學，即是建立在完整的目錄學史的觀念上，發展出來的學問。

一、目錄學史的觀念

我國目錄學淵源於漢劉氏向、歆父子，胡應麟概述目錄學的發展云：

〔註1〕　〈史書佔畢引〉。
〔註2〕　《經籍會通》卷一。

　　　　凡前代校綜墳典之書：漢有《略》，晉有《部》，唐有《錄》，宋有《目》，
　　元有《考》，〈志〉則諸史共之。

簡單幾句，即交代出自漢至元代，目錄書的概況。因〈志〉爲諸史所共有，在敘述
目錄學源流時，首先注意到史志的淵源。他認爲史書〈藝文志〉：

　　　　雖義例仍乎前史，實紀述咸本當時，往代之書，存沒非此無以考，今
　　代之蓄，多寡非此無以徵〔註3〕。

即是強調史志的重要性，而其所以重要，則在史志不僅前有所承，並記錄當代著作。
由於歷代史志，皆前有所承，故探討史志的淵源流傳，即可歸納出大部份的目錄學
的源流。

　　按具有「史」的觀念，而就整個「史」的立場，論述目錄學的源流，據現今可
見的資料，最遲在梁阮孝緒〈七錄序〉中已見。〈七錄序〉追溯目錄書的源流，自《漢
志》因《七略》而作，至劉宋王儉《七志》依《別錄》之體而撰止，並略評各目錄
書的優劣。《隋志》〈大序〉除承繼〈七錄序〉的作法——概略各目錄書傳承及優缺
點；並記載各目錄書收書的卷帙，以明歷代典籍的多寡。《舊唐志》〈序〉則因《隋
志》例而作。

　　胡氏論目錄源流的作流，因襲《隋志》〈序〉例，而擴大記載。分點敘述於下：

1. 追溯目錄學的源流

　　胡氏論目錄學的淵源流傳時，舉史書《藝文志》爲例。認爲史書編撰藝文志的，
在明代以前，僅有五家，進而探討此五書的傳承關係，以及各《藝文志》的優缺點，
《經籍會通》卷一記載此事云：

　　（1）《漢志》規模《七略》。而「中壘父子，奕葉青緗，紀例編摩，故應邃密。
第遺書絕寡，考訂靡從」。

　　（2）《舊唐志》沿襲《隋志》，並著錄本朝。而「《隋志》簡編，亦多散佚。而
類次可觀，論辯多美」。

　　（3）《新唐志》校益《舊唐志》，以其疏略，而「間增所缺，頗自精詳」。

　　（4）《宋志》因《崇文》、《四庫》等目。而「紊亂錯雜，元人製作，亡足深譏」。

　　短短數語，明確地交代了諸史藝文志的淵源，及各書的優劣。因爲《七略》爲
劉氏父子之作，故不云其前有所承，胡氏雖未論《隋志》的淵源，然在評論各史《藝
文志》時云：

　　　　諸史《藝文》皆草草，惟《隋志》盛欲　備一家言，追劉、王、阮氏

　　諸書，序意可見大都〔註4〕。

　　按：參酌《隋志》〈序〉所云：

　　　　遠覽馬史、班書，近觀王阮志錄，把其風流體制，削其浮雜鄙俚。離

　　其疏遠，合其近密，約文緒義，凡五十五篇，各列本條之下，以備經籍志。

可知《隋志》乃參考《漢志》、《七志》、《七錄》諸書而成，故胡氏所謂「追劉、王、

阮氏諸書」似即此意。因此，追溯《漢志》至《隋志》各書淵源，全承繼《七略》。

2. 著錄歷代可知目錄書名，並記載朝藏書卷帙

　　記載歷朝藏書卷帙之數目，可知歷代對於典籍的重視程度，以及書的存佚概況。

此一方式，已見《隋志》〈序〉。胡氏又據諸史《藝文志》所載各朝內閣書目，加以

著錄，更是有意識的作法，藉此以明歷代對目錄學的重視與否。

3. 收錄各家序跋、及有關歷代典籍聚散的記載

　　《經籍會通》卷一，收錄《舊唐志》〈序〉至〈輟耕錄〉記元莊蓼塘藏書一事，

可歸納出三點結論：

　　（1）可知有唐一代編修書目，及經籍聚散概況。

　　（2）可知私家藏書，始於宋代，而宋、元兩代私家藏書概況，藉此可以得知其

梗概。

　　（3）繼隋牛弘所說「書之五厄」，歸納出「十厄」的說法，是典籍經歷代流傳，

日益稀少的主因。

　　由上所述，知胡氏論目錄學的源流，是基於「史」的觀念，有意識的承襲前人

作法，而加以擴大其體例，完整的呈現歷代典籍的收藏、聚散，以及目錄學的淵源

流傳。

　　前云敘目錄學源流的作法，至遲在阮孝緒〈七錄序〉中已見。然〈七錄序〉、

《隋志》〈序〉及《舊唐志》〈序〉等書，僅見諸於〈序〉文，是否就可以認定是

一篇「目錄學史」的著作，尚待討論。而利用一篇文章，來敘述目錄學的源流，

胡氏〈二酉山房記〉一文，亦有此類似的作用，可以瞭解胡氏所具有的「史」的

觀念，是如何的強烈，隨時都在運用。而胡氏對於「目錄學史」的重視程度，以

及何以要敘述目錄學的源流，或許從《經籍會通》卷一，所記載的二則，可以得

知他的想法。一則云：

　　　　大率史氏精神全寓紀傳，論序次之，表志之流，便落二義。至於經籍，

　　尤匪所先。且人靡博極，業謝專門，聊具故事而已。

〔註4〕《經籍會通》卷一。

胡氏大概鑒於歷朝史書，撰《藝文志》者僅五家，而《宋志》一書，「紊亂錯雜」。故在「元人製作，亡足深譏」的感嘆之後，認為史家不重視《經籍志》，視經籍是「聊具故事而已」。加上歷代書目所記的卷帙，往往有異同，推測出：

> 緣諸家輯錄，或但紀當時，或通志一代，或因仍重複，或節略猥凡。
>
> 故劉、班接迹，繁簡頓殊；三謝並興，多寡懸絕。

因此才「紬繹群言，旁參各代，推尋事勢，考定異同」。同時，胡氏亦以修《明史藝文志》為己任，《經籍會通》卷四，記載胡氏此一心願的始末，轉錄於下：

> 國朝開基紹統，大綱萬目，靡不度越前朝。至表章六籍，統壹聖真，則巍然上揖夏商，埒周而四，漢唐以降，無足云也。惟是儲畜一端，前代英君哲弼，往往係心，似亦右文之世不容後者。國初高皇帝首命頒刻六經，繼之文皇帝躬修《永樂大典》，草創之晨，勤思載籍尚爾，矧今日蓁隆之極邪。近年楚試發策，以蒐集遺書為問，一時雅士，多韙其言。竊惟我國家汛逐腥膻，肇建區宇，文明之象，際地極天。中祕所畜簡編，固應倍蓰往昔。重以累朝史局，鴻鉅肩摩，詎乏劉、班、王、魏等輩。而《藝文》一錄，尚似缺如，是真有待於今日也。況今雕本盛行，異書迭出，較之漢唐，難易萬萬相懸。誠略倣前史求書遺意，稍示向方，事半昔人，功必百之。俟以三年之力，盡括四海之藏；然後大出石渠東觀，累葉祕書，分命儒臣，編摩論次，勒成一代弘文之典。俾百世後，知皇朝儲蓄之富，冠古絕今，實宇宙之極觀，生人之殊際也。時不可失，芹曝之念，恆睠睠於斯云〔註5〕。

又欲會萃鄭氏《通志》、馬氏《通考》，漢、隋、唐、宋四代《藝文志》以及諸家書目，編撰《古今存佚書目》〔註6〕。

由於胡氏素有上述所言二大心願，並對史家不重視《經籍志》修撰的看法，才有完整的「史」的觀念的驅使下，探討目錄學的源流，形成「目錄學史」的觀念，吾人不得不推重他的卓見。

二、類例的觀念

胡應麟類似的觀念，亦來自「史」的完整性，也可以說是建立在前面所論「目

〔註 5〕按胡應麟之說，明謝肇淛《五雜俎》卷十三曾加以譏評云：胡元瑞謂欲以三年之力，盡括四海之藏，而後大出祕書，分命儒臣編摩論次。噫！談何容易，不惟右文之主不可得，即知重文史者，在朝之臣能有幾人，而欲成萬世不刊之典乎？《內閣書目》門類次第僅付之一、二省郎之手，其泯淆魚豕不下矇瞽而不問也，何其它哉！

〔註 6〕《經籍會通》卷二。

錄學史」的基礎上。由於承繼「史」的觀念，針對書目分類利弊，而提出自己的
看法。

1. 綜論歷代書目的分類

前代書目，自《七錄》以降，在〈序〉文中，除略論各代書目傳承外，並羅列
各書目的類例。記各書的類例，除可存目錄學的史料外，更由類例的分合、立廢，
可知各類學術的源流及演變。

《經籍會通》卷二，論述《七略》、《七志》、《七錄》、《晉中經新簿》、《邯鄲圖
書志》、《鄭氏書目》、《遂初堂書目》、《通志藝文略》、《文獻通考經籍考》、《江東書
目》等書的類例，並論各書分類的淵源，分類得當與否，以及部類分合的原因。如
論《七錄》分類云：

> 右（指《七錄》）分類大概與《通考》合，惟析〈技術〉置四部外，
> 而〈兵家〉尚半〈諸子〉，蓋秦、漢軍書最盛，故劉、王特列〈兵家〉。而
> 〈術數〉、〈方技〉，條流繁衍，至析爲二。梁世稍減，因以〈兵〉〈子〉同
> 條，〈術〉〈數〉共貫。唐、宋以後益微，遂皆統於〈子〉矣。

除述因學術演變，書籍隨之增減外，亦注意到歷代書目分類，大都因書的增減而分
合，亦即是「類例的分合，因書之多寡」。

2. 類例分合的看法

胡氏既注意到前代書目，「類例的分合，因書之多寡」的作法，故對鄭樵《藝文
略》基於學術觀念分類——「類例分，則百家九流各有條理，雖亡而不能亡也」〔註
7〕的作法，頗加贊賞的說：

> 案鄭之析類，頗極苦心。第自唐以後，四部卷數相當，總之經、史、
> 子、集而細分之，乃爲得體。

論陸深《江東書目》分十二類，其中有幾類，獨立出來，自成一類的不當，認爲：

> 宋世理性之書，自有〈儒術類〉，列於子家；諸志皆史也，雜技皆子
> 也，韻書即經也，似不應更爲類；小學即韻類也，醫學即技類也，二者絕
> 不相蒙，尤不應混列一塗。

據他對鄭樵、陸深分類的看法，似乎認爲書目的分類，當依學術派別源流來分類。
不當本屬同一門學術的典籍，逕分爲二類；而性質完全不同的書，卻合而爲一。但
在論鄭樵立〈藝術類〉一事，卻說：

> 今〈藝術〉等書，僅數百卷，亦爲一類，可乎？

〔註 7〕 鄭樵《校讎略》〈編次必謹類例論〉。

似乎除贊同依學術分類外，尚需注意到書籍的多寡。

3. 類例的主張

綜合前人分類的方式，加以歸納、分析，注意到分類需顧及學術源流及演變，同時亦考慮到「類例的分合，因書之多寡」而分。雖因學術的衍化，書籍隨之增減，而有：

> 第時代盛衰，製作繁簡，分門建例，往往各殊。

的情況出現。但仍贊成以四部分類爲主的傳統作法，最爲恰當：

> 經、史、子、集，區分爲四，九流百氏，咸類附焉，一定之體也。

如果胡氏只是依傳統的四部分類，則無需多談。但他雖認爲四部分類，是「一定之體」，卻又注意到類書、僞書，以及道、釋二藏的歸類問題（詳第四章第二節），而提出「五部分類」的看法：一爲分經、史、子、集及類書五部；一是類書加上僞書、道釋二藏之書爲一部，與經、史、子、集四部相抗衡。

除對大部類的設置，提出新的主張外，另有一個值得注意的部類分合的作法，即是「雜家并名、法及古雜家爲一類」的說法。依〈重定九流序〉中，所定之九流爲：儒、雜、兵、農、術、藝、說、道、釋等九家。而「雜」字下註云：

> 總名、法諸家爲一，故曰雜。古雜家亦附焉〔註8〕。

按雜家類，《七略》已見記載。而將法、名、墨、縱橫四家，併入雜家一類，尤氏《遂初堂書目》，也已合一。但提出論述的，卻以胡氏的說法最早。黃虞稷《千頃堂書目》以墨、名、縱橫及法併入雜家，〈四庫總目凡例〉所說：

> 名家、墨家、縱橫家歷代著錄，各不過一二種，難以成帙，今從黃虞
> 稷《千頃堂書目》例，併入雜家。

似乎當溯至胡應麟，才是恰當。

按《九流緒論》卷下，論《鶡子》一書，「概舉修身治國之術，實雜家言也」；又論《漢志》「所謂小說，雖曰街談巷語，實與後世博物、志怪等書迥別，蓋亦雜家者流，稍錯以事耳」。知其所謂「雜」，乃指《漢志》所云「兼儒墨，合名法，知國體」之雜家。所合併諸家，除因「其說浸微，術浸滅」，使書籍日益減少，而合併於雜家之處。才有「總名、法諸家爲一，故曰雜」之說，而古雜家附之。故此一主張值得留意。

三、小序的觀念

小序是目錄學體制中，重要的一環。其目的在敘述一家一派的學術源流。此處

〔註 8〕《九流緒論》卷上。

所要談「小序的觀念」，是指他論子書九流的學術淵源、發展與分合；論道、釋二家淵源、衍化分支。嚴格說來，用「小序」二字並不恰當，應以「總序」或「大序」為標題才是。然而胡氏在子部、道家、佛家等三家「小序」的做法，可分為二類：一是〈重定九流序〉是真正的「總序」的做法：一是仿馬端臨收錄各家序文，藉由各家序文，以明道、釋二家的學術淵源、衍化及分合，又像是「大序」的做法。在無適當名稱可用情況下，暫時使用「小序」之名以為說，因為《九流緒論》、《玉壺遐覽》、《雙樹幻鈔》三書皆在論學術淵源流變及利弊。

胡氏「小序的觀念」，仍是因「史」的觀念而來，亦即是建立在「目錄學史」的基礎上做的。世人皆知，《七略》已有小序的體制，只是當時，尚將敍述各家各派學術的淵源流變及利弊，合成〈輯略〉一篇；至班固才將其分載於各類書目之後，作為〈小序〉，再撰〈總序〉附於每略之後，於《志》首冠上〈大序〉。上述諸序，雖名稱不同，但敍述各家各派學術的淵源流變及利弊的作用則是相同。

因此，胡氏「小序的觀念」，可說是遠承《漢志》的作法，亦即是本諸傳統目錄書的體制與觀念而作，並無個人理論的提出值得注意的，倒是在於他仿馬端臨收錄各家序文，以保存史料的作法，加上自己的見解，作為道、釋二家的〈小序〉，用來敍述二家學術的淵源流變及利弊。

如《玉壺遐覽》卷一，錄《隋志》〈道家總序〉，論道家源委、廢興。因只敍至隋世，故再錄馬端臨論道家本支得失，在唐代以後術業的變化，以補《隋志》的不足。然而南宋以後，《經籍考》未及記載，故錄《青巖叢錄》、王世貞〈跋王重陽碑〉、《宋三朝國史志》，以及《經籍考》〈仙釋類〉所收宋晁公武論神仙、佛教二家之說。

由該卷所載，得知原本主清淨無為之說的道家，漢代以降，摻雜了煉養、服食、符籙、及經典科教之說，於是神仙家、道教隨之而出，又有全真教南北三宗之分（按《青巖叢錄》云全真教「有南北二宗」，胡氏加以考訂，實為三宗，故從胡氏之說）。因此，胡氏非僅錄各家序文，並曾加以考訂、論辨，而總結地說：

> 蓋後世神仙之說，雖原本道家，實與道家異。至於服食章醮，而老子
> 之道亡也久矣！

這種傳承前人的作法，還是值得一提的，不能視其因襲前人，而不給予重視。因為，就目錄學史看，小序的觀念，到胡應麟手上，仍然傳承，只是改變方式而已。

綜合上述三點論述，可以明瞭，何以在〈二酉山房書目〉不傳於世，而其藏書又皆散佚無存，不能獲得他藏書目的分類細目情況下，後人仍認為他是一位目錄學家，端在於《經籍會通》一書。他之所以能成為目錄學家，在於對目錄學具有清晰的觀念，此一觀念則來自對目錄學史的透澈了解。雖然胡氏的「五部分類」的觀念，

只是一種理論的提出，無法證明是否眞正運用在其〈藏書目〉中；而其「小序」的觀念，只是承接《漢志》、《經籍考》的傳統做法，並未建立自己的理論。但在整個中國圖書目錄學史上的地位而言，仍然應當被肯定的。

貳、辨僞學的觀念

僞書之作，西漢已有，自此愈後愈多，「衒奇之夫，往往驟揭而深信之」〔註 9〕。世人對此類之作，「或以非僞而信之，或概以僞而疑之」，都是未加深考原故。因此胡氏特地爲之別白，「俾撰者弗湮其實，非撰者弗蒙其聲」〔註 10〕，而形成其辨僞之學。

但辨僞之學，《漢志》已露其端，只是尚未形成系統。有系統，有理論，有方法的辨僞學，不得不歸諸於胡應麟一人。而一門學問的形成，必經過多人的努力，才能臻於至善，非一蹴可成。故首先敘述辨僞學的淵源。辨僞學可視爲考據學一支，此處專論辨別僞書一項。凡是關辨別僞書的各種因素，皆列在辨僞學項目中討論，而涉及考據學的說法，則置於「考據學的觀念」部份再討論。

一、辨僞書之淵源

辨僞事，西漢以降，時有所見。如《漢志》〈小說家〉《伊尹說二十七篇》〈注〉云：「似依託」之說外，又如王充《論衡》〈正說篇〉云：

> 東海張霸按百篇之序，空造百兩之篇，獻之成帝。帝出祕書百篇以校
> 之，皆不相應。於是下霸於吏，吏白：霸罪當至死。成帝高其才而不誅，
> 亦惜其文而不滅，故百兩之篇傳在世間。

此一事件，是因帝王嗜書，欲廣收天下祕書，而張霸則因貪圖賞賜而僞造，事被識破，幾至論死。又《隋志》〈孝經類小序〉，對《古文孝經》已提出疑惑，云：

> 孔安國爲之傳，至劉向典校經籍，以顏本比古文，除其繁惑，以十八
> 章爲定，鄭眾馬融並爲之注。又有鄭氏注，相傳或云鄭，其立義與玄所注
> 餘書不同，故疑之。

是疑《古文孝經》爲僞。至劉知幾《史通》〈疑古篇〉，始爲專篇辨僞〔註 11〕。柳宗元辯《列子》、《文子》、《鬼谷子》、《晏子春秋》、《亢倉子》、《鶡冠子》及《論語》

〔註 9〕〈四部正譌引〉。

〔註 10〕《四部正譌》卷上。

〔註 11〕劉知幾《史通》〈疑古篇〉，顧頡剛編入《古籍考辨叢刊》第一集內，而鄭良樹《古籍辨僞學》第一章頁 4，卻以爲尚在古史考辨和古經訓說的夾縫中，只是批評古籍所載之古史，非古籍本身眞僞問題。

諸作〔註12〕，則是一系列考訂之作，是首位專門考辯古籍，而寫下一系列辨僞的文章的人。如論《列子》一書，〈辯列子〉云：

> 其〈楊朱〉、〈力命〉，疑其《楊子書》；其言魏牟、孔穿，皆出列子後，不可信；然觀其辭，亦足通知古之多異術也，讀焉者慎取之而已矣。

因此近人鄭良樹才認爲，柳宗元本身存有「一方面要以目錄學來『辨章學術，考鏡源流』，一方面要以古籍辨僞來『識古書之正僞』的意念，而後者所佔的比重比較大些」的說法〔註13〕。

趙宋時期，辨僞之學發展迅速，是因宋人治學的態度——注重經籍中心思想，重視義理，講究精微——與漢人治學集中在於古籍整理、校勘與訓釋的方法不同。在宋代學者心中，已無所謂「聖人」、「經學」的觀念，反而頗具懷疑精神：或疑經義的不合理，或疑經書的作者，或疑經文有脫簡、錯簡、譌字等，各方面都提出疑問，因懷疑而加以考訂、辨別。故舉凡書的作者、成書的時代以及經文的附益等情況，都提出來討論。以歐陽修《易童子問》首開風氣，而《朱子語錄》疑《尚書大序》乃後人僞託，鄭樵《詩辨妄》明言《詩序》非子夏所作，晁公武《郡齋讀書志》及陳振孫《直齋書錄解題》皆大量懷疑古書之眞僞。就《少室山房筆叢》書中，常引用上述諸家的辨正結果而言，胡應麟的辨僞學，當亦間接受到他們的影響。

雖然宋人已有大量的辨僞的意見，但是辨僞之學，直到明宋濂時，才正式成立，梁啓超在《古書眞僞及其年代》中，說出他的理由：

> 明初宋濂著《諸子辨》一卷，辨別四十部子書的眞僞。從前人往往在筆記文集，或書目中帶說幾句辨僞的話，沒有專著一卷書來辨許多書的僞的，宋濂卻和前人不同。我們可以說，專著一書以博辨群書的，宋濂是第一個〔註14〕。

雖然《諸子辨》出現，已正式的成立，形成一門獨立的學科，但梁在同一書中，又說：

> 《諸子辨》不過文集裏的長篇文章，仍舊放在雜著之部，而且沒有博辨群書的眞僞，發明通用的方法，胡應麟著《四部正譌》是第一次〔註15〕。

梁氏認爲辨僞之學，眞正獨立爲一門有系統，有理論，有方法的學問，同時有辨僞

〔註12〕民國71年漢京文化事業公司影印吳文治校點《柳宗元集》第四卷〈議辯〉。
〔註13〕見鄭良樹撰《古籍辨僞學》第一章頁6。
〔註14〕梁啓超《古書眞僞及其年代》第三章〈辨僞學的發達〉頁35，民國71年臺灣中華書局排印本。
〔註15〕同上書，第三章〈辨僞學的發達〉頁35。

專書的辨偽學家是胡應麟。然而胡應麟的辨偽之學，是否為其獨創？答案當然是否定的。胡氏的辨偽學的觀念與作法，乃建立在他的目錄學的基礎上，而加以運用的。而他的辨偽觀念，也是前有所承，亦即承襲前人辨偽的成果而來。若要追溯胡氏辨偽學的淵源，當然可說遠紹《漢志》以降的觀念及作法。但是有明一代，在胡氏之前，宋濂、楊慎、王世貞、梅鷟及陳耀文諸人，已有辨偽之作，因此也可說，胡氏是近承宋濂以下明人的的辨偽觀念與風氣而來。故顧頡剛〈四部正譌序〉云：

> 我常覺得明代的文化是藝術的，詩文、戲劇，書畫，雕刻都有特殊的造就，但在學問方面則無甚精采，既不及宋代人的創闢，又不及清代人的縝密。倘使一定要說出他們的優點，或者還在「博」上。他們讀書的態度並不嚴正，什麼書都要讀，因此他們受正統思想的束縛較輕，敢於發議論，敢於作偽，又敢於辨偽。他們的廣而疏，和清代學者的窄而精，或者有互相調劑的需要。胡應麟生於晚明，在地域上受了他的鄉先達宋濂和王禕的影響（顧氏自註：宋籍浦江，王籍義烏，與胡都是金華府人）；在時代上受了他的前輩楊慎和王世貞的影響（顧氏自註：楊長胡六十三歲，王長胡二十五歲）。所以他所著的書，所立的說，幾乎完全承這四人之風，而《四部正譌》一書自是《諸子辨》和《叢錄》（顧氏自註：王禕著，在王忠文公集中）的繼承者。

顧氏是就時代風氣、地域性來論胡應麟辨偽學的淵源，正可知其辨偽觀念，頗受前人的影響，辨偽之學，其來有自。

二、建立辨偽學的理論

胡應麟辨偽學理論的建立，首見於《四部正譌》。而其辨偽學的理論，則可分為數點敘述：

1. 將偽書歸為廿一類

首先將偽書的種類，加以綜合性的歸類，分為廿一類：（一）偽作於前代而世率知之者，（二）偽作於近代而世反惑之者，（三）掇古人之事而偽者，（四）挾古人之文而偽者，（五）傳古人之名而偽者，（六）蹈古書之名而偽者，（七）憚于自名而偽者，（八）恥于自名而偽者，（九）襲取于人而偽者，（十）假重于人而偽者，（十一）惡其人偽以禍之者，（十二）惡其人偽以誣之者，（十三）本非偽人託之而偽者，（十四）書本偽人補之而益偽者，（十五）偽而非偽者，（十六）非偽而曰偽者，（十七）非偽而實偽者，（十八）當時知其偽而後世弗傳者，（十九）當時記其偽而後人弗悟者，（二十）本無撰人後人因近似而偽託者，（廿一）本有撰人後人因亡逸而偽題者。

2. 論書真偽的成分

胡氏論一本書眞僞的程度，是依書中所摻雜僞作的成分來判斷，分爲：（一）全僞，（二）眞錯以僞，（三）僞錯以眞，（三）眞僞相錯，（四）眞僞相疑——或殘、或補、或譌，（五）或名譌而書非僞，（六）或其出晚而書非僞等類，用來劃清書籍眞僞的界線。

3. 論偽書的特徵

胡氏認爲僞書具有其特徵，約略歸納，可以說僞書是：多怪字，多傳文。同時僞書並非都淺陋不可覩，尚有名理可味者，亦有文采可觀者。

4. 概述偽書分布情況

胡氏約略統計僞書的分布情況：「凡四部書之僞者，子爲盛，經次之，史又次之，集差寡。凡經之僞，《易》爲盛，《緯候》次之。凡史爲僞，雜傳記爲盛，璅說次之。凡子之僞，道爲盛，兵及諸家次之。凡集，全僞者寡，而單篇別什借名竄匿甚眾」。

5. 考核偽書的方法

除了上述幾種以外，胡氏並由實際辨正之中，得出考核僞書的方法，有下列八種：（一）覈之《七略》以觀其源，（二）覈之群志以觀其緒，（三）覈之並世之言以觀其稱，（四）覈之異世之言以觀其述，（五）覈之文以觀其體，（六）覈之事以觀其時，（七）覈之撰者以觀其託，（八）覈之傳者以觀其人。此八種方法，亦即由傳授統緒、文義內容及思想體系，來審覆僞書。

考核《四部正譌》及《九流緒論》二書，得知他在辨僞方法的運用，以從傳授統緒上別其眞僞，最爲廣泛。亦即利用目錄學之知識，普遍地使用歷代書目，就其淵源及流傳情況，辨別眞僞。

在廿一條僞書情狀中，他也注意到僞書形成的原因，及作僞的動機。歸納書籍僞作的主因在：歷代典籍，常因人禍、天災，導致殘缺、散佚，甚而失傳。世人則因書籍散佚而思聚之。散佚之際，因人主廣開訪書大門，希望在灰燼之餘，拾纂亡散，使篇卷得而復存。如隋牛弘等人，上表請開獻書之路，隋主下詔以「每書一卷，賞絹一匹，校寫既定，本即歸主」。利之所在，人之所趨，故僞作不絕如縷。〈四部正譌引〉所說：「贗書之昉，昉於西京乎。六籍既禁，眾言淆亂，懸疣附贅，假託實繁」，即基於此因。

書的僞作，因典籍遭天災人禍，而殘缺、散佚。由僞作的原因推得作僞的動機。歸納僞作的動機，不外託古、嫁禍、貪賞謀利及爭強好勝。前人亦嘗論及僞作的動機，如胡氏論《碧雲騢》一書，則引王銍云「魏泰場屋不得志，喜僞作他人著書」；

論張霸貪賞偽作《古文尚書》一事，亦是使用前人辨正結果。只是胡氏將各種偽作的動機，歸納出系統（詳第四章第四節），使後人得以明瞭，亦是辨偽學史上首見。

三、與前人辨偽方法的比較

前面已經說過，成系統，有方法、有理論的辨偽學，是由胡應麟所建立；當然也在敘述辨偽學淵源時，約略提過胡氏的辨偽學是前有所承。因此特闢一段，將胡氏辨偽所使用的方法與前人對照，以明其理論的因襲及獨見。所用的資料，大都根據《古書真偽及其年代》，《明代考據學研究》、《古籍辨偽學》三書。所舉的前人，以在辨偽學的歷史上，具有相當地位者，藉以為胡應麟的辨偽學定位。

1. 唐柳宗元辨偽之作

唐代辨偽之學，非起於柳宗元，也非僅柳宗元才有辨偽之作。據張西堂輯《唐人辨偽集語》〔註16〕，自《五經正義》至《樂史》即有二十二種之多。首即以柳宗元為例，是因一般人皆認為是柳氏對辨偽學有相當的貢獻。如《古籍辨偽學》云：

> 柳宗元的出現，立刻把古籍辨偽帶到一個新的境界。他一系列子書真偽的考辨，對這門學問而言，有著非常重大的意義。他是第一位意識到古籍辨偽學應該擺脫目錄學、經學及注疏學的附庸地位，而另闢門戶為一門獨立學問的文人〔註17〕。

故僅以其代表性的柳宗元為例。

柳宗元辨《列子》、《文子》、《鬼谷子》、《亢倉子》、《鶡冠子》、《晏子春秋》、《論語》等一系列考訂的作品，奠定辨偽學的目標及方法。此一系列的考訂，雖然只是其文集的一部分，並且鎖定在幾部子書；但承襲《漢志》以來，對子書的懷疑，卻付諸於行動，從各個角度，判斷前五本是偽書，並以《晏子春秋》是「其墨子之徒有齊人者」所作。以下就此幾篇文章所用的方法，作個歸納，以明其辨偽所用的方法：

（1）探討書的作者

根據書中記載人物，終於何人，而判斷作者大概年代，如論《論語》一書的作者，云：

> 今所記獨曾子最後死，余是以知之，蓋樂正子春、子思之徒與為之耳，或曰：孔子弟子嘗雜記其言，然而卒成其書者，曾子之徒也。

（2）探討成書時代

討論撰書的作者問題，本已涉及成書時代。因書中所記之人物，若很顯然的，

〔註16〕張西堂輯點《唐人辨偽集語》，1963年香港太平書局排印本。
〔註17〕鄭良樹《古籍辨偽學》第三章〈源流上〉頁74。

是所託該書作者以後的人，當然是偽作。然而前者是針對作者，後者是以書爲對象，故分別討論。如論《列子》一書云：

　　其言魏牟、孔穿，皆出列子後，不可信。

按胡氏「覈之事以觀其時」的方法，與此兩種相似。

（3）根據書的內容判斷

　　一時代有一時代的文體，一人有一人撰文的風格。一書的作者若是獨撰，則其內容當爲一致。因此就書中內容的純正、或駁雜，亦即根據全書的體例，判斷是否有摻雜之作。如論《文子》一書云：

　　然考其書，蓋駁書也。其渾而類者少，竊取他書以合之者多。

按胡氏「覈之文以觀其體」的方法，與此相似。

（4）由思想體系考辨

　　先秦諸子，所以可成爲一家之學，皆有其一套思想。因此各家學術的思想體系，可由其學派之書歸納而得。經由思想體系的考辨，可以明白所託該書的作者，是否即是其人。如論《晏子春秋》一書云：

　　墨好儉，晏子以儉名世……且其旨多尚同、兼愛、非樂、節用，非厚
　　葬久喪者，是皆出墨子。……其墨子之徒有齊人者爲之。

按胡氏「掇古人之事而偽者」的看法，與此相似。而「覈之傳者以觀其人」的考覈偽書方法，亦由思想體系上考辨。

（5）書籍真偽相摻雜

　　如論《文子》一書云：「其辭時有若可取……，然考其書，蓋駁書也。其渾而類者也，竊取他書以合之者多。凡《孟子》輩數家皆見剿竊，……其意緒文辭又牙相抵而不合，不如人之增益之歟？或者眾爲聚斂以成其書歟？」已注意到書的真偽成分，然尚未作明確說明，以及未能有如胡氏，加以分析其類別。

　　柳宗元奠定辨偽的基礎，故〈四部正譌中〉，辨《鶡冠子》偽撰之作時，對柳宗元有相當高的評價，胡氏云：

　　若抉邪摘偽，判別妄真，子厚之裁鑒，良不可誣。所論《國語》〔註
　　18〕、《列禦寇》、《晏嬰》、《鬼谷》、《鶡冠》，皆洞見肝膈，厥有功斯文，
　　亦不細矣。

胡氏根據柳氏方法，加以發展臻於細密，是可以想見得到的。

〔註18〕按柳宗元撰《非國語》，是非《國語》一書之說而作，〈非國語序〉云：「其說多誣淫，不概於聖。余懼世之學者溺其文采而淪於是非。」非辨《國語》是否偽作，此處《國語》當是《論語》之誤。

2. 宋朱熹的辨偽方法

朱熹《文集》、《語類》非為考訂古籍眞偽而著述，但著作中散見關於辨偽的論述。胡應麟相當重視朱熹著作，故於〈丹鉛新錄〉卷六，全是為楊愼指摘朱熹之文而作，認爲楊愼是「未嘗細讀而驟譏之」。白壽彝曾輯《朱熹辨偽書語》一書〔註19〕，因朱氏於辨偽一事，並無系統可循，而《古籍辨偽學》第九章〈專著簡介〉，曾轉錄白氏歸納朱熹辨偽的理論及證據。茲錄白氏歸納出來的結論，藉以明瞭朱氏辨偽所使用的方法：

（1）辨偽的理論

朱氏在理論方面，僅是根據常識來推測。認爲孔壁《尙書》、《管子》二書，其來歷的傳說和一般的經驗不符，因而產生是類書眞偽的問題，而加以考辨。

（2）判斷偽書的根據

朱氏用來判斷偽書的依據，可歸納出四種方式：（一）根據已確實知道作偽者，定《孟子疏》是偽作。（二）據書的內容，及所引之人時代不符，而定《書解》非胡安定所作，此即胡氏「覈之事以觀其時」。（三）據書所呈現的思想與所依託之人的思想不符，定《孝經》是偽書，與胡氏「覈之並世之言以觀其稱」類似。（四）據書的內容駁雜，而知《孝經》是偽作；又據書的文章氣勢、詞句、體製判別書的眞偽，皆與「覈之文以觀其體」相似。

3. 宋晁公武的辨偽方法

目錄學家晁公武，亦無辨偽著作，然其《郡齋讀書志》書中〔註20〕，頗多考訂古籍眞偽的敘述，胡應麟著作中，常引以為證。故據是書所記實例，略述其考訂書籍眞偽所用的方法。

（1）據歷代書目考訂

根據書目考訂書籍的眞偽，最遲在《郡齋讀書志》書中，已經開始運用。如論《卜子夏易》十卷一書，即因《唐志》已亡是書，疑其偽而加以考辨，並定其偽作。胡應麟的「覈之群志以觀其緒」的觀念，與晁氏相同。

（2）據書中引用之事，時代晚於作者，而定其偽

如論《天象賦》一書，舊題蜀丞相諸葛亮注，以「注中引用晉事」，而認爲非諸葛亮之作。胡氏「覈之事以觀其時」的方法，亦與之相似。

（3）論偽書的種類

〔註19〕白壽彝輯點《朱熹辨偽書語》一書，民國 58 年臺灣開明書局排印本，原書無輯者姓名，據鄭氏《古籍辨偽學》所記才知作者。

〔註20〕宋晁公武《郡齋讀書志》，民國 57 年廣文書局《書目續編本》。

晁氏除運用上述方法辨訂書籍眞僞外，又藉助於各種方式辨別，如：

A. 前人已明言僞作者，知是書所題作者不可信，而沿用其說，如論《漢武故事》一書，云：「世言班固撰。唐張柬之〈洞冥記後〉云：《漢武故事》，王儉造」。胡氏云「僞作於前代而世率知之者」的僞書歸類，觀念上與晁氏相同。

B. 晁氏論《亢倉子》一書，云：「取諸子文義類者，補其亡，今此書乃士元補亡者」，故認爲是唐王士元所補作，非王士元僞作。

C. 晁氏論《輿地廣記》云：「皇朝歐陽忞纂……或云：無所謂歐陽忞者，特假名以行其書耳」。是因該書所題作者，實無其人，而考辨出是僞作。

晁氏 B 項作法，胡應麟的「書僞而非僞者」的說法與其相似；而 C 項的作法，胡氏的「覈之撰者以觀其託」，亦頗相近。

按利用目錄學的知識，在目錄學著作中，考覈書籍的眞僞，《漢志》已見。而宋代另一目錄學家——陳振孫，在《直齋書錄解題》一書中，運用更爲廣泛，《郡齋讀書志》懷疑近六十種書是僞作，《直齋書錄解題》則懷疑至近百種，而涉及經、史、子、集四部之書。爲敘述方便，下即述陳振孫辨僞的方法。

4. 陳振孫辨僞的方法

《直齋書錄解題》書中〔註21〕，對於書的眞僞及作成時代，加以考訂的四部書皆有，茲據書中各類實例，歸納其使用方法於下：

（1）《飛燕外傳》原題漢伶玄撰，陳氏云：「自言與揚雄同時，而史無所見，或云僞書也。」即認爲既然揚雄與伶玄同時之人，然《漢書》未見其人及其著作，疑其僞而考辨是僞撰。胡應麟的「覈之並世之言以觀其稱」的方法，亦出於相同的觀念，而辨書是僞作。

（2）論《春秋繁露》云：「其最可疑者，本傳載所著書百餘篇，〈清明〉、〈竹林〉、〈繁露〉、〈玉林〉之屬。今總名云《繁露》，而〈玉杯〉、〈竹林〉則皆其篇名，此決非其本眞。況《通典》、《御覽》所引，皆今書所無者，尤可疑也。」即是據該書所題作者的時代，比《通典》、《御覽》二書爲早，然二書皆曾引錄《繁露》之文，而今傳之書，反而無是文。亦即是審覈後代是否曾引用該書，藉後世引用之文考辨傳世書的眞僞。胡氏的「覈之異世之言以觀其述」，是相類似的方法。

（3）據避諱字考辨

據避諱字判斷書的刊版年代，是版本學家常用的方法。陳振孫既爲藏書家，運用目錄學知識來判斷書的眞僞，正是善用其長處。論《元經》後人僞撰，即據諱字

〔註21〕宋陳振孫《直齋書錄解題》，民國 57 年廣文書局《書目續編本》。

考辨。

（4）據歷代書目考辨

利用歷代書目考辨書之眞僞，似乎是目錄學家的專長。陳氏考定《元經》是僞書，除據諱字爲證外，尙以《唐志》不收而懷疑。又論《星簿讚曆》一書，亦以《唐志》、《館閣書目》不收爲據，而考定其僞。

（5）論《蔡中郎集》云：「其間有稱建安年號，及爲魏宗廟頌述者，非邕文也」，即是書中用的年代，與原題作者的年代爲後，而知其僞作。胡氏「覈之事以觀其時」的方法，亦與此相類似。

（6）前人已疑僞者進而疑其僞

此類是因襲前人意見，亦即前人已懷疑書的眞實性，從其說而疑書爲僞。如論《尙書》云：「或云武帝末民有獻〈泰誓〉者，或云宣帝時河南女子得之，因疑〈泰誓〉爲僞書。」

（7）據思想體系考辨

如論《關尹子》云：「時取釋氏及神仙方伎家，因疑其本書存而或附益之，或僞託。」即是據思想體系考辨。

5. 宋高似孫辨僞的方法

高似孫《子略》一書〔註22〕，是專收錄自《漢志》、《隋志》、《唐志》、庾仲容《子鈔》、馬總《意林》、及鄭樵《藝文略》所載諸子之書名，並加以考辨。按高氏認爲諸子之學「必有因其學而決其傳，存其流而辨其術者」，故撰《子略》一書，「可以通名家，究指歸」〔註23〕。因此《四庫提要》云《子略》一書：

> 皆削其門類而存其書名，略註撰人卷數於下，其一書而有諸家註者，則惟列本書，而註家細字附焉……。亦頗有所考證發明，然似孫能知《元倉子》之僞，而於《陰符經》、《握奇經》……之類，乃皆以爲眞，別鑒亦未爲甚確。

由於該書亦爲目錄學之作，隨文附筆的辨別書之眞僞，而胡氏〈九流緒論引〉提及《子略》等書，皆曾序次子書之源流，因此舉以爲例。雖該書辨僞方法，亦無系統性，而顧頡剛〈校點子略序〉曾歸納高似孫的辨僞方法，認爲有三點值得注意，轉錄於下，據以明高氏辨僞所用的方法。

（1）從年代的量度上提出問題

〔註22〕宋高似孫《子略》，《叢書集成》本。
〔註23〕《子略》〈子略序〉語。

顧氏舉高氏論《孔叢子》一書，就子思的時代，據《孟子》、《史記》〈孔子世家〉所說，駁《孔叢子》所記子思和孔子問答一事，是子虛烏有之事。

（2）從資料的比較上提出問題

卷一論《曾子》一書，舉《論語》與《曾子》二書比較，就文句相通處比對，而得出疑點。按高氏論《曾子》內容時，又云：

> 自〈修身〉至于〈天圓〉，已見於《大戴禮》……，他雜見於《小戴禮》，略無少異，是固後人掇拾以爲之者。

據顧氏歸納，及高氏根據內容判斷的方法看，胡氏「覈之事以觀其時」與「覆之並世之言以觀其稱」等二種方法，是極其類似。

（3）注意到古書有綴輯的現象及古書在綴輯中的發展

如卷三論《亢桑子》云：「今讀其篇，往往采諸《列子》、《文子》，又采諸《呂氏春秋》、《新序》、《說苑》，又時采諸《戴氏禮》，源流不一。」是注意到僞書保留部份古代眞實材料，似乎也注意到書籍眞僞的成分，而未加以歸納、分類。

6. 明宋濂辨偽的方法

宋濂是第一位專著一書，用來考辨群書的人。其《諸子辯》〔註24〕專論諸子的著作，考辨四十四種僞書。宋濂首先提出辨僞的目的，〈諸子辯序〉云：

> 先王之世，道術咸出於一軌，此其人人殊何？各奮私知而或鑿大道也。由或鑿大道也，其書雖亡，世復有依倣而託之也。然則子將奈何？辭而辨之也。曷爲辨之？解惑也。

〈後序〉云：

> 九家之徒，競以立異相高，莫甚於襄周之世。言之中道者，則吾聖賢之所已具；其悖義而傷教者，固不必存之以欺世也。

清楚說出辨僞的目的，與漢董仲舒的獨尊儒術，罷黜百家的觀念相同，故顧頡剛〈點校諸子辨序〉云：「他簡直是董仲舒請黜百家的口氣」，認爲是「用善惡功過的信條來論定古書的眞僞的」。

不過梁啓超卻認爲他是「專著一卷書來辨許多書的僞」第一人，鄭良樹云：「在他的心目中，古籍辨僞不但有益於學術，而且還應該被當作獨立的專科學問來研究」〔註25〕。可見宋濂在辨僞學史上，還是被人肯定的。下列即據其書中所運用的方法，加以歸納，以明宋氏辨僞的方法。

〔註24〕宋濂《諸子辯》，據商務印書館發行，國學基本叢書《古書辨僞四種》。
〔註25〕鄭良樹《古籍辨僞學》第三章〈源流上〉頁79。

（1）以歷代書目記載爲據

如論《鬻子》一書，云：「（漢）《藝文志》屬之道家，而小說家又別出十九卷。今世所傳者，出祖無擇所藏，止十四篇，《崇文總目》謂其八篇已亡。……而經漢儒補綴之手，要不得爲完書。」即據前代書目所著錄，加以考定。後者更因前人定書已亡佚，從其說。

（2）據書中所載內容考定

如論《管子》一書，云：「是書非仲自著也。其中有絕似《曲禮》者，有近似《老》、《莊》者，有論伯術而極精微者，或小智自私而其言至卑汙者。疑戰國時人，采掇仲之言行，附以他書成之。」即是因書中所載內容駁雜，與先儒所稱的管仲不同，而依其思想體系判斷；又論《文子》一書所用的方法，亦是據思想體系判斷眞僞。

（3）據避諱字辨定書的時代

如論《亢倉子》一書，云：「其中又以『人』易『民』，以『代』易『世』，。世民，太宗諱也，僞之者其唐士乎？」

（4）據書中所引用的事蹟或用語，與該書所題之作者的時代爲後的，而辨爲僞撰

如論《管子》一書云：「毛嬙西施，吳王好劍，威公之死，五公子之亂，事皆出仲後，不應豫載之也。」即是此方法的運用，胡氏的「覈之事以觀其時」與此相似。

（5）對書眞僞成份的看法

宋濂亦意識到書中篇章僞作的成份，僞者，並非全僞而無價值。如論《鬻子》云「其文質，其義宏，實爲古書無疑。第年代久邈，篇章舛錯；而經漢儒補綴之手，要不得爲完書。」論《列子》云：「至於〈楊朱〉、〈力命〉，則爲我之意多，疑即古楊朱，甚未亡者勦附於此。」上引二則，雖未明言僞書之不可盡棄，但已注意到僞作之中，亦有存有眞的成份，不可一概抹殺。

由上述歸納得知，《古書眞僞及其年代》〈附宋、胡、姚三家所論列古書對照表〉附語所云：「《諸子辨》不能說是純粹辨僞的書，因爲他每辨一書，總有一段批評那書的理解，甚至完全是批評，沒有一句是辨僞的。」雖然稍爲苛刻，但辨僞之學，確實是到胡應麟才眞正建立出系統。

綜合上面論述，可知在辨僞的歷史上，前人已有很大的成果。然而僅是零星的辨僞之作；或僅有實務，而未訴諸於文字，敘述出來；或是有意識的運用，卻未能加以分析。因此而由胡應麟所提出的理論加以比對，亦可發現胡氏不僅前有所承，更是建立在前人基礎上。除加以運用、擴大辨僞範圍外，並由實際辨僞之中，歸納

出方法與理論，條列式的訴諸於文字，清楚記載下來，形成系統性的辨偽之學。在辨偽學史上，不得不認定他是佔者承先啓後的地位。

參、考據學的觀念

嚴格地說，辨偽學即是考據學，分別則在：辨偽學是對書的作者、成書時代，以及書中篇章是否有摻雜他人之作一事，加以考辨；而考據學是一種廣泛的考證工作，近人高明〈中華學術的體系〉云：

> 所謂考據之學，又稱考證之學，是一種求眞象的學術，要考求眞象，
> 必須要有充分的證據，站在客觀的立場，運用科學的方法，來從事於研究
> 〔註26〕。

同時將考據學歸納爲三類：一爲考求文字眞象的學術，二爲考求文籍眞象的學術，三爲考求文物眞象的學術。故依高氏之言，舉凡所有涉及考證之事，皆可謂考據學。

一、考據學的淵源

有系統，大規模的進行整理文獻，考據籍之事，就現今資料所見，仍以劉氏向、歆父子的校定群書，爲考據學的淵源。也可以說考據學的淵源流傳，與辨偽學的傳承、發展，可說是完全相同。雖然可說，沒有考據學，就沒有辨偽學；但也可說辨偽之學的發展，正是考據之學的發展概況。只是，考據學在前人著作之中，到處可見，其發展過程，寬廣於辨偽學的發展，同時成就更大。有關考據學的發展概況，可參見近人林慶彰《明代考據學研究》一書第一章〈緒論〉。

二、胡應麟的考據學淵源

胡應麟《少室山房筆叢》，收書十二種，涉及考據的則有：《丹鉛新錄》、《藝林學山》、《九流緒論》、《四部正譌》、《三墳補逸》、《莊嶽委談》等書最多。

胡氏素傾心於楊愼的考訂工夫，〈丹鉛新錄引〉云：「楊子用修拮据墳典，摘抉隱微，白首丹鉛，厥功偉矣」。故「少癖用修書，求之未盡獲」〔註27〕，所得僅「近四十餘編」〔註28〕。因世人對楊氏之書「咸有異同，若以得失瑜瑕，僅足相補」，故在「忻慕爲執鞭，輒於佔㑋之暇，稍爲是正」〔註29〕。而《丹鉛新錄》、《藝林學山》二書，即是訂正楊氏之誤。似乎可以說，胡氏的考據之作，受楊愼的影響最大。

〔註26〕高明〈中華學術的體系〉一文，收於吳福助編《國學導讀》頁 4，牧童出版社，民國 67 年 10 月出版。
〔註27〕〈藝林學山引〉。
〔註28〕《藝林學山》卷八「升菴詩話條」。
〔註29〕〈丹鉛新錄引〉。

基於此一因素，在論考據學的淵源時，則逕自明代楊慎爲例，楊氏之前，請參閱《明代考據學研究》一書的一、二兩章。本節關於考據學一事，大都據是書爲說，在此先說明。

三、楊慎考據工作

明代學術由理學，到王陽明的心學；文壇由臺閣體、八股文到復古運動。對於學術風氣的演變及弊端，吳晗曾加以論述：

> 談性理者以實踐標榜，掩其不讀書之陋；談文學者以復古號召，倡不讀漢後書之說；兩家互相應合，形成一種淺薄浮泛之學風。即有一二傑出之士，亦復泛涉淺嘗，依傍門戶，不能自立一說，進一解。蠅襲蛙傳，風靡一世〔註30〕。

楊慎提倡考據之說，因時而起。胡氏〈丹鉛新錄引〉所云：

> 今所撰諸書，盛行海內。大而穹宇，細入肖翹，耳目八埏，靡不該綜，即惠施、黃繚之辯，未足侈也。

即是指楊慎乘時而起的考據工作，所引起的風潮。

楊慎的考據工作，得以風行一埘，自有其佳處。林慶彰歸納出三點：一爲懷疑精神，二爲博證精神，三爲善用輔助工具。

按富有懷疑精神，正是考證者必備條件，如對任何事皆信服不疑，則考據之學是不需談，更不會產生。因此楊氏〈丹鉛續錄序〉云：

> 信信，信也；疑疑，亦信也。古之學者，成于善疑；今之學者，畫于不疑。談經者曰：吾知有朱而已，朱之類義亦精義也。言詩者曰：吾知有杜而已，杜之窳句亦秀句也。寧爲佞，不肯爲忠；寧爲僻，不肯爲通〔註31〕。

因具有懷疑精神，故因懷疑而羅列證據以考辨其誤。而羅列證據，則需博學勤抄。能博學勤抄，廣蒐證據，旁徵博引，上下古今，皆據以爲證，而得出的結果，才能趨近於眞實。

因此可以知道，考訂的工作，需借重於各種方式，以及各類典籍。而善於運用各類書籍，及利用各種學科知識，以爲考訂的輔助，是不能拘於少數幾種相關資料。

四、胡應麟的考據學理論

胡氏認爲「博洽必資記誦，記誦必藉詩書」〔註32〕，書非讀之即可，還要訴諸

〔註30〕吳晗《胡應麟年譜》頁 203。
〔註31〕楊慎《丹鉛續錄》，《叢書集成簡編本》。
〔註32〕《經籍會通》卷四。

於著作。若讀而不述，「有侈於讀而儉於辭者，即所讀窮天下書，猶亡讀也」〔註33〕。因此他善用家中藏書，又「酷有考訂之癖」，勤於鑽研，又認為「學者誠博閱古今，漁獵既廣，識見自融。而加以精心綜核，即前代之事，信亡弗可考者」〔註34〕的觀念，故頗多考據之作。

胡氏的考據學工作，應當是直接承繼楊愼，因此明代其他考據之作，略而不談。考據學包羅萬象，很難歸納出詳細的方法出來。胡氏的考據學，還是建立在目錄學的基礎上。然其著作中雖有頗多的考訂實例，尚無成系統，有理論的考據學出現。本節標題所列，即是試圖透過其著作中所用的實例，歸納出方法及理論來。

1. 考據學的態度

胡氏並無直接明說考據時，要持何種態度？簡單地說，亦即是態度要客觀。此是就胡氏批評楊愼考證的弊病，〈丹鉛新錄引〉云：

> 余嘗竊窺楊子之癖，大概有二：一曰命意太高，一曰持論太果。太高則迂怪之情合，故有於前人之說，淺也鑿而深之，明也汨而晦之。太果則滅裂之釁開，故有於前人之說，疑也驟而信之，是也驟而非之。至剽敚陳言，盾矛故帙，世人率以訾楊子，則又非也。

又於《華陽博議》卷下云：

> 如宋洪景盧、明楊用修，非不旁蒐廣涉，正以輕於立論，遺誚後人。

在《經籍會通》卷二，論鄭樵譏誚班固的缺失的不當，云：

> 凡著述最忌成心，成心著於胸中，則顛倒是非。雖丘山之鉅，目睫之近，有蔽不自知者。

因胡氏有此二說，故認為其考據學的態度，亦當是要人客觀、嚴謹，不存私心。故依此看法，敘述胡氏的主張。《華陽博議》卷下云：

> 讀書大患，在好詆訶昔人。夫智者千慮，必有一失，昔人所見，豈必皆長。第文字烟埃，紀籍淵藪，引用出處，時或參商；意義重輕，各有權度；加以魯魚亥豕，譌謬萬端。凡遇此類，當博稽典故，細繹旨歸，統會殊文，釐正脫簡，務成襃美毋薄前修，力求弗合，各申己見可也。今偶覩一斑，便為奇貨，恐後視今，猶今視昔矣。

又云：

> 昔人之說，有當於吾心，務著其出處而韙之；亡當於吾心，務審其是

〔註33〕王世貞〈二酉山房記〉。
〔註34〕《華陽博議》卷下。

非而駁之。毋先入，毋遷怒，毋作好，毋徇名，此稱物之衡，而尚論之極
也。今明知其得，而掩爲己有，未竟其失，而輒恣譏彈，壯夫不爲，大雅
當爾耶？

而《丹鉛新錄》卷六又云：

凡讀古人文字，務須平心易氣，熟參上下語脈，得其立言本意乃可。

由上引述，可以歸納出數點：

（1）勿先入爲主，心存客觀。

（2）立論要愼重，不可輕率。

（3）如果贊同前人之說，要著明出處，不可據爲己。

（4）前人說法，雖不贊同，要確實審覈出缺失不當時，方可駁斥。

（5）透澈了解所要訂正的文章，不可意氣用事。

（6）要博稽典故，羅列文字的異同，加以釐清混雜，並補正脫簡。

前二點是考據時，所要持有的態度；後四項則是考據所必備的精神。

2. 考據方法的運用

胡氏考據方法的運用，大都是羅列眾多證據，加以考訂，歸納出結論，與一般
考證事物的作法相同。值得一提的是，用目錄學的知識爲輔助。如楊愼認爲《隱書
十八篇》，「大抵歡謔幽奧之辭」。而胡氏辨云：

《漢藝文志》《隱書十八篇》，在〈詩賦類〉，恐不得如楊所稱。考唐
皮日休亦有《隱書》，其辭乃山林之士，假著述以自見者，非隱語也。余
意以《藝文志》例，合唐人所著推之，必漢時棲遁之流，所作詩歌，如
〈考槃〉、〈逸民〉等篇耳。據楊所說，此書當入子類雜家，不應類此矣
〔註35〕。

即根據《漢志》及《唐志》二書（按欲知皮日休是否有著作，當據《唐志》考索），
佐以皮日休所作，判斷《漢志》所收之《隱書》，非楊愼所言。

由上所述，可歸納出胡氏主張：客觀，不存成見，是基本態度。引用前人考據
成果，要注明出處；駁斥他人考辨，要細加考覈，小心求證；是考證的精神。而廣
蒐證據，考出異同；訂殘補闕，使趨於原始；確實了解所要考辨的文章，不可一知
半解；則爲考據必備的條件。雖然胡氏所用的方法，尚未能突破前人「羅列證據加
以歸納得出結論」的方式，如果將他在辨僞學上的建樹，用來說明他在考據學上的
運用，則在考據學上的成就，亦不容忽視。

〔註35〕《藝林學山》卷二。

第二節　胡應麟的著作在圖書目錄學的價值

　　胡應麟在圖書目錄學上，提出的幾種見解，上一節已詳論。這部份，即檢覈其著作在明代圖書目錄學史上，所呈現的意義及價值何在？亦針對《經籍會通》、《四部正譌》、《九流緒論》、《玉壺遐覽》、《雙樹幻鈔》諸書，在圖書目錄學史上，究竟當如何看待？而論述於下。如《詩藪》雖爲論詩而作，然上自周漢，下至明朝，除論詩歌源流、演變外，且記及諸朝著作、存佚，做一并論述。而《莊嶽委談》一書，考據觀音大士、八仙及博奕類之戲具等雜學，已略論於前；其論詞曲之始，明代戲文的來源，以及唐、宋雜劇，經元院本階段，到南戲之演變過程，固可視爲明代之俗文學史，亦與《丹鉛新錄》、《藝林學山》同爲考據學專著，雖爲圖書目錄學一支，但在有明一代眾多考據著作中，無特殊表現〔註36〕，置而不論。

壹、《經籍會通》爲目錄學史專書

　　《經籍會通》一書，何以是一本目錄學史？甚至可說是明代最主要的目錄學史專書，以下即據此二點論述。

一、《經籍會通》為目錄學史

　　我國目錄學淵源於漢劉氏向、歆父子，呂紹虞認爲宋鄭樵《通志》《校讎略》一書，是我國目錄學第一部專著。其《中國目錄學史稿》云：

　　　　我國「自來有目錄之學，有目錄之書」，「而無治目錄學之書」。《校讎略》的出現，結束了「無治目錄學之書」的局面。

　　因此才有：「《校讎略》是我國有史以來第一部目錄學著作」〔註37〕的看法。而胡應麟《經籍會通》一書，依源流、類例、遺佚及見聞四卷，分別論述：公私書目的淵源，記歷代書目的類例，著錄各家序文以知歷代藏書及散佚。胡氏撰《經籍會通》的目的，在〈經籍會通引〉中，可略見其意：

　　　　凡前代校綜墳典之書：漢有《略》，晉有《部》，唐有《錄》，宋有《目》，元有《考》，〈志〉則諸史共之。肇自西京，迄於勝國，紀列纂修，彬彬備矣。夫其淵源六籍，藪澤九流，紬繹百家，溯洄千古，固文明之盛集，鴻碩之大觀也。昭代蓁隆，鉅儒輩出，諸所撰造，比迹黃虞。惟是經籍一塗，

〔註36〕《明代考據學研究》第六章第六節〈考訂民間文學〉曾就考據學觀點論《莊嶽委談》然就圖書目錄學而言，與俗文學史關係不大，故姑且不論。

〔註37〕呂紹虞《中國目錄學史稿》第三章第五節〈鄭樵的《通志校讎略》〉，頁 124。民國75 年丹青圖書有限公司排印本。

編摩尚缺。概以義非要切，體實迂繁；筆研靡資，歲月徒曠耳。夫以霸闔
之朝，草莽之士，猶或拮据填素，忝竊雌黃。矧大明日揭，萬象維新。豈
其獨盛述鴻裁，彪炳宇宙，而胜談冗輯，闊略曩時哉。輒不自揆，掇拾補
苴，間以管窺，加之梲藻，稍銓梗概，命曰會通。匪直寄大方之嚫笑，抑
以為博雅之前驅云。

雖然該書體例，未能如近人所撰的目錄學史，那樣的詳密〔註38〕，然其總結自漢至
明目錄學之歷史，並論評各家書目的淵源得失，以及歷代分類體系的因革與優劣。

總括來說，《經籍會通》之所以為目錄學史，可分幾方面說。一就類例上，探討
《七略》以降，六分法至四部分類的歷史中，除論各書目分類的優劣、得失外，並
論各類的分合，乃在書目的多寡；古今書籍，盛衰絕不相等，而各類書籍的增減，
又影響類例的增刪分合。一就歷代書目論其沿襲，記歷代書之存佚，劃分歷代書目
為史家、官修及私家藏書目三類，分別論述各家書目編撰之得失。一在記歷代藏書
目外，並及明代之藏書家，如宋濂的《青蘿山房》，陸深的《江東藏書目》，李伯華
之號畜書，王世貞〈小酉館〉、〈爾雅樓〉，王世懋及汪道昆、朱睦㮮、黎民表、童佩、
祝鶴諸人藏書。綜合上述，以及根據上一節對胡應麟目錄學觀念的探討，亦不得不
承認，《經籍會通》是一部目錄學史之書。

二、《經籍會通》為明代最主要的目錄學史

《經籍會通》不僅是目錄學史之書，更可說是明代最主要的一本目錄學史書。
王國強〈胡應麟在目錄學史中的地位〉一文中〔註39〕，即有如是的說法。王氏云：

　　《經籍會通》成為我國第一部，也是封建時代唯一的一部目錄學著
　作。自註：即以《校讎略》和《校讎通義》二書作比較，才有此一看法。
　本節認為《經籍會通》是「明代最主要的目錄學史」，則是與明人目錄學
　著作比較以後的結論。

明代在目錄學史上，是一個衰微不振的時期，關於目錄學的著作，大都在藏書目方
面，故昌彼得、潘美月二位先生在《中國目錄學》一書中云：

　　元明兩朝可以說是我國目錄學衰微不振的時期，一般整理藏書編目
　的，大多視書目為供檢點的賬簿，不僅沒有產生過能合乎我國目錄學標準

〔註38〕姚名達《中國目錄學史》〈敘論篇〉云：「著者對於目錄學之性質及其範圍既有如上
　　之認識，故其目錄學史之撰著，亦依此線索以尋求史料，推究大勢。」書分〈溯源
　　篇〉、〈分類篇〉、〈體質篇〉、〈校讎篇〉、〈史志篇〉、〈宗教目錄篇〉、〈專科目錄篇〉、
　　〈特種目錄篇〉論述。民國66年臺灣商務印書館排印本。
〔註39〕《四川圖書館學報》1986年第二冊，頁92至96。

的目錄，能求其類例清晰，部次有條理，已經算得上難能可貴了。至於對
錄略之學作理論上的發明，則更不多見〔註40〕。

因此，汪辟疆《目錄學研究》〈漢唐以來目錄統表〉，收錄元、明兩代目錄書，雖有
五十五家之多，對目錄學類例、理論提出意見的不多，茲舉焦竑、祁永煉二人為例，
略作比較。

焦竑《經籍志》是藏書目之作，末附〈糾繆〉一卷，專為駁正《漢志》、《隋
志》、《唐志》、《唐四庫書目》、《宋志》、《崇文總目》、《通志藝文略》、《郡齋讀書
志》、《通考經籍考》等書目編次分隸的錯誤，亦即是糾正前人分類不當之作，且
在其圖書部類的創革，對後代有重大的影響，但《經籍志》，尚不能說是目錄學史
的著作。

祁承煠《澹生堂藏書目》，在分類上有獨到之處；而其〈庚申整書例略〉一篇，
更提出「因」、「益」、「互」、「通」的分類編目的新觀念，故姚名達《中國目錄學
史》云：

> 統觀有明一代中，對於《隋志》之修正，分類之研究，比較肯用心思，
> 有所發明，允推祁承煠為冠軍〔註41〕。

昌彼得先生對於祁氏的目錄學亦多推崇，云：

> 明代對於目錄最有貢獻的，要推祁承煠〔註42〕。

單以分類學上的貢獻，亦不能說是目錄學史的著作。祁氏《藏書訓詁》〈別品類〉中，
曾敘述中國古代圖書分類的流變，以及對幾部目錄書作批評，故嚴倚帆在《祁承煠
及澹生堂藏書研究》一書中，認為〈別品類〉是：

> 一篇中國目錄學簡史〔註43〕。

依祁氏所說，雖可知他亦是注意到目錄學的歷史，然而僅是概略性的敘述，且為單
篇文章，故僅是「一篇中國目錄學簡史」。

上述焦竑及祁承煠二人，雖在明代目錄學史上佔有一席之地，亦有目錄學上的
理論及著作傳世，然重點放在分類學上；雖祁氏也注意到「史」的觀念，卻僅是單
篇之作。因此專著一書，來討論目錄學的源流、類例，記載各家書目分類細目，以

〔註40〕 昌彼得、潘美月著《中國目錄學》第六章〈部類試圖改革時期的錄（二）——元明〉
頁173。

〔註41〕 姚名達《中國目錄學史》〈分類篇〉頁134。

〔註42〕 昌彼得〈中國目錄學的源流〉，收在《版本目錄學論叢》，民國66年學海出版社排印
本。

〔註43〕 嚴倚帆《祁承煠及澹生堂藏書研究》，台大圖書館研究所民國76年碩士論文。第五
章第一節〈論祁氏圖書分類的理論〉頁230。

及各代藏書卷帙的專書，不得不歸於《經籍會通》一書，所以說是明代最主要的一本目錄學史。

貳、《四部正譌》爲明代最主要的辨僞學專書

《四部正譌》建立了辨僞學的理論及方法，並且是首位專著一書辨僞的代表著作，因此說該書是辨僞學專書，已敘述於前，不再贅述。此處僅就有明一代，諸多考據著作中，以有關辨僞的著作，或曾提出關於辨僞學的方法，作一討論，藉以明瞭《四部正譌》何以爲明代最主要的辨僞學專書。

有明一朝，關於辨僞的書籍，據《古書眞僞及其年代》、《古籍辨僞學》、《明代考據學研究》等書所載，尚爲少數，但亦非全無辨僞之作。茲舉梅鷟、焦竑及祁承㸁爲例。

梅鷟《尚書考異》六卷，可說是辨別《尚書》眞僞的著作，《明代考據學研究》曾分析《尚書》考異的體例〔註44〕，轉錄於下：

> 卷一錄諸家有關《尚書》之記載，兼辨其得失……。卷二至卷五，將《僞古文尚書》二十五篇字句之來源一一指出，並批駁其謬誤矛盾之處……。卷六考伏生《尚書》字句之異。

根據林氏歸納的體例看，梅鷟是以考據學的方法——羅列眾多證據，考覈字句的異同——來辨訂《尚書》的眞僞。此一方法，《古籍辨僞學》評論說：

> 梅鷟撰《尚書考異》五卷，用考據的方法將古文《尚書》沿襲剽竊古書一一指出，並追本探源地將其出處舉出來，以證明其爲僞作；梅氏不但爲後來者開啓考辨僞書的方法，也爲古文《尚書》眞僞的爭辯啓開了序幕〔註45〕。

可知梅氏開創新的辨僞方法，但是書僅考辨《尚書》一書，雖無理論的提出，但是明代辨僞專書，則不容置疑。

焦竑《焦氏筆乘》中，〈僞書〉、〈外篇雜篇多假託〉、〈越絕書〉等條，皆關係辨僞之事。《明代考據學研究》亦爲他歸納出八種辨僞方法。雖然所用的方法尚稱細密，但因零散瑣碎，未成系統，不足以稱爲專著。

祁承㸁《藏書訓略》〈鑒書訓〉，有一部份專談「辨眞僞」之事。其「辨眞僞」之說，完全承襲《四部正譌》中論僞書的廿一條情狀。似乎可說是抄襲胡應麟的辨

〔註44〕林慶彰《明代考據學研究》第四章〈梅鷟〉，第二節〈著書之動機與《尚書考異之體例》〉頁136。

〔註45〕鄭良樹《古籍辨僞學》第三章〈源流上〉頁81。

僞理論，並無辨僞之作及方法、理論。

　　綜合前節及前面所述，《四部正譌》不僅是中國第一部辨僞學專書，亦是明代最主要的一部有理論、有系統的辨僞學專書。

參、《九流緒論》爲子書〈總序〉

　　胡應麟認爲「子書盛於秦漢，而治子書者錯出於六朝、唐、宋之間。其大要二焉：獵華者纂其言，覈實者綜其指。纂其言者沈休文、庾仲容各有《鈔》，並軼弗傳，僅馬氏《意林》行世，略亦甚矣。柳河東之辯，高渤海之略，宋太史、王長公之論，則皆序次其源流，而參伍其得失者也」〔註46〕。在此種觀念催促下，想要有所撰述，附於驥尾。因此參合前人銓擇辯難之舊，以及「洪氏《隨筆》、晁氏《書志》、黃氏《日鈔》、陳氏《解題》、馬氏《通考》、王氏《玉海》之評諸子者，及近粵黎氏、越沈氏題詞，復稍傳諸作者履歷之概，會爲一編」〔註47〕，而成《九流緒論》。

　　《九流緒論》之所以爲子書總序，是因爲在〈重定九流序〉一篇中，重定九流的次序。而其先後次序的訂定，則本著傳統的尊經觀念而來。同時此一作法，與《漢志》以下，子部的〈總序〉的觀念相似，尤其與時代在後的《四庫全書》〈子部總序〉之說，同出一轍，因此視爲子部〈總序〉，並略論於下。

　　胡氏尊經之傳統思想，可由《九流緒論》卷上，論墨子詆毀孔子，其罪大於楊朱、莊子，誅不可救爲證。其說爲：

> 諸子百家，並出於春秋之世，所以誣蔑帝王聖哲者，無所不至。然於吾仲尼，未嘗不知所尊事也。特其學褊術陋，雖間引仲尼以自文，而踳駁不中，誕幻無稽，適所以誣蔑之。然而未敢有昌言以排之，極論以毀之者。有之蓋自墨翟始。《翟書十五卷》今存，余嘗讀其〈非儒〉、〈明鬼〉、〈公孟〉諸篇，所爲囑授其徒，簧鼓其眾者，壹以指摘仲尼爲事。莊周遠出翟後，蓋聞其風而興起焉爾。周之爲書，蕩乎禮法之外，自神農以至湯武，靡不在其戲侮之列。其敢於非聖，蓋無足怪。而翟者固是堯舜，非桀紂，摩頂放踵以爲天下，而獨甘心置喙於吾聖人，何哉？蓋其意欲與吾儒角立並驅，以上接二帝三皇之統，故肆言以震撼一世，而冀其從。而又苦行之，聚以倡之，馴致儒、墨之稱，雜然並立於衰周之世。正仲尼所謂行僞而堅，言奸而辨者。聖王有作，其無逃於橫議之刑必矣。孟軻氏距楊、墨，考楊

〔註46〕〈九流緒論引〉。
〔註47〕同上。

之言論指歸，要以自爲，不至如墨之恣無忌憚也。貽禍之烈，唐儒韓愈者，

亦從而尊信之，彼未深考其言耳。第其一二，則誅之絕之，豈佛老後哉！

因爲他主尊事孔子的傳統觀念，故以儒家爲諸子之首，而重定九流，並且歸納各家所依附之支流派別。

一、主傳統之說，重定九流次序：

1. 夫上聖哲王之治，亡尚六經，故首之以儒，崇大道也。
2. 異端衰世之觀，咸徇一典，故次之以雜，覈支流也。
3. 國所重在戎，故次兵，以審大機。
4. 民所天在食，故次農，以植大命。
5. 術雖淺數，神智工巧之規寓焉，故次術。
6. 藝雖末流，弛張游息之務存焉，故次藝。
7. 說出稗官，其言淫詭而失實，至時用以洽見聞，有足采也，故次說。
8. 道本柱下，其言放蕩而難戲，至齊物我，達死生，不可易也，故次道。
9. 釋本西方，其言荒忽而亡據，至明心性，破塵幻，不可誣也，故次釋。而九流事終焉。

二、九流之作用，及各家所依附之類：

1. 儒主傳統翼教，而碩士名賢之訓附之。
2. 雜主飾治捕偏，而旁蹊末學之談附之。
3. 兵主法制權略，而縱橫、占候之籍附之。
4. 農主稼穡、蠶桑，而飲饌、藥餌之方附之。
5. 術主蓍龜、歷算，而禽星、宅相諸技附之。
6. 藝主書、計、射、御，而博奕、繪畫諸工附之。
7. 說主風刺箴規，而浮誕怪迂之錄附之。
8. 道主沖退恬愉，而房中、爐火、符籙、章醮附之。
9. 釋主經典禪觀，而論宗、戒律、梵唄機緣附之。

胡氏重定九流，除基於尊經的傳統思想外，主要的是鑒於學術的演變，學派興衰，導致書籍的增減不一。《七略》〈諸子略〉分類，已不合時代需求，如云：

兵刑一也，而兵不列九流；道釋一也，而釋未入中國，皆當補。

又云：

名、墨、縱橫書傳僅三數種，今又無習之者，不當獨爲家。

二則除論學術的興衰、存廢外，並因書的多寡來分類的觀念，來重定九流次序。因

此視《九流緒論》為子書〈總序〉，或者說〈重定九流序〉為子書〈總序〉，而《九流緒論》則為子書的〈小序〉彙集。

按小序為中國目錄學體制特色中的一種，作用在條別學術源流及得失，而總序的作用，則是撮述每一部中各類，而加以總論，以挈綱領，並可明學術的流變。有明一代，所編撰的史志、書目中，有此一體制的，尚為少見。《中國目錄學》注意到此一現象，認為小序的體制是：

> 從宋末陳振孫《直齋書錄解題》以後，以迄明萬曆間，無論編撰史志或書目，皆無此項體制，也可以說此一時代的目錄作者，已根本不知道此項體制的功用〔註48〕。

焦竑《國史經籍志》則在四部四十八類之後，各撰小序，然尚無總序。因此，胡氏《九流緒論》一書，雖非書目，但有此一觀念——撰〈重定九流序〉的著作，是不能不被重視。

肆、《玉壺遐覽》為道家〈總序〉

胡氏對總序的重視，亦即在目錄學的觀念，注意到總序這種體制，不僅在《九流緒論》〈重定九流序〉一篇中，對於道、釋家也曾加以探究，故分別再敘述於下。

胡氏幼即「好談長生」〔註49〕，然道家一事，「自秦漢諸君，慨慕長生，而弗繇其道，顧褰裳濡足於瀛海間。於是方士家言，雜然並興，淮南厭次，以說張之。句漏句曲，以詞文之。逮今所傳五城三山，絳宮璚樓，諸仙聖儀衛章服，一胡紛紛麗詭也」。因而「集其言尤侈者著於篇」〔註50〕，成《玉壺遐覽》，以明自先秦道家，到神仙家、煉氣、服餌之類的演變。

《玉壺遐覽》卷一，首節錄《隋志》〈道家總序〉敘道家源委廢興，以其所述止於隋世，其後復熾於唐之開元，宋之宣和，至金大定而全真教出，又為一變，故次錄馬氏《經籍考》。

馬氏云「道家之術，雜而多端，蓋清淨一說也，煉養一說也，服食又一說也，符籙又一說，經典科教又一說也」。論道家之本支得失，最為精當，論唐以後術業之變，足以補《隋志》所未備。

因南宋以後，《通考》未載，故更采集諸說，如《青巖叢錄》云全真教昉於金世，

〔註48〕昌彼得、潘美月著《中國目錄學》第六章〈部類試圖改革時期的錄（二）——元明〉頁191。

〔註49〕《類稿》卷八九〈石羊生小傳〉。

〔註50〕〈玉壺遐覽引〉。

而有南北宗之分。以全眞教之名，始自王重陽，而南北三宗之分，實自宋南渡後，皆始於呂嵓。嵓授劉海蟾操，爲南宗之始；嵓傳王重陽喆，是爲北宗之始；而全眞之名，亦自王重陽始名之，錄王世貞〈跋王重陽碑〉爲說，至明尚有祖其名號者。故《青巖叢錄》未詳考，再論述之，而北宗專主煉養，南宗則兼服食及煉養。

次論道家符籙之說，始自寇謙之、陶弘景；科醮之說始自杜光庭。二家至明代皆無顯著者，僅龍虎山張眞人尚世襲封爵，故錄其入明代者，以補二家之缺。

次錄馬氏《通考》載《宋三朝國史志》，知道教東漢始著，唐開元始列其書爲藏，並記宋世道藏卷數、帙數，以其與明代所藏之卷帙不符，故錄之。

復錄馬氏論佛、老二家之說，老氏以聖賢主仁義禮法不足爲，故主清淨；佛氏以老氏清淨無爲不足爲，而主於寂滅。佛氏本老氏之說而演之愈高愈深，後世之道經反從而依倣之。而佛襲老之精微，泝而上之，其說愈精微；道襲佛之麤淺，沿而下之，其說愈麤淺。以其論二家互相依襲，得失之致允而錄之。

末錄馬氏《經籍考》〈仙釋類〉收晁公武論隋唐之際，不聞義理之實，雖以儒自名，而不知儒術爲何。神仙服食之說盛行，釋氏因果之教興起，而與儒相抗衡。然二教皆無意於世，懼其禍患後世，故存之以爲世戒。是以胡氏總結，以爲「後世神仙之說，雖原本道家，實與道家異。至於服食章醮，而老子之道亡也久矣。」

上述所引，如：《隋經籍志》〈道家總序〉、馬端臨《文獻通考經籍考》、《青巖叢錄》、王世貞〈跋王重陽碑〉、《宋三朝國史志》、馬端臨《文獻通考》評佛老之說，及晁公武論神仙原本於道家，後代演變結果，實和道家異等諸說，胡氏將其全收錄於《玉壺遐覽》卷一之中。

按此一方式，胡氏是倣馬端臨收錄各家序文以存史料，而加以考辨、補正。在此一卷之中，詳爲論述歷代道家源流及興廢，即論自漢至明代道家源流、演變，以及道、釋的依襲始末，故視之爲明代道家之流的〈總序〉。

伍、《雙樹幻鈔》爲佛教〈總序〉

胡氏認爲「老氏之道者曰清靜；爲釋氏之道者曰苦空。由清靜而之於長生，繇苦空而之於頓悟，二氏之能事也。」但是後世「爲釋氏者之日誕也，而輪迴之證夥。彼其以匡狻舉蔑繇鼓天下之羨心，匡輪迴繇作天下之畏心。」並鑒於「自秦漢以迄宋元，宇宙之內，雲合景從，而二氏之本眞眇矣」〔註51〕。故取釋氏之言而鈔撮成《雙樹幻鈔》。

〔註51〕〈雙樹幻鈔引〉。

《雙樹幻鈔》卷上，首錄《隋志》〈釋家總序〉，敘述浮屠源流，因對佛經、佛教的本末最為詳備，故先收錄。認為梁武之世，玄奘未至西域，而華林結集，已五千四百餘卷。貞觀中所取諸經，計六百餘部。宋至五季，禪學繁興，復代有增益，迺今藏卷帙，亦相去不遠，其因蓋以梁武後雖罹湘東、周武等變，兵火蕩焚，至唐存失幾且相半。然《隋志》以唐初纂修，第存其目，故累代增益，亦僅少加於舊目所記。

次錄王世貞〈跋聖教序〉，記玄奘天竺求經，明唐初佛典之事。復錄宋濂〈護教編記〉，記禪、教二宗本末及傳承，宋氏以為「教之由眾生根有不齊，故先佛示化，不免其異耳。奈何後世各建門戶互相矛盾。教則譏禪滯乎空寂，禪則譏教泥乎名相，籍籍紛紛，莫克有定」，而禪又分頓宗、漸宗；教亦自慈恩立三教，天臺分四教，賢首分五教；各自立宗，不能歸之為一。

胡氏則認為宋氏所說，只是據《五燈會元》、《傳燈錄》等書的敘錄，不加深考，故有失誤。因而據林間錄佛祖通載、趙孟頫《中峰夜話》知元世禪宗，僅臨濟一支，餘皆其因元世尊教抑禪，故湮沒不傳。

上述諸家之說：如《隋志》〈釋家總序〉，王世貞〈跋聖教序〉，宋濂〈護教編記〉林間錄佛祖通載、趙孟頫〈臨濟正宗碑〉、虞奎章〈法雲塔碑〉及《五燈會元》諸書，論述佛教的源流本末。自佛經開始出現於東漢明帝，至元世雖極崇釋氏，然元人尊教抑禪，流至明世，而有所謂的禪學五弊。該卷總結明代以前釋氏的源流本末，以及分化流傳，故視為明代的佛教〈總序〉。

陸、《詩藪雜編》為明代藝文志集部書目

胡應麟重視子書，在《四部正譌》所考訂各種偽書之中，以子書最多偽作，雖基於事實的結果，也不能否認他對子書的了解，因而有上述三書的〈總序〉。然而胡氏亦相當重視集部之書，此由《詩藪雜編》〈遺逸〉：篇章、載籍、三國等三卷之中，所著錄漢賦、唐詩，以及北朝詩集的存佚書目一事，可以得知。故略敘於下，以窺見一斑。因胡氏曾欲「會萃二書（按指鄭樵《通志》，馬端臨《通考》），并四代（按指漢、隋、唐、宋）藝文，諸家目錄」〔註52〕撰「古今存佚書目」；又時以編《明史藝文志》為己任〔註53〕。故《詩藪雜編》所著錄的，疑即是為明代《藝文志》集部書目的底本，基於此一因素，故云：《詩藪雜編》為明代《藝文志》集部書目。

〔註52〕《經籍會通》卷二。
〔註53〕《經籍會通》卷四。

一、〈遺逸上・篇章〉專記漢代賦家存佚

胡氏認爲世人習稱「楚騷漢賦」，就《漢志》著錄，僅詩賦一類，無所謂騷者，故主張騷賦實皆爲賦。此一作法，頗類似《漢志》〈詩類〉小序。

又《漢志》著錄西京一代，以賦傳者六十餘家，因范曄《後漢書》不志藝文，故東漢諸人制作，遂湮沒不聞，僅今世共稱司馬、楊、班十餘家而已。

《漢志》詩賦略收錄的，原本《七略》而加以芟減，因此所著錄西漢諸詞賦家，存者僅爲西漢的半數，故據諸家書目中，著錄所有漢賦的諸作。在〈遺逸上・篇章〉中，盡錄《漢志》所載詩賦四十六家，並錄無名氏雜賦一十二家，而云「蓋當時類輯者，后世總集所自始也」。然漢賦諸家，存者僅賈誼、枚乘、司馬相如、淮南王、孔臧、劉向、司馬遷、楊雄及漢武帝九家。

此外，又據《昭明文選》、《古文苑》、《文苑英華》、《文選補遺》、《廣文選》等諸家總集，加以考列姓名，續錄東漢諸作，計二十七家。故胡氏認爲：雖《後漢書》缺少《藝文志》，然六朝之人，好學兩漢，故眾家選集皆可見漢人賦作。只是往往有偽撰錯其中，必需辨明方可。因此胡氏在所著錄的二十七家，亦仿《漢志》例：在各家書名下，略述其旨意。

二、〈遺逸中・載籍〉專記唐代散佚書目

〈遺逸中・載籍〉一卷，胡氏首據馬氏《通考》引據宋晁公武之說，先述集部名稱的由來。以爲屈原《離騷》，是百代詞章之祖。因後世綴文者，皆踵繼不斷，且能各名一家之言，故後人別而聚集，命之爲集。集部之名，是原於東漢，極於唐代；而總集之名，則實始自晉摯虞《文章流別》，《昭明文選》賡續，至唐代亦極盛。此一作法，亦類似《隋志》〈別集〉、〈總集〉二類的小序。

胡氏認爲唐詩之盛，無慮千家，傳至明代僅存百家唐詩，十二大家，二十六名家，加上單行別刻之書，纔數十家而已。因爲夙嗜藝文，更拮据於唐業，故頗極苦心，購募殘編，鈔謄祕錄。凡是散見諸書，或附載群集，稍堪卷軸者，靡不窮蒐聚集成書。因此，據三史《藝文志》，五家《經籍志》著錄之書，及列傳野記之中所見。凡遇編名，輒加捃拾，芟除複襍，融會有無，具列兼收，其目的是不忍使前人著作泯滅不傳，至少可存其書目。

該書目的分列次序，以唐、宋《藝文志》，尤氏《遂初堂書目》，馬氏《通考》，晁氏《郡齋讀書志》，陳氏《直齋書錄解題》諸書目所收錄的唐人著作，凡詩文集，俱以世相承，不爲疆限。

胡氏在《經籍會通》中，曾論評幾家書目的優劣云：宋《藝文志》顛倒錯亂，

次序難憑；尤氏素稱博洽，類例亦頗混淆；諸家書目中，惟馬、鄭二家，紀律森然，燁如指掌，而《通志》整齊時代，綜核篇帙，尤爲詳明。故鳩集諸家，參會異全，仍酌取近例，以初、盛、中、晚分別著錄。唐《藝文志》、鄭樵《經籍略》雖不分詩、文，但唐代係以詩取士，故或有單行文集，而詩歌不傳者，其數不過千百之一，胡氏認爲既無可考，就一律備載，不再區別。

計初唐一百三十家，而宋《藝文志》僅存任敬臣等十餘家，《通考》惟錄王績、東皋子，餘竝缺，故胡氏云「蓋宋末無一存矣」。

盛唐計三十二家，而《宋史》尚存其半，《通考》僅三之一，間溢小集數家，而疑「後人從類書錄出，前此未行」。

中唐計七十五家，而《宋史》所缺過半，《通考》僅十數家。

晚唐計一百一十家，《宋史》收錄缺三分之一，外益二十餘家，《通考》僅錄一半。因此，胡氏自註「《舊唐書藝文志》止初唐文集，李杜以下，俱不錄。《新史》乃備載諸家，鄭析其唐末入五代者，餘皆仍其舊也」。

胡氏除著錄唐代各家詩文集外，亦留意唐人總集的流傳。從唐人自選詩總集，除《河嶽英靈集》、《國秀集》等諸集，在明代尚存於世外，尚有唐末五代人所集的唐詩選集。胡氏認爲：宋代以尤袤畜書最富，然其所編《全唐詩話》書中，上述諸家總集，已無一書被收錄；又宋計有功搜拾甚詳，而其所著《唐詩紀事》一書中，亦不見收錄；至陳、晁二家的書目，亦少有譚及者，因此胡氏感慨的說「諸選自南渡後，湮沒久矣」。故收錄諸家書目，計二十四種，以存史料。

由於五代時期的作家，時代常與唐末等人相混，故胡氏又據諸家書目，如《通志》、《宋藝文志》、《通考》等諸書，著錄五代作家，共計六十六家；又軍書表啓四六之文計十七家，賦有九家。但諸家著作，傳至明代，惟韋莊、羅隱、李建勳，及南唐伍喬，孟蜀花蕊幾家傳世。

別集、總集二類固然值得留意，胡氏鑒於「近人見宋世詩評最盛，以爲唐無詩話者」，同時在有明一代，僅《皎然詩式》、《金計詩格》及《歷代吟譜》傳世，其餘皆不傳，因而著錄唐人詩話入宋尚可見者，計二十種，備後人參考。

綜合上面所列，胡氏雖僅著錄唐、五代的別集、總集、詩話幾類，然在《經籍會通》卷一云：

> 前代懸購遺書，咸著條目，隋有《闕書錄》、唐有《訪書錄》、宋有《求書錄》，異時人主留意若此，隋文父子所以能致三十七萬於一時者，蓋民間獻書，無所不納也。

又論鄭樵《藝文略》作法云：

　　　　　該括甚鉅，剖核彌精，良堪省閱。第通志前朝，失標本代，有無多寡，
混爲一途。

知胡氏頗重視《闕書目錄》，亦認爲書目當記歷代書目，不論散佚，但需標明，不得
混亂爲一。因此在《詩藪雜編》的作法，與他擬修明代《藝文志》，及擬編《古今存
佚書目》的想法，當有絕對的關係。因此筆者才認爲：《詩藪雜編》爲明代《藝文志》
集部書目的底本。

柒、胡應麟在圖書目錄學上的貢獻

　　綜合上面各章節所述，胡應麟在圖書目錄學上的貢獻，可歸納出以下數點：

　　一、以「史」的觀念，總結古代到明嘉靖以前的中國目錄學，作一全面性的探
討：敘述目錄學的淵源流傳，評論各家書目的得失；論類例的分合，並記歷代書目
分類及其優缺點。

　　二、劃分藏書目的類型，並記各類書目的功用，不可偏廢。綜合各書目的優劣，
贊同修歷代存佚書目；參酌各家分類的得失，雖宥於傳統四部分類最爲得體的觀念，
仍然提出五部分類的理論及實際作法。

　　三、總結前人研究成果，提出辨偽學的理論、方法，開創辨偽學的新紀元。

　　四、傚效馬端臨《文獻通考》，收錄各家序文，以保留史料的作法，並加以補正。
又記錄明代藏書家、書肆、用紙等史料，供後人研究使用。

　　五、承繼鄭樵《校讎略》的作法，糾正前人分類的不當，加以適當的歸類，具
承先啓後的地位。

　　從上述歸納出的幾點貢獻來看，在整個中國圖書目錄學史上，胡應麟的成就地
位是應加以肯定的，而其成就是建立在「目錄學史」的觀念之上。因此，他在中國
圖書目錄學史所佔的承先啓後的成就及地位，當足以與鄭樵以下的諸位目錄學家相
提並論。

結　語

　　上述幾章，已將胡應麟的著作、在圖書目錄學的觀念、成就及貢獻，一一論述。
當然對於他的缺點，也不能諱而不談，最後即略述他的缺點，及幾點值得一提的觀
念或作法，作一總結。

　　胡應麟曾提出「著述最忌成心」（《經籍會通》卷二），「讀書大患，在好詆訶
昔人」，「昔人之說，有當於吾心，務著其出處而韙之；亡當於吾心，務審其是非
而駁之。毋先入，毋遷怒」（《華陽博議》卷下）。但在他的著作論辨中，仍難以擺
脫常人的習性，因而在時代略晚於他的周嬰所撰《巵林》一書中，即以卷八至卷
十的篇幅，訂正胡氏的缺失；而近人林慶彰《明人考據學研究》第六章〈胡應麟〉
中，亦曾評論胡氏缺失。二書所說，可歸納出幾點：一、引資料欠謹慎；二、轉
引資料不注所出；三、論證訛誤；四、受制於傳統尊經觀念，辨偽的態度保守，
未能論及經部之書。

　　除上述幾點外，在本文各章節論述中，亦提及下列二點：

　　一、胡氏的分類觀念，尚拘宥於傳統四部分類，雖然他鑒於四部分類不能解決
傳統典籍的歸屬，而特別提出五部分類——別立道釋二藏、偽書、類書為一部的觀
念，是解決了前人分類不當的問題；然由此又產生新的問題——道釋二藏、偽書、
類書三者性質各異，淵源不同，強合為一部，又是一個不能解決的問題，尚未能澈
底解決中國典籍分類的困擾。

　　二、胡氏對於雕版印書的來源，未能澈底考證。他引用明陸深《河汾燕閒錄》
云「隋文帝開皇十三年十二月八日，敕廢遺經，悉令雕板」之句，實為「廢像遺經，
悉令雕撰」之誤。雖然他對陸深所說，尚存：「第尚有可疑者，隋世既有雕本矣，唐
文皇胡不擴其遺制，廣刻諸書，復盡選五品以上子弟，入弘文館鈔書，何邪」的疑
問，卻曾提出結論：「雕本肇自隋時，行於唐世，擴於五代，精於宋人」（《經籍會通》

y

—203—

卷四）；但在另一處，他又提出「書籍之雕版……皆唐末五代之始，盛於宋」（《丹鉛新錄》卷八）的矛盾說法。

　　然而胡氏也有幾點不容忽視的觀念，敘述於下：

　　一、他提出將道釋二藏、僞書、類書歸爲一大類，附於四部之末的觀念，雖然僅是將一些不能歸類的類別，重新組合，畫入一大類而已，並沒有澈底解決中國典籍歸類問題。不過，時代略後的祁承㸁在〈藏書訓略〉中亦曾提出立「雜纂」一類，與「類書另附四部之後」的主張，與胡氏之說頗爲相似。兩者是否有必然的因襲關係，現在仍無法推得。

　　二、胡氏在〈重定九流序〉中，提出將「名、法、墨、陰陽、縱橫及古雜家」爲一類的說法，與時代稍後的黃虞稷《千頃書目》併墨、名、縱橫、法入雜家的作法，先後一致，兩者是否有關連，亦難考得。以上兩點，王國強〈胡應麟在目錄學史中的地位〉一文，即曾提及。

　　三、宋鄭樵的求書八法，後人求書奉爲圭臬。然胡氏提出「求之於墳冢」（《三墳補逸》卷下）的觀念，將求書的觸角，擴及地下所藏文物。是一種新穎又實際的見解，實不容忽視。

　　四、胡氏在論漢董仲舒《春秋繁露》一書時（《九流緒論》卷中），提出「析出其論《春秋》者，復其名曰《董子》可也」的觀念，似乎不自覺的使用了所謂的「互」、「通」，亦即「互著」、「別裁」的作法；然此種觀念，是否影響到時代稍後的祁承㸁，亦無直接證據。不過，以祁氏〈藏書訓略〉鑒書訓中的「辨眞僞」部份，所提出的二十一種僞書出現的情況，與胡應麟《四部正譌》所提完全相同，甚至連例證都相同（詳嚴倚帆《祁承㸁及澹生堂藏書研究》）；又〈藏書訓約〉所云「購國朝之書十，不能當宋之五也。宋之書十，不能當唐之三也。唐之書十，不能當漢與六朝之二也。漢與六朝之書十，不能當三代之一也。」與胡應麟在《經籍會通》卷四所云「宋世之書千卷，不能當唐世百。唐世書千卷，不能當六朝十。六朝書千卷，不能當三代一。難易之辨也。然今世書萬卷，亦不能當宋千」的說法，如出一轍。以胡氏《少室山房筆叢》一書，自明萬曆三十四年即刊行，到崇禎年間，亦曾刊行，未失傳的情形看，祁氏當曾見及胡氏之著作。因此，亦不能說二人之間，沒有必然的關係。或許胡氏書中所提這種不自覺的觀念，對於祁氏有所啓發，進而提出「互」、「通」的理論。

　　五、《經籍會通》卷四，保留許多明代有關版本學的史料，供後人參考。如戴南海《版本學概論》第九章〈活字印本〉，論及明代木活字印書情形，即引胡氏之說。

　　綜合上面各章節及本節所說，可知胡應麟雖然圖書目錄學上，有頗多成就及貢

獻。由於他的《二酉山房書目》未能傳世，因而在他的分類學及版本學方面，僅是粗略的瞭解，未能加以深入的探討，因此大都認爲他只是傳統的目錄學家，如姚名達《中國目錄學史》即說胡氏是「沿四部之稱，而大增其類目」（詳該書〈分類篇〉），各家也僅是引用《經籍會通》所提供的資料；而將注意力集中在《四部正譌》，探討他的辨僞成就。這也就是何以前人都注意到胡應麟的《經籍會通》、《四部正譌》二書，卻不去深入探討胡應在圖書目錄學上的作爲的原因。

附　錄

附錄一：胡應麟友朋人名表

※本表以四庫全書本爲據，前爲卷數，後爲頁碼，不同卷數以「；」隔開

姓　名	字　號	里　貫	少　室　山　房　類　稿　卷　數
童佩	子　鳴	龍　游	31-10; 49-10,11,12,13; 74-01; 77-05; 116-13
方太古	見　素 元　素	蘭　溪	36-08
方堯治	翁　恬	蘭　溪	29-08; 75-05
方	僑	蘭　溪	75-05
方于魯	建　元	歙　縣	55-24
方	可　大		01-06
方	羽　仲		24-13,14; 55-05
方	仲　閣		61-13; 79-02
方	伯　苓		63-06
文彭	壽　承	長　洲	10-11
文	休　承	長　洲	110-06
高廉	深　甫	錢　塘	33-09; 40-11
高	正　父		50-22; 59-08; 60-12,19
章	俱　父		74-12
章	宗　理		56-07; 62-15,18; 64-16
章敏學	行　父		39-12; 45-07; 62-05

	雲			24-6; 32-6; 52-11
章	從 雲			77-13
章	茂 德			63-15,17
顏	迂 愉			56-02
龔勉	子 勤	無 錫		43-7; 60-7,8; 61-5
龍	君 超			50-11
龍膺	君 御	武 陵		50-02; 57-09
謝	文 度	閩 中		24-13; 52-05; 77-03
謝廷諒	友 可			59-02,04; 60-19
謝	天 章			59-08
郭	翌 之			34-04
郭子直	舜 舉	崇 德		65-07; 66-04; 115-08,09
郭正域	美 命	江 夏		59-07,10
許	才 父			55-17
王世貞	元 美	太 倉		10-05; 31-08; 33-01,02,03; 34-11; 35-13; 40-01; 49-01,08; 50-19; 51-14,06,17; 52-03,04,08,12,13; 52-15; 54-03,11,19,21; 55-22; 56-11; 57-12; 63-08; 111-01,05,09,11,13,14,16; 111-17,20; 81-01; 112-01,02,04,06,07,08
王世懋	敬 美	太 倉		10-06; 49-05; 50-01; 51-06,17; 52-03, 04,11,13,14,15; 53-09; 54-02, 03, 09, 15; 56-05, 07; 57-12; 112-12, 13, 14, 16
王士騏	冏 伯	太 倉		33-21; 34-02; 51-01; 55-15; 57-10; 79-03,04; 61-28
王	逸 華	太 倉		34-02; 55-15; 57-10
王同軌	行 父	貢 岡		37-12; 39-07; 50-17,21; 59-02,03,04,05,06,10; 60-02; 62-05; 65-11,14; 70-05,15; 08-10
王寅	仲 房	歙 縣		55-14,15
王萱	季 孺	慈 溪		53-03
王士性	恒 叔 冏 卿	臨 海		50-08,09; 59-05; 67-14; 69-06; 117-17
王士昌	永 叔	臨 海		15-11; 30-01,02,06,07; 40-02; 43-15; 47-01; 51-01; 59-05,06,11,12,13,14; 61-10; 64-16; 75-15; 70-06,07,08; 80-13; 117-17
王士琦	圭 叔	臨 海		59-14
王承勛	新 建	餘 姚		27-14; 30-60; 52-04; 58-15; 59-13; 60-07,09; 61-06; 62-12; 63-11; 65-08; 66-03; 82-11; 115-07,08
王汝魯	蕃 曾	南 陽		77-06,08
王叔承	承 父	吳 江		17-10; 19-10; 32-05; 33-12; 51-09; 52-02; 57-17; 82-03; 116-01
王伯稠	世 周	嵩 山		17-10; 34-14; 57-10

王乾章	順 卿	浙 江 東 陽	93-01	
王	中 叔	臨 海	30-07,15; 59-14; 61-10; 110-12	
王	思 延		50-06; 61-10; 104-10; 117-06	
王	至 卿		39-06,07; 40-05; 62-02; 63-04; 88-08	
王	伯 固		37-03; 30-15	
王	閑 仲		34-03; 37-04	
王	伯 寵		44-01	
王	貞 伯		44-03; 62-03; 63-07	
王	瞻 美		52-04	
王	孟 嘉	太 倉	56-11	
王	仲 濟		63-17	
王	仲 升		63-15,16,17; 64-10	
王	公 詹		56-11	
王	遵 考		63-09	
王	以 忠		50-14	
王	資 敬		50-17	
王	孟 伯		63-06	
丁此呂	右 武	新 建	54-16	
丁元復	見 心	長 洲	34-09	
丁	逸 季		56-10	
丁	文 統		53-16	
丁	紹 曾		16-09	
丁	文 通		37-02	
丁	元 父		44-03; 51-61; 65-10	
于	鳳 鳴		27-03; 39-13; 40-06; 63-10; 119-18	
于	禹 鈞		61-09	
于	高 岡		64-05	
張文柱	仲 立	戞 山	37-14; 53-19; 56-09; 59-01; 60-10; 61-04; 63-03; 108-09	
張九一	助 甫	新 蔡	10-04; 19-06; 51-03; 53-01; 57-16,18; 59-08; 120-10	
張佳胤	肖 甫	四 川 銅 梁	10-09; 52-03,04; 114-03	

張鼎思	雪	甫	安	陽	40-11; 63-12; 45-01; 64-09,11,12,13,17; 65-06,08; 66-02,14; 67-12; 82-01; 117-10,09; 120-09, 20
張萱	孟	奇	博	羅	59-08
張鳳翼	伯	起	長	洲	16-06; 24-07; 33-11; 34-01,02; 36-03; 71-05; 85-14
張應泰	大	來	宛	陵	53-09,14; 57-05; 86-01; 119-16,17
張獻翼	幼	于	長	洲	33-11; 34-07; 36-03; 52-16; 55-16; 57-11; 75-16
張	汝	元			61-08,13
張	鍊	師			74-13
張	元	春			66-12; 75-14; 77-06; 110-13
張	子	環	溫	陵	66-06; 84-15
張	用	善			83-13
張	孟 儒 孟 孺				64-11; 81-10
張	大	木	四	明	81-15
張	君	柏	新	都	81-13
張	英	甫	永	嘉	24-15
張	茂	先			25-08; 26-08
張	文	仲			39-11
張	伯	隅	嘉	定	55-15
張	成	叔			57-04
張	仲	蔚			62-09
張	肅	仲	東	阿	62-04
項元汴	子	京	嘉	興	
項篤壽	子	長	嘉	興	62-13
項	季	興			36-07
何喬遠	稚	孝	晉	江	34-06
何宇㡾	仁	仲	德	安	22-01; 35-10; 37-02,03,13; 50-02; 53-01,17; 119-10
何浴文	啓	圖	信陽州		35-08; 42-03; 43-14; 49-12; 50-05; 53-16; 108-11
何	長	卿			50-10; 119-17
何	王	巨			77-06
顧憲成	叔	时	無	錫	66-13; 110-01,03
顧養謙	益	卿	通	州	52-02,06,08,10
顧	朗	生			35-08; 50-04; 65-11,14; 67-06; 119-07

顧	道 行		110-12
顧	仲 芳		110-13
顧	不 疑		51-10
顧	朗 哉		50-17
顧	靜 父		50-17; 60-10
伍	景 周		49-14
卓明卿	徵 甫	金 陵	51-10
崔	子 玉		37-04,13; 50-11; 59-08; 60-19; 119-14
柴	起 用	姑 蔑	16-01,03
盧	思 美		53-19
魏	穎 超		50-17,21
魏允中	懋 權	南 樂	50-03
劉	世 儒		21-07
劉	百 世		36-15
劉	子 玄		51-01
劉	仲 清		53-04
劉效祖	仲 修	濱 洲	35-11; 49-10,14; 60-10; 65-04,05; 66-09
劉渼	君 東	泰 和	50-20; 115-15
劉文卿	徯 如	廣 昌	55-21
孫七政	齊 之	常 熟	24-10
孫	用 純	會 稽	60-10,11
黎民表	惟 敬	從 化	17-09; 18-12; 24-10; 27-01; 31-01; 32-08; 49-01,14,16; 51-19, 21; 52-20; 65-04; 70-05; 74-02; 114-06; 120-04
紀	旭 仁		36-07
包	稚 升		30-06; 41-12; 45-14; 50-02; 59-14; 60-06; 63-04,14; 70-07,08
程	仲 凱		25-08; 58-01; 60-01
程	文 東	新 都	79-11
程	元 魯		15-02
傅光宅	伯 俊	聊 城	36-06; 51-04
朱謀境	佳 父	石城王 孫	50-15; 52-10
朱謀堯	巍 甫	石城王 孫	50-15; 52-10

朱多炡	貞 吉	權 六 世 孫		35-03; 49-02; 50-07; 54-12; 75-04
朱多貴	宗 良	權 六 世 孫		52-10; 54-07; 119-08
朱睦㮮	灌 甫	權 六 世 孫		24-10; 32-12; 42-12; 114-05
朱維京	可 大	萬 安		12-07; 21-05; 50-16; 51-07; 67-05
朱衡	士 南	萬 安		13-08; 18-07; 21-03; 35-02; 49-01; 50-05,14; 54-06; 57-15; 92-07; 115-05
朱	孔 暘	權 六 世 孫		52-10,12; 54-06,07; 56-01; 100-12; 119-9
朱	汝 修			31-04; 34-11; 35-05; 37-03; 50-02,04,08,12; 51-19; 53-04; 58-04,05
朱	伊 臣			34-05
朱	本 立			44-02
朱	同 伯			49-02
朱	孺 子			52-10
朱正初	在 明			31-01; 34-12,13; 35-04,05; 49-13; 50-05; 51-16; 53-04,09; 55-17; 65-04; 66-06; 71-02,03; 76-09,12; 116-15
皇甫汸	子 循	長 州		105-14; 114-01,02
吳擴	子 充	崑 山		15-02
吳夢暘	允 兆	歸 安		50-17,21; 62-04,07; 66-06,07
吳安國	文 仲	長 洲		26-09; 33-12; 40-02,11; 45-16; 52-02,12; 55-10,13; 62-14; 63-12; 64-07,09,11,12,13; 67-09,12; 76-09; 117-10
吳國倫	明 卿	湖 廣 興 國		10-03; 114-04; 115-13
吳子孝	純 叔	長 洲		63-08
吳	叔 通			118-12; 32-12
吳	用 卿			63-08
吳	叔 思			24-15
吳	霞 城			72-02,04
吳	翁 升			37-03; 50-10
吳	菁 學			39-13; 40-07,11
吳	叔 嘉			38-11; 51-02
吳	孝 父			40-11

吳	美	成				75-10
吳	茂	先				40-06
吳	之	衛				77-14
吳	啓	元				44-09
吳	肇	成				55-05; 75-11
吳	太 泰	寧 寧				55-24; 56-10; 63-19
吳	德	符				63-01; 65-03; 77-06; 79-07,08; 81-12; 117-08
吳	雲	從				63-06
鄧渠	遠	遊	江 新	西 城		16-05; 39-05; 41-06; 62-08,09,12; 64-14; 65-02; 66-01,12; 76-81; 88-10; 117-16,13,04
鄧原岳	汝	高	閩	縣		65-10
鄧	孺	孝	金	壇		27-01; 32-12
殷都	無	美	吳	郡		50-03; 53-02; 61-15
鄒迪光	彥	吉	無	錫		61-07
徐益孫	孟	孺	松 華	江 亭		24-10
徐桂	茂	吳	長	洲		51-13; 55-17; 57-09; 65-03
徐位	惟	得	景	陵		16-02; 27-08; 45-06; 60-05,06,14; 62-01; 63-02; 80-01,04; 117-06
徐中行	子	與	長	與		17-09; 31-14; 41-15; 49-01; 50-80; 114-03
徐一檟	汝	材	西	安		55-19,20; 57-02
徐	仁	仲				49-10
徐	仁	卿				55-19
徐	象	先				37-12; 39-10; 69-10; 70-05
徐	文	明				39-12; 63-19,20
徐	暐 暐	民 明				30-09; 60-10; 70-12
徐	彥	伯				63-06
唐邦佐	惟	良	蘭	谿		32-11; 52-11; 57-09; 75-04
唐	長	公	雲	間		15-01; 61-12; 66-01; 86-17; 117-08,04
唐	思	濟				07-10

唐	污	父			63-17,18; 65-01
安紹芳	茂	卿	無	錫	31-01; 49-11,12,16,17; 50-09; 52-09; 55-16; 65-04; 66-13; 74-04; 76-03,09; 79-14
安	緒	卿	無	錫	55-16
安	仲	子			35-06
康從理	裕	卿	永	嘉	13-13; 24-15; 31-04,06; 34-13; 35-10,11; 49-08,18,16; 50-02,03,04,05,06,12; 51-19; 54-01; 65-04; 74-03,08; 106-14; 116-06,07
宋	忠	父			16-04; 37-01; 38-02, 04; 50-05,08,11; 59-01; 61-06; 117-03
宋	化	卿			55-17; 56-02
宋	晉	之			110-13
宋	西	寧			50-17
江	汝	成			63-10,14
汪道會	仲	嘉	歙	縣	33-05; 57-17; 75-08
汪道昆	伯	玉	歙	縣	12-01,03,13-07; 18-03; 19-04; 24-04; 29-01,10; 30-01; 33-04,07; 34-08; 37-10; 49-10; 52-03,04; 53-10; 54-17; 55-10,21,24; 56-16,18; 57-09,14,17,19; 66-09; 67-10; 75-08,15; 90-06; 113-01; 02,05,07,08,11,12,15,1
汪道貫	仲	淹	歙	縣	12-08; 31-08; 33-05,08; 34-14; 42-01; 52-03; 57-09,17; 75-11,12
汪	象	武	歙	縣	56-19
汪	肇	元			55-23
汪	元	清			55-23
汪	公	幹			50-17; 60-19
汪元范	明	生	休	寧	50-17,21; 59-06
汪	惟	德	歙	縣	15-05
汪	士	能	新	都	24-13; 33-06,08,09; 55-03,21,23,24; 75-08,09,10,12
汪	獻	于			31-08; 33-06; 55-14,21
汪	象	元			37-13; 50-18,19,21; 78-01,05
潘光統	少	承	廣 州 順 德		40-14; 49-09
潘之恒	景	升	歙	縣	34-14; 03-01
潘	象	安			52-16
潘	南	仲			55-24
潘	少	逸			60-21

姓名	字	籍貫	頁碼
梁孜	思伯	廣州順德	17-09; 49-02,10,11,13,15; 50-11; 65-04
梁	持伯		57-10
沈明臣	嘉則	鄞縣	31-07
沈思孝	純父	喜興	29-85; 41-13; 43-05; 49-08; 50-02; 51-06; 52-15,18; 59-09; 60-05
沈	士安	四明	43-03
沈	孺休		58-21
沈	材叔		59-14; 64-13
湯顯祖	義仍	臨川	51-03; 53-03
祝鶴	鳴皋	寄籍京兆	20-03; 24-06; 31-03; 35-07; 41-03; 50-05; 51-16; 53-01,04; 57-14; 65-04; 76-03; 77-04; 88-01; 116-10,17
祝樹勳	無殊		24-05; 36-04; 41-14; 66-09; 69-10; 75-13; 76-14; 79-06; 86-15
祝	如華		20-03; 77-08; 79-07
祝	遜之		24-08; 48-13; 75-13; 79-03
祝	華父		63-17,18
馮大受	咸甫	華亭	51-01; 52-20
馮夢禎	開之	秀水	63-01
祁羨仲		嶺南	24-10
袁福徵	履善	松江華亭	27-06; 61-13,14
袁	微之		50-17; 78-05
袁	景從		60-10
李宗城	汝藩	盱眙	43-03; 62-05; 70-14; 78-14
李能茂	允達	東陽	12-05; 15-07; 20-06; 24-08; 35-17; 37-14; 53-14; 57-08,11; 66-09; 81-10; 94-12; 106-15,14; 119-01
李言恭	惟寅	盱眙	12-06; 13-13; 16-07,08; 19-08; 26-01; 31-0104; 32-08; 34-11; 35-03; 37-03; 38-02,04; 41-05; 43-03; 44-08; 49-17; 50-02,04,08,12; 51-19,20; 52-16; 53-06; 58-04,05,19,22; 59-01,02,05,06,09,13; 60-13; 62-19; 65-04,11,14; 69-01; 70-05; 74-02,03; 77-01; 78-13; 78-13; 82-08; 94-11; 119-20,19; 120-01
李維楨	本寧	京山	31-08; 45-16; 61-19; 64-01; 117-11
李遷	子升、子安	新建	115-10
李	惟朴		39-13
李逸人			39-04; 50-15

李	景	穎			35-15; 39-01; 116-12
李	季	宣			31-14; 50-14; 51-01; 52-10; 75-15
李	本	建			37-12; 50-17,21; 59-03,11; 60-20; 78-05
李	叔	操			37-12; 50-17,21
莫是龍	雲卿 韓迁		松華	江亭	51-02; 110-10
萬世德	伯	修	山 偏頭關	西	44-04; 45-15; 62-10; 63-02,03; 67-10; 80-05,09; 84-04; 110-07
蘇濬	君	禹	晉	江	15-09; 19-10; 27-12; 34-09; 37-05; 42-08; 50-16,17; 51-12; 53-13; 56-03; 59-07; 66-05; 67-15; 78-03; 120-06,08
蘇	叔	大			53-10; 58-13,17; 60-19; 78-03
蘇	以	脩			23-04; 57-01,15; 66-07; 76-13
韓郊憲	子	成	高	淳	51-21
韓	逸	人			74-13
曹子念	昌	先	太	倉	17-10; 33-12; 50-15; 51-09; 52-03; 54-01,13,19; 77-03
曹學佺	能	始	侯	官	39-10,12; 62-03; 65-11
黃維楫	說	仲	黃	巖	38-08,11; 39-08; 60-07,12,16; 61-07; 65-08; 66-05; 82-01; 117-10,11
黃	上	仲	黃	巖	64-06
黃九鼎	禹	鈞	遂	昌	60-01; 81-16
黃克晦	孔	昭	惠	安	50-07
黃姬水	淳	父	吳	縣	114-08
黃	季	主			36-01; 51-01,04; 76-06
黃	廷	評			36-08
黃	六	治			39-02
黃	仲	華			55-16
黃	元	樞	遂	昌	61-09,13; 81-16
黃	貞	父			61-17
黃	公	補			53-11; 112-12
黃	堯	衢	莆	中	15-10; 40-02; 63-14; 86-06
黃	九	斗			79-04

黃	叔	度			25-08; 26-08; 40-15
黃	孟	修			63-07
黃	應	魁			25-04,05
黃	孌	卿			39-03; 62-02; 63-04
黃	舜	夫			62-11,12
葉經	叔	明	上	虞	60-15; 75-13; 95-10; 120-11,12,13
葉	起	元			53-19
蔡	弘	父			50-13
蔡文範	伯	華	江 新	西 昌	60-10
蔡	英	南			34-04
蔡	立	夫			50-10
蔡	稚	含			16-02; 50-09; 59-05; 60-04,21; 117-18
蔡	景	明			23-04; 44-09; 57-15; 76-14
林世吉	天	迪	福	建	15-05; 59-12,13
林煜	貞	燿	閩	縣	15-05; 16-11; 61-04,12; 66-02, 03; 82-06; 117-04
林	逸	民	閩	中	36-08
林	登	卿			51-05
林	之	盛			06-11
林	冏	卿			62-07
賀燦然	伯	闇	秀	水	50-13
胡	孟	弢	晉	江	13-13; 37-04,14; 44-08; 51-01; 53-09; 58-05,08,11,12; 59-01,08; 62-04; 65-14; 75-15; 116-08
胡汝煥	文	父	南	昌	31-06,07; 50-02,03,05,06,12,13; 54-04,05; 74-06; 119-10
胡	昌	世			37-14; 50-17; 60-20
胡	京	孺			40-02
胡	靜	父			39-02,13; 45-12; 62-02; 63-04,06
胡	瀓	元	易	水	39-08; 40-05; 43-01; 45-12; 62-02,20; 63-03,04; 69-08; 72-02; 78-12
胡	上	舍			60-02,10
胡	玉	呂			64-07

梅台祚	泰 符	宣 城	15-06; 50-01
梅	客 生		30-10; 117-01
趙志皋	汝 邁	蘭 谿	37-08; 38-10; 43-08,12; 44-05; 45-08; 57-08; 50-04,06,22; 60-15,16; 61-06; 62-02,03,07; 115-01,04
趙宧光	凡 夫	吳 縣	55-16
趙南星	夢 白	高 邑	51-05,07
趙用賢	汝 師	常 熟	10-04
趙	長 吉		36-12
趙	汝 信		4-07
趙	汝 元		41-15,16; 56-17; 59-08; 65-12,13,14; 75-13
趙	敬 甫		57-08
趙	均 甫		57-08; 61-13
趙	宗 魯	太 末	60-03; 61-01,02; 69-07
趙	符 卿		60-02
趙祐卿	汝 申	蘭 谿	30-07; 33-10; 42-08; 55-01; 65-04; 80-07
趙	文 鎮		40-11; 64-12; 85-13; 90-08; 94-10
趙	仲 子		61-19
斯一緒	惟 武	東 陽	62-08
莊	靜 父		26-07; 72-02
蕭	含 礬		33-11
楊	叔 嘉		39-04
楊	思 悅		41-15; 51-08,10
楊	懋 功		54-12
楊	世 叔		58-11
楊	使 君		115-09
楊明時	不 棄	歙 縣	39-11; 61-19; 63-08; 110-06
茅	厚 之	易 水	43-01; 60-09,10; 62-02; 63-04; 78-12
茅	平 仲		50-14
茅	溱		110-05
彭	穉 修		49-04,07; 54-11

彭	孔	嘉		110-06,11
戴	文	進		110-13
董	述	夫		110-12
董	體	仁		22-06; 37-12; 78-02
來	相	如	江　右	52-11
史	元	秉		50-12
狄	明	叔		36-02;38-14; 61-03,04; 63-04; 78-07
易儆之	惟	儆	黃　岡	22-04; 34-10; 36-05; 42-10; 52-08; 53-14; 54-11,12; 55-19; 57-02,06,08,11; 76-12,14; 116-10,11
羅	高	君		58-01
羅	汝	芳		110-09; 115-14
呂時臣	中	甫	鄞　縣	49-12
喻均	邦	相	新　建	12-06; 13-13; 22-08; 29-03; 34-13; 35-03,07,09,12; 41-14; 50-09,19; 51-08,09,15,16; 52-12,19; 53-09; 54-01,02,03,05,07,10, 11,13,14; 55-01,02; 57-10,14,17; 65-03; 66-11; 74-09,10; 75-03, 12; 76-04; 77-12; 116-08
喻	叔	虞	新　建	63-19
區大相	用	儒	高　明	32-08; 45-08,10,11,14; 51-01; 53-15; 58-11; 59-08; 60-12,17; 63-08; 64-08
區	純	玄		45-10,11
區	德	符		50-17
熊敦朴	茂	初	富　陽	53-15; 60-18
戚繼光	元	敬	定　遠	10-10; 29-01; 31-11; 57-16; 113-05
戚	不	磷		56-10; 63-01
戚元佐	希	仲	檇　李	110-08
戚	伯	堅		63-01
陸弼	無	從	江　都	58-02
陸可教	敬	承	蘭　谿	32-01
陸瑞家	信	卿	蘭　谿	13-05
陸	楚	生		34-03
陸	履	素		43-10; 58-01,10; 59-14; 61-08,09; 79-07
馬	計	部		44-01

	明思思思思 元達遜弘登齊			40-08,09; 63-15,16,17,18,19; 72-02
盛				
盛	太	父		51-01,05
闓	逸	之		60-17
陳	岡	卿		62-19
陳	稺	沖		49-11; 51-17; 74-01
陳	惟	敬		63-15
陳	孔	信	嶺 南	34-02
陳	實	卿		63-17,18
陳	汝	立		51-15
陳	仁	夫		58-03; 65-12,13,14; 70-01
陳懿典	孟	常	秀 水	58-19
陳	從	訓		41-01; 71-05
陳翰臣	子	卿	莆 田	40-05; 63-03
陳覿	忠	父	餘 姚	61-13
陳文燭	玉	叔	沔 陽	13-09; 41-12; 42-02; 51-02,16; 52-21; 53-09,10; 57-08; 115-11,12
陳耀文	晦	伯		61-10
陶允宜	懋	中	會 稽	60-10; 64-08
周天球	公	瑕	太 倉	17-10; 35-07; 51-19; 67-09; 75-07; 114-09, 18
周獻臣	龑	六	臨 川	59-06
周弘倫	元元	孚父	麻 城	41-12; 50-10,19; 58-17; 78-09
周	新	之		40-04
周	懋	修		55-16; 61-03,08,15
周	柱			110-05
詹景鳳	東	圖	休 甯	24-11; 50-07; 61-09,15
詹	伯	虎		65-12

屠隆	緯	眞	鄞	縣	52-01,21,22; 55-19; 66-04; 76-10
屠本畯	田	叔	鄞	縣	58-14; 59-08
歐大任	槙	伯	順	德	12-06; 17-09; 18-04; 24-11; 31-11; 43-11; 50-03; 52-08,09; 57-05; 61-05; 114-07
滕伯輪	載	道	建	安	10-07; 21-06,08; 22-04; 31-07; 32-04; 35-05,16; 36-10; 42-04; 50-09,17; 51-20; 52-08,20; 53-04,08,11,12,13; 54-08; 55-17; 78-15; 87-01; 92-01; 115-06
金	應	照	吳	郡	36-01; 49-21
金九成	伯	韶	嘉	興	36-01; 51-04; 54-15
丘	謙	之			31-01,04; 35-04
丘	汝	謙	麻	城	49-11,17; 51-19
俞	聲	父			27-12; 61-18
俞	孟	武			58-04,05
俞	公	臨			110-12
俞安期	羨	長	吳	江	40-12; 62-06; 63-01,19; 64-11; 65-14; 72-02; 77-06; 117-15,14
姜士昌	仲	文	丹	陽	53-04; 69-10
曾	人	倩			50-13; 59-02,08; 61-05
曾仕鑑	明	吾	南	海	61-05
余	明	復			53-07,08
余	漁	塘			90-10
余寅	君	房	鄞	縣	51-01,07; 77-09
鍾	敬	之			110-12
鍾	天	毓			37-01,07; 50-16; 84-07
錢	懋	穀			50-01
錢	象	先			25-08; 110-12
錢	叔	寶			110-11
錢允治	功	父	長	洲	55-16
舒	允	升			95-03
鄭	太	初			61-20
管	建	初			39-07; 49-06; 62-10; 110-13
管	坤				36-12
米萬鍾	仲	詔	關	中	65-13

附錄二：胡應麟友朋基本資料來源彙編

※本表以胡應麟年表中出現先後爲順序

◎ 文彭，字壽彭，號三橋，長洲人，徵明長子（1489～1573）《明史》卷二八七〈文苑傳二下〉有傳。

◎ 黃姬水，字淳父，吳縣人，省曾子（1509～1574），《明史》卷二八七〈文苑傳三〉有傳。

◎ 朱衡，字士南，一字惟平，號鎮山，萬安人，《明史》卷二二三〈朱衡傳〉。

◎ 李攀龍，字于鱗，山東歷城人（1514～1570），《明史》卷二八七〈文苑傳三〉有傳。

◎ 周天球，字公瑕，號幼梅，太倉人（1514～1595）誦芬堂本錢謙益《列朝詩集》〈丁集中〉有傳。

◎ 歐大任，字楨伯，順德人（1516～1595）《明史》卷二八七〈文苑傳三〉〈黃佐傳〉附。

◎ 朱睦㮮，字灌甫，號西亭，橚六世孫（1517～1586）《明史》卷一一六〈諸傳宗室十五王〉〈周王橚傳〉附。

◎ 吳國倫，字明卿，號川樓，亦號南嶽山人，湖廣興國人（1524～1593）《明史》卷二八七〈文苑傳三〉、〈李攀龍傳〉。

◎ 汪道昆，字伯玉，號南明，歙縣人（1525～1593）《明史》卷二八七〈文苑傳三〉〈王世貞傳〉附。

◎ 滕伯輪，字汝載，別號小松，福建甌寧人，員六世孫（1526～1589），《類稿》卷九十二〈建安滕公墓誌銘〉。

◎ 張佳胤，字肖甫，號崌崍山人，四川銅梁人（1527～1588）《明史》卷二二二有傳。

◎ 戚繼光，字元敬，號南塘，晚號孟諸，定遠人，景通子（1528～1587）《明史》卷二一二有傳。

◎ 張九一，字助甫，號周田，新蔡人（1533～1598）誦芬堂本錢謙益《列朝詩集》〈丁集上〉有傳。

◎ 王穉登，字百穀，號玉遮山人，吳郡人（1535～1612）《明史》卷二八八〈文苑

傳四〉有傳。

◎　王世懋，字敬美，號麟洲，世貞弟（1536～1588）《明史》卷二八七〈文苑傳三〉
〈王世貞傳〉附。

◎　林烴，字貞耀，號仲山，閩縣人，庭機季子（1540～1616）《明史》卷一六三〈林
瀚傳〉附。

◎　蘇濬，字君禹，號紫溪，晉江人（1541～1599），據《明人傳記資料索引》。

◎　焦竑，字弱侯，號澹園，學者稱澹園先生，江寧人（1541～1620）《明史》卷二
八八〈文苑傳四〉有傳。

◎　沈思孝，字純父，號繼山，嘉興人《明史》卷二八八〈文苑傳四〉有傳。

◎　屠隆，字緯眞，一字長卿，鄞人，（1542～1650）《明史》卷二八八〈文苑傳四〉
〈徐渭傳〉附。

◎　汪道會，字仲嘉，道貫從弟（1544～1613），據《明人傳記資料索引》。

◎　馮夢禎，字開之，秀水人（1546～1605），誦芬堂本錢謙益《列朝詩集》〈丁集
下〉有傳。

◎　傅光宅，字伯俊，號金沙居士，聊城人（1547～1604），誦芬堂本錢謙益《列朝
詩集》〈丁集下〉有傳。

◎　李維禎，字本寧，京山人，淑子（1547～1626），《明史》卷二八八〈文苑傳四〉
有傳。

◎　朱維京，字可大，號訥齋，萬安人（1549～1594），《明史》卷二三三有傳。

◎　湯顯祖，字義仍，號若士，臨川人（1550～1617），《明史》卷二三〇有傳。

◎　邢侗，字子愿，臨邑人，《明史》卷二八八〈文苑傳四〉〈董其昌傳〉附。

◎　黎民表，字惟敬，自號瑤石山人，晚號白鶴山人，從化人，貫子，《明史》卷二
八七〈文苑傳三〉〈黃佐傳〉附。

◎　徐中行，字子與，號龍灣，自稱天目山人，長興人（1517～1578），《明史》卷
二八七〈文苑傳三〉〈李攀龍傳〉附。

◎　戚元佐，字希仲，檇李人，《少室山房類稿》卷一百十〈扇頭跋五〉。

◎　康從理，字裕卿，永嘉人，誦芬堂本《列朝詩集》〈丁集中〉有傳。

◎　李言恭，字惟寅，號青蓮居士，盱眙人，文史八世孫，《明史》卷一二六〈文忠
傳〉附。

◎　陳文燭，字玉叔，號五嶽山人，沔陽人，柏子，誦芬堂本《列朝詩集》〈丁集中〉
有傳。

◎　何洛文，字啓圖，信陽州人，大復孫，據《明人傳記資料索引》。

◎ 祝鶴，字鳴皋，寄藉京兆，《光緒蘭谿縣志》卷五〈文學傳〉，《少室山房類稿》卷八十八〈長安酒人傳〉。

◎ 劉效祖，字仲修，號念菴，濱州人，寓居京師（1522～1589），誦芬堂本《列朝詩集》〈丁集上〉有傳。

◎ 童佩，字子鳴，龍游人，《浙江採集遺書總錄》〈癸集下〉。

◎ 曹昌先，字子念，以字行，更字以新，太倉人，王世貞甥，誦芬堂本《列朝詩集》〈丁集中〉有傳。

◎ 殷都，字無美，一字開美，號斗壚子，吳郡人。清嘉靖二十四年刊本《靜志居詩話》卷十。

◎ 吳安國，字文仲，長洲人，子孝孫，錄《明人傳記資料索引》。

◎ 安紹芳，字茂卿，無錫人，國孫。楊立誠、金步瀛合編《中國藏書家考略》。

◎ 江右楊懋功，不詳。

◎ 楚中劉子大，不詳。

◎ 楚中丘謙之，不詳。

◎ 朱正初，字在明，靖江人，誦芬堂本《列朝詩集》〈丁集中〉有傳。

◎ 濠梁朱汝修，不詳。

◎ 郭子直，字舜舉，崇德人，據《明人傳記資料索引》。

◎ 陳思育，生平不詳。

◎ 潘光統，字少承，廣州順德人，據《明人傳記資料索引》。

◎ 丘齊雲，生平不詳。

◎ 茅溱，字平仲，丹徒人，誦芬堂本《列朝詩集》〈丁集中〉有傳。

◎ 周柱，生平不詳。

◎ 顧憲成，字叔度，別號涇陽，無錫人，《明史》卷二三一有傳。

◎ 林之盛生平不詳。

◎ 張幼于，字獻翼，後更名敉，鳳翼弟，長洲人。誦芬堂本《列朝詩集》〈丁集上〉有傳。

◎ 胡孟弢，字汝煥，見《靜志居詩話》卷十三。

◎ 喻均，字邦相，新建人，《光緒本蘭谿縣志》卷四有傳。

◎ 李能茂，字允達，東陽人，亦稱仲達，或稱仲子，故侍御學道子，明崇禎十四年刊本明吳之器撰《婺書》卷七〈斯一緒傳〉附。

◎ 區大相，字用孺，高明人，見《明詩紀事》〈庚籤〉卷一有傳。

◎ 胡孟弢生平不詳，《甲乙剩言》有〈胡孟弢〉條，記載所聞之異說。

◎　張鳳翼，字伯起，長洲人，《列朝詩集》〈丁集中〉有傳。

◎　王士昌，字永叔，號十滇，臨海人，士琦弟，《明史》卷二二三〈王宗沐傳〉附。

◎　王承勛，字仁孫，《明史》卷一九五〈王守仁傳〉附。

◎　黃維輯，字說仲，天台人，《列朝詩集》〈丁集上〉有傳。

◎　葉子木生平不詳。

◎　張應泰，字大來，宛陵人，據《明人傳記資料索引》。

◎　方堯治，字翁恬，一字六如，號元暢，蘭溪人，太古孫。嘉慶丙辰冬鐫怡雲閣藏板《全浙詩話》卷三十三有傳。

◎　易儆之，字惟效，黃岡人，據《明人傳記資料索引》。

◎　吳孺子，字少君，號病鶴，自號破瓢道人，《光緒蘭谿縣志》卷五有傳。

◎　龔勉，字子勤，號毅所，無錫人，見《明詩紀事》〈庚籤〉卷九。

◎　萬世德，字伯修，山西偏頭關人，據《明人傳記資料索引》。

　　傅光宅，字伯俊，號金沙居士，聊城人。《列朝詩集》〈丁集下〉有傳。

◎　趙志皋，字汝邁，別號穀陽，《光緒本蘭谿縣志》卷五有傳。

◎　梅台祚，字泰符，宣城人，國祚弟，見《明詩紀事》〈庚籤〉卷八有傳。

◎　王士昌，字永叔，號十滇，臨海人，士琦弟，《明史》卷二二三〈王宗沐傳〉附。

◎　王象及祝如華生平不詳。

參考書目

依四部分類順序排列

壹、專著部份

1. 《隋書》，唐魏徵等撰（台北：鼎文書局據北京中華書局點校本翻印本，民國 64 年）。
2. 《宋史》，元脫脫等撰（台北：鼎文書局據北京中華書局點校本翻印本，民國 64 年）。
3. 《明史》，清張廷玉等撰（台北：鼎文書局據北京中華書局點校本翻印本，民國 69 年）。
4. 《名山藏》，明何喬遠撰，明崇禎十三年福建巡撫沈猶龍刊本。
5. 《婺書》，明吳之器撰，明崇禎十四年刊本。
6. 《明史竊》，明尹守衡，清光緒丙戌刻本。
7. 《明史列傳》，舊題清徐乾學編，國立中央圖書館藏舊鈔本。
8. 《明書》，清傅維鱗纂（上海商務印書館排印本，民國 26 年）。
9. 《宋會要輯稿》，清徐松輯（台北：世界書局縮小影印本，民國 53 年）。
10. 《萬曆野獲編》，明沈德符著，清周星詒校並題記補遺、續編，舊鈔本。
11. 《義烏縣志》，明周士英等撰，明崇禎庚辰（十三年）重修本。
12. 《金華府志》，清張薑敬等撰，清康熙二十二年刊本。
13. 《光緒蘭谿縣志》，清秦簧修、唐壬森等撰，光緒十四年刊本。
14. 《金華文徵附姓氏傳略》，明阮元聲等評選，明崇禎間刊本。
15. 《明詩人小傳稿》，清潘介祉撰（國立中央圖書館排印本，民國 75 年）。
16. 《明詩紀事》，陳田編（上海商務印書館排印本，民國 25 年）。
17. 《明人傳記資料索引》（國立中央圖書館編排印本，民國 67 年）。
18. 《藏書紀事詩》，清葉昌熾撰（台北：世界書局據 1958 年古典文學出版社翻印

本，民國 54 年）。

19. 《中國藏書家考略》，楊立誠、金步瀛合編，宋海屏校訂（台北：新文豐出版社合印本，民國 67 年）。

20. 《宋代藏書家考》，潘美月撰（台北：文海出版社排印本，民國 69 年）。

21. 《江浙藏書家史略》，吳晗撰（台北：文史哲出版社據 1981 年中華書局翻印本，民國 71 年）。

22. 《中國文學家考略》，楊蔭深編撰（台北：新文豐出版社合印本，民國 67 年）。

23. 《明代劇作家考略》，羅錦堂編著（香港：龍門書店排印本，1966 年）。

24. 《明代劇作家研究》，日本八木澤元撰，羅錦堂譯（香港：龍門書店排印本，1966 年）。

25. 《安定胡氏族譜》，清胡鵬撰，清康熙六十年刊本。

26. 《安定胡氏家譜》，清胡世琛等撰，影印本。

27. 《明張江陵先居正年譜》，楊鐸著（台灣商務印書館，民國 69 年）。

28. 《漢書藝文志》，漢班固撰，昌彼得編輯《中國目錄學資料選輯》本（台北：文史哲出版社排印本，民國 73 年）。

29. 《兩唐書經籍藝文合志》，後晉劉昫、宋歐陽修等撰（台北：世界書局排印本，民國 65 年）。

30. 《崇文總目》，宋王堯臣等撰，清錢東垣輯釋（台北：廣文書局《書目續編》本，民國 57 年）。

31. 《郡齋讀書志》，宋晁公武撰，清王先謙校刊（台北：廣文書局《書目續編》本，民國 57 年）。

32. 《遂初堂書目》，宋尤袤編（台北：廣文書局《書目續編》本，民國 57 年）。

33. 《直齋書錄解題》，宋陳振孫撰（台北：廣文書局《書目續編》本，民國 57 年）。

34. 《文獻通考經籍考》，元馬端臨撰（台北：新興書局翻印本，民國 47 年）。

35. 《文淵閣書目》，明楊士奇等撰（台北：廣文書局《書目續編》本，民國 57 年）。

36. 《百川書志》，明高儒撰（台北：成文出版社《書目類編》本，民國 67 年）。

37. 《國史經籍志》，明焦竑編（台北：廣文書局《書目五編》本，民國 61 年）。

38. 《澹生堂書目》，明祁承㸁撰，光緒十八年紹興先正遺書本。

39. 《紅雨樓家藏書目》，明徐勃編（台北：成文出版社《書目類編》本，民國 67 年）。

40. 《千頃堂書目》，明黃虞稷撰（台北：廣文書局《書目叢編》本，民國 56 年）。

41. 《絳雲樓書目》，明錢謙益撰（台北：廣文書局《書目三編》本，民國 58 年）。

42. 《述古堂藏書目》，清錢曾編（台北：成文出版社《書目類編》本，民國 67 年）。

43. 《孝慈堂書目》，王聞遠撰（台北：新文豐出版公司《叢書集成續編》本）。

44. 《四庫全書總目》，清紀昀等撰（台北：藝文印書館縮小影印，民國 68 年）。

45. 《愛日精廬藏書志》，清張金吾撰（台北：文史哲出版社排印本，民國 71 年）。

46. 《蕘圃群書題識》，清黃丕烈撰，繆荃孫等輯（台北：廣文書局《書目叢編》本，民國 56 年）。

47. 《楹書隅錄》，楊紹和撰（台北：廣文書局《書目叢編》本，民國 56 年）。

48. 《鐵琴銅劍樓藏書目錄》，清瞿鏞撰（台北：廣文書局《書目叢編》本，民國 50 年）。

49. 《藝風堂藏書記》，繆荃孫撰（台北：廣文書局《書目叢編》本，民國 56 年）。

50. 《文祿堂訪書記》，王文進撰（台北：廣文書局《書目叢編》本，民國 56 年）。

51. 《鄭堂讀書記》，清周中孚撰（台北：世界書局翻印本，民國 49 年）。

52. 《善本書室藏書志》，清丁丙撰（台北：廣文書局《書目叢編》本，民國 56 年）。

53. 《書目答問補正》，清張之洞撰，范希曾補正（台北：新興書局排印本，民國 17 年）。

54. 《鳴野山房書目》，清沈復粲編，潘景鄭校訂（上海：古典文學社排印本，1958 年）。

55. 《八千卷樓藏書目》，清丁仁編（台北：廣文書局《書目四編》本，民國 59 年）。

56. 《五十萬卷樓藏書目錄初編》，莫伯驥編（台北：廣文書局《書目叢編》本，民國 56 年）。

57. 《江蘇省立國學圖書館圖書總目》（台北：廣文書局《書目四編》本，民國 59 年）。

58. 《增訂四庫簡明目錄標注》，清邵懿辰撰，清孫詒讓等參校，邵章續錄，邵右誠重編（台北：世界書局翻印本，民國 50 年）。

59. 《崇雅堂書錄》，甘雲鵬編（台北：廣文書局《書目五編》本，民國 61 年）。

60. 《彙刻書目》，清顧修撰，朱學勤補（台北：廣文書局《書目五編》本，民國 61 年）。

61. 《觀古堂書目叢刊》，葉德輝等撰（台北：廣文書局《書目五編》本，民國 61 年）。

62. 《藏園群書經眼錄》，傅增湘撰（北京：中華書局排印本，1983 年）。

63. 《金華經籍志》，胡宗楙編撰，乙丑孟冬夢選慶刊本。

64. 《中國善本書提要》，王重民撰（台北：明文書局翻印本，民國 73 年）。

65. 《四庫目略》，楊立誠編（台北：中華書局排印本，民國 59 年）。

66. 《四庫書目續錄》，孫耀卿撰（台北：世界書局排本，民國 56 年）。

67. 《普林斯敦大學葛思德東方圖書館中文善本書志》，屈萬里編（台北：藝文印書館排印本，民國 64 年）。

68. 《北京人文科學研究所藏書目錄、續目》（台北：進學書局影印本，民國 59 年）。

69. 《中國書綱》，高越天編（台北：維新書局排印本，民國 61 年）。

70. 《中國歷代書目總錄》，梁子涵編（台北：中華文化出版事業委員會排印本，民國 65 年）。

71. 《中國叢書綜錄》（上海圖書館編（上海古籍出版社排印本，1982 年）。

72. 《中國叢書綜錄補正》，陽海清編撰（江蘇：廣陵古籍刻印社排印本，1984 年）。

73. 《北京圖書館古籍善本書目》（北京圖書館編，北平書目文獻出版社排印本，1987 年）。

74. 《簡明中國古籍辭典》，吳楓主編（吉林：文史出版社排印本，1987 年）。

75. 《國立中央圖書館善本書目》，中央圖書館編（國立中央圖書館排印本，民國 75 年）。

76. 《北京師範大學圖書館中文古籍書目》（北京：師範大學圖書館編，排印本）。

77. 《內閣文庫漢籍分類目錄》，內閣文庫編，昭和三十一年排印本。

78. 《靜嘉堂文庫漢籍分類目錄》，靜嘉堂文庫編（台北：進學書局影印本，民國 58 年）。

79. 《京都大學人文科學研究所漢籍目錄》（京都大學人文科學研究所編，昭和五十六年排印本）。

80. 《日本現存明人文集目錄》，日本山根幸夫編（東京女子大學東洋史研究室排印本）。

81. 《古今典籍聚散考》，陳登原撰（台北：河洛出版社翻印本，民國 68 年）。

82. 《中國古代藏書與近代圖書館史料》，李希泌、張椒華合編（北京：中華書局排印本，1982 年）。

83. 《中國文獻學》，張舜徽著（台北：木鐸出版社，據 1982 年中州書畫社影印，民國 72 年）。

84. 《中國古典文獻學》，吳楓著（台北：木鐸出版社，據 1982 年齊魯畫社影印，民國 72 年）。

85. 《中國目錄學史》，許世瑛著（台北：中華文化出版事業委員會排印本，民國 43 年）。

86. 《中國目錄學年表》，姚名達著（台北：商務印書館排印本，民國 56 年）。

87. 《目錄學發微》，余嘉錫撰（台北：藝文印書館排印本，民國 63 年）。

88. 《中國目錄學史》，姚名達著（台北：商務印書館排印本，民國 66 年）。

89. 《目錄學研究》，胡楚生撰（台北：華世出版社排印本，民國 69 年）。

90. 《目錄學研究》，汪辟疆著（台北：文史哲出版社據 1995 年上海商務印書館影印，民國 72 年）。

91. 《中國史部目錄學史》，鄭鶴聲撰（台北：華世出版社排印本，民國 74 年）。

92. 《中國目錄學史稿》，呂紹虞撰（台北：丹青圖書公司排印本，民國 75 年）。

93. 《中國目錄學》，昌彼得、潘美月著（台北：文史哲出版社排印本，民國 75 年）。

94. 《中國目錄學資料選輯》，昌彼得輯（台北：文史哲出版社影印本，民國 73 年）。

95. 《通志校讎略》，宋鄭樵撰，昌彼得編輯《中國目錄學資料選輯》本（台北：文史哲出版社影印本，民國 73 年）。

96. 《鄭樵校讎略研究》，錢亞新撰（台中：文宗出版社排印本，民國 63 年）。

97. 《鄭樵的校讎目錄學》，鄭奮鵬撰（台北：學海出版社排印本，民國 72 年）。

98. 《校讎通義》，清章學誠撰，昌彼得編輯《中國目錄學資料選輯》本（台北：文史哲出版社影印本，民國 73 年）。

99. 《校讎目錄學史》，蔣伯潛編著（台北：正中書局排印本，民國 46 年）。

100. 《校讎學史》，蔣元卿著（台北：商務印書館排印本，民國 56 年）。

101. 《校勘學》，錢玄編（江蘇古籍出版社排印本，1988 年）。

102. 《校讎學》，胡樸安、胡道靜著（台北：商務印書館，據 1934 年上海印書館排印本，民國 79 年）。

103. 《中國古籍校讀指導》，張舜徽撰（台北：源流出版社收入《中國古籍研究叢刊》本，民國 71 年）。

104. 《古書讀校法》，吳孟復著（安徽教育出版社排印本，1983 年）。

105. 《書林清話》，葉德輝撰（台北：文史哲出版社據庚申年觀古堂刊本影印，民國 77 年）。

106. 《古籍版本鑑定叢談》，魏隱儒、王金雨著（印刷工業出版社排印本，1984 年）。

107. 《圖書板本學要略》，屈萬里、昌彼得著，潘美月增訂（台北：中國文化大學出版部排印本，民國 75 年）。

108. 《圖書》，潘美月著（台北：幼獅文化事業公司排印本，民國 75 年）。

109. 《版本學概論》，戴南海著（巴蜀書社排印本，1989 年）。

110. 《中國雕板源流考》，孫毓修著（台北：商務印書館排印本，民國 63 年）。

111. 《版本目錄學論叢（二）》，昌彼得撰（台北：學海出版社排印本，民國 66 年）。

112. 《中國圖書版本學論文選輯》，學海出版社選輯（台北：學海出版社排印本，民國 70 年）。

113. 《古書版本鑑定研究》，李清志著（台北：文史哲出版社排印本，民國 75 年）。

114. 《子略》，宋高似孫撰（商務印書館《叢書集成初編》本，民國 28 年）。

115. 《朱熹辨偽書語》，白壽彝輯（台北：開明書店排印本，民國 58 年）。

116. 《唐人辨偽集語》，張西堂輯（香港：太平書局排印本，1963 年）。

117. 《古書辨偽四種（諸子辯、四部正譌、古今偽書考、考信錄提要）》，明宋濂等著（上海商務印書館《國學基本叢書》本。

118. 《古書真偽及其年代》，梁啓超著（台北：中華書局排印本，民國 71 年）。

119. 《偽書通考》，張心澂著（台北：宏業書局排印本，民國 59 年）。

120. 《續偽書通考》，鄭良樹編著（台北：學生書局排印本，民國 73 年）。

121. 《明代考據學研究》，林慶彰（台北：學生書局排印本，民國 75 年）。

122. 《古籍辨偽學》，鄭良樹著（台北：學生書局排印本，民國 75 年）。

123. 《焦氏筆乘》，明焦竑輯（台北：商務印書館《人人文庫》本，民國 72 年）。

124. 《人海記》，清查慎行編，南海草堂鈔本。

125. 《寶顏堂祕笈》，明陳繼儒編，明萬曆間繡水沈氏尚白齋刊本。

126. 《五朝小說》，明馮夢龍編，明末刊本。

127. 《廣百川學海》，明馮可賓編，明末刊本。

128. 《說郛續集》，明陶宗儀、陶珽之編并刻，清順治丁亥（四年）兩浙督學李際期刊本。

129. 《少室山房筆叢》，明胡應麟撰，明萬曆四十六年新都江湛然刊本，明萬曆間刊本，明天啓間刊本，明崇禎五年延陵吳國琦重刊本，文淵閣四庫全書本，清光緒二十二年廣雅書局刊本（上海：中華書局點校本，1958 年）。

130. 《四部正譌》，明胡應麟撰，顧頡剛校點（台北：開明書局排印本，民國 72 年）。

131. 《考槃餘事》，明屠隆撰，收入《龍威祕書戊集》第七冊。

132. 《明詩綜》，清朱彝尊撰（台北：世界書局排印本，民國 51 年）。

133. 《弇州山人四部稿》，明王世貞撰，明萬曆五年，吳郡王氏世經堂刊本。

134. 《弇州山人續稿》，明王世貞撰明崇禎刊本。

135. 《太函集》，明汪道昆撰，明萬曆十九年金陵刊本。

136. 《太函副墨》，明汪道昆撰，明崇禎六年新都汪氏家刊本。

137. 《詹甄洞稿》，明吳國倫撰，明萬曆十二年三十一年興國吳氏遞刊本。

138. 《王奉常集》，明王世懋撰，明萬曆十七年吳郡王氏家刊本。

139. 《處實堂集》，明張鳳翼撰，明萬曆間刊本。

140. 《二酉園文集》，明陳文燭撰，明萬曆十二年龍膺刊本。

141. 《王百穀集》，明王穉登撰，明萬曆四十七年金陵葉氏刊本。

142. 《止止堂集橫槊稿》，明戚繼光撰，明萬曆間刊本。

143. 《大泌山房集》，明李維楨撰，明萬曆間刊本。

144. 《山居文稿》，明喻均撰，明萬曆間原刊本。

145. 《少室山房類稿》，明胡應麟撰，明萬曆四十六年江湛然刊本，文淵閣四庫全書本，《續金華叢書》夢選慶刊本。

146. 《快雪堂集》，明馮夢禎撰，明萬曆四十四年黃汝亨刊本。

147. 《由拳集》，明屠隆撰，明萬曆間刊本。

148. 《白榆集》，明屠隆撰，明萬曆間刊本。

149. 《瑤石山人詩稿》，明黎民表撰，詩雪軒校刊本，叢書集成續編一七〇冊，新文豐出版社。

150. 《區太史詩集》，明區大相撰，詩雪軒校刊本，叢書集成續編一七〇冊，新文豐出版社。

151. 《二雁山人詩集》，明康從理撰，敬鄉樓叢書，叢書集成續編一七〇冊，新文豐出版社。

152. 《顧端文公集》，明顧憲成撰，明崇禎間無錫顧氏家刊本。

153. 《玉茗堂全集》，明湯顯祖撰，明天啓元年刊本。

154. 《詩藪》，明胡應麟撰，明萬曆四十六年刊本，明萬曆間刊本，明崇禎五年刊本，清光緒二十二年廣雅書局刊本，日本貞享三年刊本。

155. 《胡應麟詩論研究》，陳國球撰（香港：華風書局排印本，1986 年）。

156. 《全浙詩話》，清陶元藻輯，陶廷珍、廷淑編次，怡雲閣藏書板嘉慶丙辰冬刊本。

貳、期刊論文部份

1. 〈明代私家藏書概略〉（《圖書館學季刊》第二卷第一期，民國 17 年 3 月），頁 1～8。

2. 〈明代蟬林輯傳〉，汪閭撰（《圖書館學季刊》第七卷第一期，民國 22 年 3 月），頁 1～58。

3. 〈胡應麟年譜〉，吳晗撰（《清華學報》第九卷第一期，民國 22 年 12 月），頁 183～252。

4. 〈胡應麟年譜〉，不著撰人（《浙江省立圖書館館刊》第三卷第六期，民國 23 年 12 月。

5. 〈浙江歷代藏書家考略〉，項士元撰（《文瀾學報》第三卷第一期，民國 26 年 3 月），頁 1～3～12。

6. 〈晁公武及其郡齋讀書志〉，劉兆佑撰（師範大學國文研究所碩士論文，民國 57 年）。

7. 〈祁承㸁及其在圖書目錄學上的貢獻〉，昌彼得撰（《圖書館學報》第十一期，民國 60 年 6 月），頁 149～158。

8. 〈章學誠的目錄學〉，劉清撰（《聯合書院學報》第九期，1971 年），頁 177～188。

9. 〈王弇州的生平與著述〉，姜公韜撰（台灣大學史研所碩士論文，民國 60 年）。

10. 〈王世貞評傳〉，許建崑撰（東海大學中研所碩士論文，民國 65 年）。

11. 〈章實齋的目錄學〉，昌彼得著（收在《版本目錄學論叢二》，民國 66 年學海出版社），頁 77～105。

12. 〈胡應麟詩藪之研究〉，鄭亞薇撰（政治大學中研所碩士論文，民國 66 年）。

13. 〈焦竑國史經籍志的評價〉，昌彼得撰（收在《屈萬里先生七秩榮慶論文集》，台北：聯經出版事業公司，民國 67 年），頁 30～314。

14. 〈鄭樵的目錄學〉，古國順撰（《國立中央圖書館館刊》新十一卷第一期，民國 67 年 6 月），頁 35～47。

15. 〈胡應麟詩藪的辨體論〉，簡錦松撰（收在《古典文學》第一集，台北：學生書局，民國 68 年），頁 327～353。

16. 〈章學誠的目錄學〉，王重民撰（《文史》七輯，1979 年 12 月），頁 257～269。

17. 〈論古書版本學〉，李致忠撰（《文史》七輯，1979 年 12 月），頁 271～276。

18. 〈明代國子監刻書〉，張璉撰（《國立中央圖書館館刊》十七卷第一期，民國 73 年 6 月），頁 73～83。

19. 〈通考經籍考述略〉，喬衍琯撰（《國立中央圖書館館刊》新十七卷第一期，民國 73 年 6 月），頁 84～98。

20. 〈胡應麟的詩史觀與詩論研究〉，金鍾吾撰（師範大學國文研究所碩士論文，民國 74 年）。

21. 〈胡應麟在目錄學史中的地位〉，王國強撰（四川《圖書館學報》，1986 年第二期），頁 92～96。

22. 〈胡應麟在中國文獻史研究上的貢獻〉，謝灼華撰（《武漢大學學報》——社科版 1986 年第六期），頁 24～29。

23. 〈明代文獻學家胡應麟〉，王勛敏撰（《湖北大學學報》——哲社版，1987 年第三期），頁 60～66。

24. 〈焦竑及其國史經籍志〉，李文琪撰（東海大學中研所碩士論文，民國 76 年）。

25. 〈祁承㸁及澹生堂藏書研究〉，嚴倚帆撰（台灣大學圖書館學研究所碩士論文，民國 76 年）。

26. 〈明代宮廷的圖書采訪〉，冀叔英撰（《文獻季刊》1989 年第四期），頁 199～201。

27. 〈唐宋蜀刻版本述略〉，劉少泉撰（《四川大學學報》1989 年第四期），頁 104～109。

28. 〈黃丕烈對古籍的收藏和整理〉，周少川撰（《史學史研究》1989 年第四期），頁 49～55。

29. 〈雕版印刷始于唐初貞觀說的兩個論據駁議〉，趙永東撰（《南開學報》1989 年第六期），頁 48～55。

30. 〈目錄對古籍版本的記錄與研究〉，程千帆、徐有富撰（《南京大學學報哲學、人文、社會科學》1989 年第二期），頁 41～46。

31. 〈胡瑗及其蘇湖教學法述論〉，程禹文撰（《北京師院學報社科學版》1989 年第二期），頁 70～74。

32. 〈古籍真偽考辨的過去與未來〉，鄭良樹撰（《文獻季刊》1990 年第二期），頁 246～262。

33. 〈經史子集四部概說（上）、（下）〉，張衍田撰（《文獻季刊》1990 年第二期與第三期），頁 263～272、頁 221～238。

少室山房類藁卷之二

東越胡應麟明瑞著

新都江湛然清臣輯

清漳盧化鰲爾騰訂

樂府三十首

漢鐃歌十八首

朱鷺

朱鷺下漢道昌一雙羽翩雲中合沓而飛翔合
沓而飛翔在我庭戶以建華鼓導大輅魚魚雅

史語所藏　《少室山房類稿》胡宗楙夢撰廎續金華叢書本

少室山房類藁卷三十□□□□□□□□□□□下續金華叢書

澂水胡應麟明瑞著

樂府二十八首

擬大明鐃歌曲十八首有序

夫鼓吹鐃歌之作肇自有熊所以象成功昭盛美凡聖王受

天命摧陷廓清之烈非此亡以被諸聲容粵自商周以征

伐定天下一時播告之章弗可觀已漢鐃歌十八曲其辭迄

今尚存雖文義誷脫難以盡諧歌中之辭亦匪專為武功而

設至味其音節隱然發揚蹈厲之風視漢諸古詩優柔馴厚

者迥絕不倫則鐃歌所由作可知已兩漢而下魏繆襲吳韋

昭晉傅玄宋何承天唐柳宗元代相擬襲趙宋無聞則皇明

宋濂氏嘗追述之尋諸家制作卽風格詞藻未能抵掌西京

一時可頌之績固咸取以被諸樂章矣高皇帝提三尺起淮

甸驅狂虜而遏絕之大荒之外此其勳德巍巍亡論湯武卽

夢選廎

中圖藏　《少室山房筆叢》明萬曆間刊本

經籍會通一

筆叢

安定胡應麟著

述源流第一

墳籍之始肇自羲黃盛於周漢衍於梁晉極於隋唐一燼於秦載厄於莽三災於繹四蕩於巢宋氏徵求力倍功半元人裒萃事軼言湮聚散廢興縣可覩矣

六經刪脩尼父授受孔門卷軸篇章類崇簡要三墳丘索湮沒不傳以大易尚書較之其體制居可識也蓋古文峻潔迥異浮靡聖筆淵玄亡資藻飾故卷之不盈篋笥而擴之函冒乾坤春秋而降諸子百家興

筆叢卷一　經籍會通

中圖藏　題《少室山房筆叢三十二卷　續集十三卷》明天啟間刊本〈經籍會通〉

筆叢　經籍會通

東越　胡應麟　明瑞卿著

新都　汪湜然　清臣校

潆水　趙鳳城　交銷校

墳籍之始肇自羲黃盛於周漢衍於梁隋極於
隋唐一燼於秦再厄於莽三災於繹四蕩於
巢宋氏徵求力倍功半元人喬夷事軼書湮
聚散廢興粲可見矣述源流第一

筆叢甲部〈經籍會通一〉

中圖藏　《少室山房筆叢三十二卷　續十六卷》明天崇禎五年延陵
　　　　吳國琦重刊本

筆叢　經籍會通一

東越　胡應麟　明瑞　若

新都　江湛然　清臣　全輯

瀔水　趙鳳城　文鎮　全輯

延陵　吳國琦　公良　重刊

墳籍之始肇自羲黃盛於周漢衍於

隋唐一燼於秦再厄於莽三災於

巢宋氏徵求力倍功半元人喬夷事軼

聚散廢興繇可見矣述源流第二

中圖藏寫補本　存《少室山房筆叢三十二卷》明崇禎五年延陵
吳國琦重刊本　〈經籍會通引〉

凡前代校綜墳典之書漢有略晉有部唐有錄
宋有目元有考志則諸史共之肇自西京之
籍於勝國紀列纂脩彬彬備矣夫其淵源之
藪澤九流紬繹百家溯洄千古固文明之盛
昭代崇峰鉅儒輩出諸所撰造此述黃虞惟是
集鴻碩之大觀也
經籍一塗編摩尚缺繄以義非要扔體實
蔡筆研厭資歲月徒曠耳志以覇聞之朔

中圖藏寫補本　存《少室山房筆叢二十二卷》明崇禎五年延陵　吳國琦重刊本
據萬曆間刊本陳文燭〈少室山房餘集序〉寫補

史語所藏　　《筆叢》廣雅書屋刊本　卷首

少室山房筆叢卷二 甲部　經籍會通二

明東越胡應麟撰

經史子集區分爲四九流百氏咸類附焉一定之體也第時代
盛衰製作繁簡分門建例往往各殊唐宋以還始定於一今
稍掇拾諸家撮其大略以著於篇述類例第二

夏商以前經卽史也尙書春秋是已至漢而人不任經矣於是
乎作史繼之魏晉其業浸微而其書浸盛史遂析而別於經
而經之名禪於佛老矣周秦之際子卽集也孟軻荀況是已
至漢而人不專子矣於是乎有集繼之唐宋其體愈備而其
製愈繁子遂析而入於集而子之體夷於詩騷矣
尙書經之史也春秋史之經也中庸孟氏子也而其理經故陟

中圖藏殘本　存《詩藪二十卷》明崇禎五年延陵吳國琦重刊本

詩藪　內編　古體上　雜言

東越　胡應麟　明瑞　著

新都　江湛然　清臣

澂水　趙鳳城　文鎮　仝輯

延陵　吳國琦　公良　重訂

四言變而離騷離騷變而五言五言變而七言

七言變而律詩律詩變而絕句詩之體以七言

變也三百篇降而騷騷降而漢漢降而魏魏

降而六朝六朝降而三唐詩之格以代降也

中圖藏　《詩藪二十卷》明崇禎五年延陵吳國琦重刊本

詩藪　內編　古體上　雜言

東越　胡應麟　明瑞　著

新都　江湛然　清臣　全輯

溧水　趙鳳城　文鎮

延陵　吳國琦　公良　重訂

四言變而離騷離騷變而五言五言變而七言

七言變而律詩律詩變而絕句詩之體以代

變也三百篇降而騷騷降而漢漢降而魏魏

降而六朝六朝降而三唐詩之格以代降也

詩藪　內編　古体上

中圖藏殘本　存《詩藪二十卷》明崇禎五年延陵吳國琦重刊本
據萬曆刊本汪道昆撰〈詩藪序〉寫補

詩藪序

新都汪道昆著

夫詩心聲也無古今一也頹

體由代異材以人殊世有推

遷道有升降沉者以意遂志

乃為得之耳視則凡目巧則

《詩藪》清光緒二十二年廣雅書局刊本

詩藪內編卷一　古體上　雜言

明東越胡應麟撰

四言變而離騷離騷變而五言五言變而七言七言變而律詩律詩變而絕句詩之體以代變也三百篇降而騷騷降而漢漢降而魏魏降而六朝六朝降而三唐詩之格以代降也上下千年雖氣運推移文質迭尚而異曲同工咸臻厥美國風雅頌溫厚和平離騷九章愴惻濃至東西二京神奇渾璞建安諸子雄贍高華六朝俳偶靡曼精工唐人律調清圓秀朗此聲歌之各擅也風雅之規典則居要離騷之致深永爲宗古詩之妙專求意象歌行之暢必由才氣近體之攻務先法律絕句之攝獨主風神此結撰之殊途也兼裒總挈集厥大

史語所藏　《詩藪》廣雅書局刊本　卷末　書耳註大小字之藪

自總集唐絕元無銓擇其過在牽合萬首之數遂至訛謬甚

多務博狗名弊如此夫

詩藪內編卷六

宿松羅忠濟初校

南海羅崇齡覆校

順德李肇沅再覆校

大三百零六

小十

中圖藏　《詩藪》日本貞享三年武村新兵衛刊本

詩藪

雜編一　遺逸上　篇章

東越胡應麟著

楚詞自屈原外宋玉唐勒景差並著名字今屈原存者雜
騷詞二十五篇宋玉九辯招魂諸賦二十二篇景差大
招二篇而勒賦絕無傳者據漢藝文志原賦二十五篇
與今傳合玉賦二十六篇似缺其四按九歌例析九辯
為九則友溢其四篇外仍列勒賦四篇而差著作不錄
東漢初去戰國近勒賦宜有存者不應至王逸世並沒
不傳差賦既不列秩文又不應大招一篇至逸始出妹
元悔常定大招差作亦以絕無左驗為疑余以大招屬
差誠無証據勒賦四篇志以絕無文此其統驗之大者蓋
大招卽此四篇中之一且此篇況逸勿注楚詞本劉向校定

中圖藏　《寶顏堂祕笈》萬曆間繡水沈氏尚白齋刊本

甲乙剩言

海鹽姚士粦校

東越胡應麟著

蜀僧

余過京師見鄔佐卿語曾于甘露寺遇一蜀僧與接言論蓋深于禪理者因數數往還佐卿適有所負迫窄無以應憂見于色僧問曰君須幾何而形困若此鄔曰此方以內煎熬地獄非十

中圖藏　題《甲乙剩言一卷》明天啟間刊本

甲乙剩言

東越　胡應麟　明瑞　著
新都　江湛然　清臣　輯
濲水　趙爲城　文鎮　校

興蜀僧

余過京師見郳佐卿語曾於甘露寺遇一蜀僧
與接言論蓋深於禪理者因數數往還座卿
適有所負迫窘無以應憂見於色僧問圖君

中圖藏　《甲乙剩言一卷》明崇禎五年延陵吳國琦重刊本

甲乙剩言

東越　胡應麟　明瑞　著

新都　江湛然　清臣　仝輯

濲水　趙鳳城　文鎮

延陵　吳國琦　公艮重訂

蜀僧

余過京口見鄔佐卿語曾於甘露寺遇一蜀僧
與接言論蓋深於禪理者因數數往還佐卿
適有所負追窘無以應憂見於色僧問曰君

甲乙剩言

中圖藏　《五朝小說・皇明百家小說》明末刊本

甲乙剩言

蜀僧

東越胡應麟

余過京口見鄒佐卿語餘……甘露寺遇一蜀僧與接
言論益深于禪理者因……雅選佐卿論于所負道
窄無以應憂見于色僧問曰若須幾何而形困若此
鄒曰此方以內煎熬地獄非十金不能免此僧持几
上責茶銅銚視之曰此論十金矣便命爇炭郤異之
即以然炭僧出袖中一包出藥七許以銚周身擦捽

中圖藏　《廣百川學海》明末刊本

甲乙剩言

東越胡應麟著　袁昌今校閱

蜀僧

余過京口見鄔佐卿語曾于甘露寺遇一蜀僧與接
言論益深于禪理者因數數往還佐卿適有所負迫
窄無以應憂見于色僧問曰君須幾何而形困若此
鄔曰此方以內煎熬地獄非十金不能免此僧持几
上青茶銅銚視之曰此踰十金矣便命索炭鄔異之
即以然茨僧出袖中一包出藥匕許以銚鬲煮樂林

中圖藏　《說郛續集》清順治四年兩浙督學李際期刊本

二酉遺覽

東越胡應麟

道經所載玄天五城之上儼聖階秩高下森如信

若所言其莊事舉職勞不帝于人間王元澤所謂

千歲何益自有先生寧為地仙不樂飛昇異有以也

顧其說不可具聞其名號時時散見諸傳記中顧

讀大洞諸經外旁及稗川貞白及唐宋小說家言

得名號可紀者數十百餘彙為一若世有好譚天

若鄒衍田駢輩將孝以贈焉

中圖藏　　《貝葉齋稿》明萬曆八年壽州朱宗吉刊本

貝葉齋稿卷一

盱眙李言恭惟寅著

蘭谿胡應麟元瑞編

壽州朱宗吉汝脩校梓

賦

立春日李豐城楊衛尉過集直廬偶

五陵芳草夢空懸春色還從漢苑先客有

豐城龍自合人依仙掌露常偏衣冠夜集